親鸞
左訓・字訓・語訓辞典

田代俊孝 編

法藏館

序

　親鸞聖人の著作には、所々に「左訓」、あるいは、「ひだりがな」と呼ばれるものが付されており、それは、親鸞聖人の書かれた文章の意図を知るにはたいへん重要なものである。例えば、『浄土和讃』の「摂取」という言葉には「おさめとる。ひとたひとりてなかくすてぬなり。せふはものゝにくるをおわえとるなり。せふはおさめとる。しゆはむかへとる」と左訓が付されている。また、同じく『浄土和讃』の「無生忍」には、「ふたいのくらゐとまうすなり。かならすほとけになるへきみとなるなり」と付されている。

　これらは親鸞聖人自身のその言葉の理解を示すものであり、それによって、その言葉が遣われている文の意図がよく理解できる。親鸞聖人の書かれたものを読み取るには、親鸞聖人自身がその言葉をどのように理解し、遣われているかを知らねばならない。

　このようなことから、左訓を集めた辞典のようなものがあれば便利だと常々思ってきた。そこで、何度かそれを自分で作ろうと思っては試み、頓挫してきた。しかし、この度、時間の余裕ができたので、今度こそはと作業にとりかかった。始めてみると、左訓だけでは不十分で、親鸞聖人の著作の本文中にある「字」や「語」の注釈や説明も併せて載せれば、もっと便利なものになると思った。それゆえ、字訓、語訓を加えることにした。

　一人でやるには、気の遠くなる作業だったので、途中、何度も投げ出したくなった。しかし、出来上がってみると、やはり便利である。なぜこんな便利なものが、今までなかったのか不思議なくらいである。「一心」という言葉を引けば、すべての著作から、全8か所の「一心」についての親鸞聖人自身の解釈がわかる。「一念」を引けば、全6か所の解釈が一目でわかる。そ

して、比較もできる。ただ、言葉の解釈はその部分だけを切り取ったもので
あるので、詳しく知るには、親鸞聖人の著作の本文に当たって、前後の脈絡
の中で理解してほしい。そのために、『定本親鸞聖人全集』『真宗聖教全書』
に加え『浄土真宗聖典』〔原典版〕・〔註釈版〕（西本願寺本）や『真宗聖典』
（東本願寺本）の頁数も併せて載せた。真宗学を学ぶ後学の利便性のために、
とは言いつつも、筆者自身改めて、親鸞聖人の言葉遣いと深い意味を知るこ
とができ、それぞれの文章を新鮮に受け止められるようになった。

　真宗学を学ぶ者にとって、親鸞聖人の言葉は、思索や求道の原点であり、
根拠となる証文である。一言一言を丁寧に理解しようとする学徒の方のお役
に立てれば幸甚である。

　なお、本辞典の刊行に当たっては、本願寺史料研究所長の赤松徹眞氏、真
宗大谷派董理院院長の池田勇諦氏、真宗大谷派真宗教学学会会長の小川一乗
氏、浄土真宗本願寺派勧学寮頭の徳永一道氏、東京大学名誉教授の前田專學
氏が、その学術的意義に共感してくださり、身に余る推薦文をお寄せくださ
った。それぞれの先生とは永年、親しくお付き合いをいただき、さまざまな
ことでご指導もいただいた。この場を借りて改めて感謝を申し上げる。

　また、本辞典の出版に当たっては、福井仁愛学園教育後援会から親鸞研究
の意義深い事業として出版助成を受けた。記して謝す。

　　2022年3月

　　　　　　　　　仁愛大学にて　　　田 代 俊 孝

凡　　例

編集方針

1．本書は親鸞聖人（以下、親鸞）の著作から、左訓（主に言葉の左に付されている語註）、字訓・語訓（著作の本文中に書かれている字や語句の説明）を、辞典形式で編纂したものである。わずかであるが言葉の右に付されているものもあり、それを「右訓」と記して含めた。

2．親鸞の全著作のほか、親鸞自身が編集した『西方指南抄』、加点した『無量寿経延書』『観無量寿経延書』『浄土論註』『観経疏』など、そして転写した『唯信抄』などの左訓も収載した。いずれも親鸞が付したと考えられるからである。なお、厳密に言えば左訓の一々については、それを親鸞自身が付けたかどうか吟味が必要であるが、今は、通説に従い、親鸞自身が付けたものと考えて編纂した。

3．各用語は原則、『定本親鸞聖人全集』（法蔵館）より採録した。それゆえ真蹟本、もしくは最も古い写本によっているが、和讃については『三帖和讃』「文明本」からも採録した。

4．各用語の出典として、その用語がある著作名と『定本親鸞聖人全集』での記載頁数を示した。また、それが、『真宗聖教全書』（大八木興文堂）、西本願寺本『浄土真宗聖典』〔原典版〕・『同』〔註釈版〕第二版（本願寺出版社）、東本願寺本『真宗聖典』（東本願寺出版）に記載されているものは、それぞれの頁数も載せた。ただし、これらは底本が異なるものもあるので、多少文言に違いがある（「底本一覧」参照）。

5．『一念多念文意』については、西本願寺本『浄土真宗聖典』〔原典版〕・〔註釈版〕では『一念多念証文』と呼称されているが、本書では『一念多念文意』と読み替えて記載した。

6．左訓は、一字に付されているものは、主に訓読を示すものであるため除き、原則、二字以上の熟語に付されているものを編集した。ただし、一字に付されてい

るものでも注意すべきものは加え、二字以上の熟語でも、単に訓読を示すだけの
ものは省いた。

7．語訓は、文中で経文や論釈などの引用語（文）を説明するものが多い。極めて
　長文になるものは省いたが、可能なかぎり載せた。

見出し・本文

8．本書は、左訓などが付された親鸞聖人の著作の言葉を見出しとして、50音順に
　収載した。各見出し内は原則、①左訓・右訓・字訓・語訓、②出典（著作名・収
　載本名と頁数）、③解説の順になっている。左訓については、長文のかな書きで
　読みにくい場合、漢字かな交じりに改めた文、あるいは易しく言い換えた文を
　《　》で併記した。また、左訓の出典が和讃の場合は、続けて和讃の句文も「　」
　で併記している。

　　左訓には〔左訓〕、右訓には〔右訓〕、字訓・語訓には〔本文〕、その他のもの
　は〔冠註〕〔註記〕と付記した。

　　同一用語に多くの左訓や語訓などがあるものは❶、❷、❸と分けて載せ、同じ
　文の場合は一つにまとめて、収載本の頁数を 出典 として示した。

> 例）**ああ【噫】**
> なげく〔左訓〕。
> 出典 教行信証・教　親1-7　真2-1
> 西聖164
> 解説 嘆くときの感嘆詞。

> 例）**ぐばく【具縛】**
> ❶くはくといふはほんなうくそくのほ
> むふといふなり〔左訓〕。《具縛という
> は、煩悩具足の凡夫というなり》。「愚
> 縛の凡衆をみちびきて」
> 出典 高僧和讃　親2和讃-87
> ❷具縛はよろづの煩悩にしばられたる
> われらなり〔本文〕。
> 出典 唯信文意　親3和文-168　真2-
> 628　西聖801　西註707　東聖552

9．左訓はすべてかな書きで、しかも旧かな遣いなので、読者が読みやすいように

左訓の文章の後に《　》で、漢字かな交じりの文に改めた文、あるいは易しく言い換えた文を併記した。なお、本文中の（　）は、左訓などについての補足や、難読漢字の読み方などの、筆者による補記である。

10. 漢文は、文中の経文や論釈などの引用文を除いてすべて読み下し文に改めた。また、カタカナはすべてひらがなに改めた。

　　なお、かな書きの繰り返し記号である大返しは、本書の横組み形態に合わせて、「⌒」「⌒」としている。

11. 各用語の見出しは、原則、仏教本来の読みにし、通常の読み方は、見出しのみを挙げ、「→」で仏教本来の読みの見出しを示した。

　　　　例）**えつよ【悦予】**
　　　　　　→**えちよ【悦予】**

12. 関連する用語がある場合も、文末に「→」でその見出しを示した。

　　　　例）**じょうどもん【浄土門】**
　　　　　　　　　　⋮
　　　　　　解説「浄土門」とは、「聖道門」に対して、
　　　　　　浄土往生を願う念仏の道。→**しょうどう
　　　　　　もん【聖道門】**

13. 見出しの言葉を含む類似の用語がある場は、続けて太字で示した。

　　　　例）**ぐそく【休息】**
　　　　　　❶やめ、やむ〔左訓〕。
　　　　　　　　　　⋮
　　　　　　出典観経疏加点・定　親9加(3)-144
　　　　　　休息あることなかりけり＝（文明本
　　　　　　に、）やすむことなしとなり〔左訓〕。
　　　　　　出典浄土和讃　親2和讃-16　真2-
　　　　　　488　西聖694

14. 和讃については、左訓の付いている言葉を含む句文を、文末に「　」で記載した。ただし、句文全部が見出しになっている場合、「　」での記載は省略した。また、一つの見出し内で同じ和讃の句文を示すとき、例えば❶と❷の左訓が付いている和讃の句文が同じ場合は、❶のみに句文を「　」で示して❷では省略した。

15. 難解な言葉、特殊な言葉、人名、地名については、簡単な解説を、解説として

付記した。

16. 特別な漢字は、意味が変わらないことを原則に、できるだけ現在使用されている漢字に改めた。また旧字は新字に改めた。固有名詞は旧字のままにした。

　　　　例）无 ⇒ 無、癡 ⇒ 痴、忻 ⇒ 欣、稱 ⇒ 称、廻 ⇒ 回 など

17. 左訓や右訓に付されている「反」は、その文字や熟語の音読み、訓読み、あるいは意味（義）を示す。ここでの「反」は記号的なものであり、この手法は漢字の発音を示す「反切」に倣ったと思われる。ちなみに「半切」とは、漢字で未知の音を示すのに、他の既知の二字を以ってする方法である。

18. 見出しまたは本文中に、差別的とみられる表現もあるが、当時の歴史的状況を正しく認識することの重要性を考慮し掲載した。

出　典

19. 出典 に記載した親鸞の著作については、次の略号を用いた。

　　　　『顕浄土真実教行証文類』……………教行信証・（巻名）

　　　　『浄土文類聚鈔』………………………文類聚鈔

　　　　『入出二門偈頌』………………………入出二門偈

　　　　『四十八誓願』…………………………四十八大願

　　　　『浄土和讃』……………………………浄土和讃

　　　　『浄土高僧和讃』………………………高僧和讃

　　　　『正像末法和讃』………………………正像末和讃

　　　　『正像末法和讃』草稿本……………正像末和讃・草

　　　　『皇太子聖徳奉讃』……………………聖徳奉讃

　　　　『大日本国粟散王聖徳太子奉讃』……太子奉讃

　　　　『三帖和讃』文明本……………………文明本

　　　　『浄土三経往生文類』…………………三経往生

　　　　『尊号真像銘文』………………………尊号銘文

　　　　『一念多念文意』………………………一多文意

　　　　『唯信鈔文意』…………………………唯信文意

『如来二種回向文』……………………如来二種

『弥陀如来名号徳』……………………弥陀名号徳

『西方指南抄』…………………………西方指南

『唯信鈔』………………………………唯信鈔

『観無量寿経集註』……………………観経集註

『阿弥陀経集註』………………………阿弥陀経集註

『無量寿経延書』………………………大経延書

『観無量寿経延書』……………………観経延書

『浄土論註』(加点本)…………………論註加点

『観経四帖疏』(加点本)………………観経疏加点

『法事讃』(加点本)……………………法事讃加点

『観念法門』(加点本)…………………観念法門加点

『往生礼讃』(加点本)…………………往生礼讃加点

『般舟讃』(加点本)……………………般舟讃加点

　　なお、文中で『教行信証』については、「東本願寺本」とは東本願寺蔵の親鸞聖
　人真蹟の「坂東本」を、「西本願寺本」とは西本願寺蔵の「伝親鸞聖人真蹟本」
　を、「顕智本」とは専修寺蔵顕智上人書写本をそれぞれ指す。

20.　各用語の収載本については次の略号を用いた。

『定本親鸞聖人全集』全9巻(法蔵館、2008年)………親(巻数)(篇名)-(頁数)

『真宗聖教全書』全5巻(大八木興文堂、1941年)……真(巻数)-(頁数)

『浄土真宗聖典』原典版(本願寺出版社、1985年)……西聖(頁数)

『浄土真宗聖典』註釈版第二版　(本願寺出版社、2004年)……西註(頁数)

『真宗聖典』(東本願寺出版、1978年)…………………東聖(頁数)

『大正新脩大蔵経』普及版全88巻(大蔵出版、1988年)…大正蔵(巻数)-(頁数)

　　例)　出典 教行信証・教　親1-7　真2-1　西聖164
　　例)　出典 愚禿鈔　親2漢-44　真2-475　西聖671　西註536　東聖453
　　例)　出典 観経疏加点・序　親9加(3)-103

底本一覧

正像末法和讃 ………………	『定本親鸞聖人全集』	専修寺顕智書写本（初稿本）
皇太子聖徳奉讃 ……………	『定本親鸞聖人全集』	専修寺真仏書写本（初稿本）
	『真宗聖教全書』	東本願寺本（覚如書写本）
大日本国粟散王聖徳太子奉讃 …	『定本親鸞聖人全集』	愛知・満性寺本（初稿本）
三帖和讃 ……………………	『定本親鸞聖人全集』	文明本（蓮如開版本）
	『真宗聖教全書』	文明本（蓮如開版本）
	『浄土真宗聖典』原典版	文明本（蓮如開版本）
	『真宗聖典』	文明本（蓮如開版本）
浄土三経往生文類(広本)…	『定本親鸞聖人全集』	京都・興正寺本
	『真宗聖教全書』	京都・興正寺本
	『浄土真宗聖典』原典版	京都・興正寺本
	『真宗聖典』	京都・興正寺本
浄土三経往生文類(略本)…	『定本親鸞聖人全集』	西本願寺本〔真蹟〕
	『真宗聖教全書』	西本願寺本〔真蹟〕
尊号真像銘文（広本）……	『定本親鸞聖人全集』	専修寺本〔真蹟〕
	『真宗聖教全書』	専修寺本〔真蹟〕
	『浄土真宗聖典』原典版	専修寺本〔真蹟〕
	『真宗聖典』	専修寺本〔真蹟〕
尊号真像銘文（略本）……	『定本親鸞聖人全集』	福井・法雲寺本〔真蹟〕
	『真宗聖教全書』	西本願寺本
一念多念文意 ………………	『定本親鸞聖人全集』	東本願寺本〔真蹟〕
	『真宗聖教全書』	東本願寺本〔真蹟〕
	『浄土真宗聖典』原典版	東本願寺本〔真蹟〕
	『真宗聖典』	東本願寺本〔真蹟〕
唯信鈔文意 …………………	『定本親鸞聖人全集』	専修寺（廿七日）本〔真蹟〕
		大阪・光徳寺本
	『真宗聖教全書』	『真宗法要』所収本

		専修寺（廿七日）本
	『浄土真宗聖典』原典版	専修寺（廿七日）本
	『真宗聖典』	専修寺（廿七日）本
如来二種回向文 …………	『定本親鸞聖人全集』	専修寺本
	『真宗聖教全書』	専修寺本
	『浄土真宗聖典』原典版	専修寺本
	『真宗聖典』	専修寺本
弥陀如来名号徳 …………	『定本親鸞聖人全集』	長野・正行寺本
	『真宗聖教全書』	長野・正行寺本
	『浄土真宗聖典』原典版	長野・正行寺本他
善導和尚言 ………………	『定本親鸞聖人全集』	専修寺本
真蹟書簡（御消息拾遺）…	『定本親鸞聖人全集』	東本願寺・西本願寺・専修寺本
	『真宗聖教全書』	西本願寺本・専修寺本
	『真宗聖典』	西本願寺本・専修寺本
古写書簡 …………………	『定本親鸞聖人全集』	専修寺本
末灯鈔 ……………………	『定本親鸞聖人全集』	滋賀・慈敬寺本（乗専書写本）
	『真宗聖教全書』	『真宗法要』所収本
	『真宗聖典』	本・滋賀・慈敬寺本
		末・大阪・願得寺本
親鸞聖人御消息集(広本)…	『定本親鸞聖人全集』	大谷大学・恵空写伝本
	『真宗聖教全書』	『真宗法要』所収本
	『真宗聖典』	京都・永福寺本他
御消息集（善性本）………	『定本親鸞聖人全集』	専修寺・善性本
	『真宗聖教全書』	専修寺・善性本
	『真宗聖典』	専修寺・善性本
親鸞聖人血脈文集 ………	『定本親鸞聖人全集』	富山・専琳寺本
	『真宗聖教全書』	大谷大学・恵空写伝本

親鸞聖人御消息 ……………『真宗聖典』		富山・専琳寺本
	『浄土真宗聖典』原典版	『真宗法要』所収本他
歎異抄 ……………………『定本親鸞聖人全集』		西本願寺本（蓮如書写本）
	『真宗聖教全書』	西本願寺本（蓮如書写本）
	『浄土真宗聖典』原典版	西本願寺本（蓮如書写本）
	『真宗聖典』	大谷大学端坊本
西方指南抄 ………………『定本親鸞聖人全集』		専修寺本〔真蹟〕
唯信鈔 …………………… 『定本親鸞聖人全集』		専修寺・寛喜二年本〔親鸞真蹟〕
	『真宗聖教全書』	西本願寺本
	『浄土真宗聖典』原典版	専修寺・寛喜二年本〔親鸞真蹟〕
	『真宗聖典』	専修寺・寛喜二年本〔親鸞真蹟〕
観無量寿経集註 …………『定本親鸞聖人全集』		西本願寺本（国宝本）〔真蹟〕
阿弥陀経集註 ……………『定本親鸞聖人全集』		西本願寺本（国宝本）〔真蹟〕
無量寿経延書 ……………『定本親鸞聖人全集』		大阪・毫摂寺本
観無量寿経延書 …………『定本親鸞聖人全集』		兵庫・勝福寺本
浄土論註（加点本）………『定本親鸞聖人全集』		西本願寺本（親鸞加点本）
観経四帖疏（加点本）……『定本親鸞聖人全集』		専修寺本（親鸞加点本）
法事讃（加点本）…………『定本親鸞聖人全集』		専修寺本（親鸞加点本）
観念法門（加点本）………『定本親鸞聖人全集』		専修寺本（親鸞加点本）
往生礼讃（加点本）………『定本親鸞聖人全集』		専修寺本（親鸞加点本）
般舟讃（加点本）…………『定本親鸞聖人全集』		専修寺本（親鸞加点本）

あ

ああ【噫】

なげく〔左訓〕。

出典 教行信証・教　親1-7　真2-1
西聖164

解説 嘆くときの感嘆詞。

あい【愛】

めぐむ〔左訓〕。よみす〔右訓〕。《好す》。

出典 教行信証・行　親1-86　真2-44
西聖254

解説 恵む。「よみす」とは古語で「よい」の意。ここでは喜愛心の愛に付けられているので「よい心」の意となる。

あいえんがりょう【哀婉雅亮】

❶あはれにたわやかなる。ひ、きたわやかなり。りやうはたすくとよむ。またはひとのなにはなんのすけとよむ〔左訓〕。《哀れにたわやかなる。響きたわやかなり。亮は「たすく」と読む。または、人の名には何之亮（すけ）と読む》。「哀婉雅亮すぐれたり」

出典 浄土和讃　親2和讃-26

❷（文明本に、）あはれにすみ。たしくさえたり〔左訓〕。「哀婉雅亮すぐれたり」

出典 浄土和讃　親2和讃-26　真2-490　西聖696

❸あはれに、すめる、こゑにて〔左訓〕。「音楽哀婉雅亮にて」

出典 高僧和讃　親2和讃-135

❹（文明本に、）あはれみ、すめる、こゝろなり〔左訓〕。「音楽哀婉雅亮にて」

出典 高僧和讃　親2和讃-135　真2-514　西聖720

解説 哀れに。「すめる」は響きわたる、音が冴えるの意。「たわやか」はしな

やかの意。「たしく」は向きがまっすぐである意。「雅亮」はおくゆかしく、みやびで音（声）に心がこもっているようす。

あいが【哀雅】

あわれにうたう〔左訓〕。

出典 観経疏加点・定　親9加(3)-133

解説 哀れに歌う。「鳥声哀雅」に付されており、鳥が哀れに鳴く（歌う）ようすを示す。

あいぞういじゅん【愛憎違順】

❶よくさかりにしてそねみねたむこゝろおほしとなり〔左訓〕。《欲盛りにして嫉（そね）み妬（ねた）む心多しとなり》。「愛憎違順することは」

出典 正像末和讃・草　親2和讃-150

❷よくのこゝろそねみねたむこゝろたかふこゝろまさるなり〔左訓〕。《欲の心嫉み妬む心、違う心勝るなり》。「愛憎違順することは」

出典 正像末和讃　親2和讃-162

解説 「愛」は欲の心（執着する心）、「憎」はそねみ、ねたむ心の意。「たかふ」は、そむく、食い違う、違う。

あいった【阿逸多】

みろくぼさちなり〔左訓〕。《弥勒菩薩なり》。

出典 三経往生　親3和文-37　真2-559　西聖747

解説 梵語Ajitaの音写で弥勒菩薩のこと。

あいべつのく【愛別の苦】

わかれ、くるしみ〔左訓〕。《別れ、苦しみ》。

出典 観経疏加点・序　親9加(3)-103

解説 八苦の一つ、愛別離苦。

あいべつりく【愛別離苦】

わかれはなる、くるしみ〔左訓〕。《別れ離れる苦しみ》。

出典 西方指南　親5輯(2)-321

あいみんしょうじゅ【哀愍摂受】

❶あわれみたまへとなり。われらをう
けたまへとなり〔左訓〕。《哀れみたま
えとなり。我らを受けたまえとなり》。
「哀愍摂受したまひて」

出典 正像末和讃・草　親2和讃-145

❷あわれみたまへと。おさめうけたま
えとなり〔左訓〕。《哀れみたまえとな
り。我らを摂（おさ）め受けたまえと
なり》。「哀愍摂受したまひて」

出典 正像末和讃　親2和讃-186

解説 仏が衆生を憐れみ摂め受けること。

あくう【悪友】

悪友は、善友に対す、雑毒虚仮の人な
り。無人空迵の沢と言うは、悪友なり、
真の善知識に値わざるなり〔本文〕。

出典 愚禿鈔　親2漢-44　真2-475
西聖671　西註536　東聖453

解説 仏法に出遇っていない人。善知識
の反対。

あくき【悪鬼】

❶あしきおになり〔左訓〕。《悪しき鬼
なり》。

出典 一多文意　親3和文-134　真2-
609　西聖784

❷（文明本に、）あしきおになり〔左
訓〕。《悪しき鬼なり》。「よろづの悪鬼
をちかづけず」

出典 浄土和讃　親2和讃-61　真2-
498　西聖704

解説 人に災いをなす悪い鬼。

あくしゅじねんぺい【悪趣自然閉】

悪趣自然閉といふは、願力に帰命すれ
ば、五道生死をとづるゆへに自然閉と
いふ。閉はとづといふ也。本願の業因
にひかれて、自然にうまるゝ也〔本
文〕。

出典 尊号銘文　親3和文-78　真2-
580　西聖754　西註646　東聖514

解説 『大経』の文（西聖68・西註54・

東聖57）、悪趣とは五悪趣（五道）の
こと。六道の内、修羅を畜生に収めて
五道ともいう。

あくりゅうどくじゃ【悪竜毒蛇】

ひとのこゝろあくのまさること、あく
りうとくしやのやうになるなり〔左
訓〕。《人の心悪の勝ること、悪竜毒蛇
のようになるなり》。「悪竜毒蛇のごと
くなり」

出典 正像末和讃　親2和讃-161

解説 文明本では、「毒蛇悪竜」となっ
ており、善導の『法事讃』の「毒竜の
業」によったと思われる。

あさたいし【阿佐太子】

❶はくさいこくのわうのこなり〔左
訓〕。《百済国の王の子なり》。「阿佐太
子を勅使にて」

出典 聖徳奉讃　親2和讃-239　真2-
536

❷聖明王の太子のなゝり。聖徳太子を
こひしたひかなしみまいらせて、御か
たちを金銅にていまいらせたりけるを、
この和国に聖徳太子むまれてわたらせ
たまうときゝまいらせて、聖明王、わ
がこの阿佐太子を勅使として金銅の救
世観音の像をおくりまいらせしとき、
礼しまいらすとして誦せる文也〔本
文〕。《聖明王の太子の名なり。聖徳太
子を恋い慕い、悲しみまいらせて、御
形を金銅にて鋳まいらせたりける（救
世観音の像）を、この和国に聖徳太子
がお生れわたらせたもうと聞きまいら
せて、聖明王、我が子の阿佐太子を勅
使として金銅の救世観音の像を贈りま
いらせしとき、礼しまいらすとして誦
せる文なり》。

出典 尊号銘文　親3和文-99　真2-
591　西聖764　西註660　東聖524

解説 阿佐太子とは、百済国の聖明王の
太子、アジャテジャ（6世紀末-7世

紀前半頃)。『日本書紀』によれば、推古天皇5（597）年に日本に渡って聖徳太子の肖像を描いたともいわれる。

あそぎ【阿僧祇】

此云無数〔左に註記〕。

出典 阿弥陀経集註 親7註-244

解説 梵語 asaṃkhyeya の音写で数の単位、無数の意。

あたご【愛宕】

→おたぎ【愛宕】

あっけんにんとう【悪見人等】

悪見人等と言うは、憍慢・懈怠・邪見・疑心の人なり〔本文〕。

出典 愚禿鈔 親2漢-46 真2-476 西聖672 西註538 東聖455

解説 善導の『観経疏』「散善義」の二河譬喩（親9加点(3)-185）に出てくる。

あつぜつ【遏絶】

とゞむ〔左訓〕。たへたふる〔左訓〕。

出典 教行信証・教 親1-13・14 真2-3・4 西聖169・171

解説 『教行信証』「教巻」（親1-13 真2-3 西聖169）には、「遏」に「とゞむ」と左訓されている。したがって「とどめ絶える」の意になる。

あのくたら【阿耨多羅】

此云無上〔左に註記〕。

出典 阿弥陀経集註 親7註-257

解説 梵語 anuttarāṃ の音写で無上の意。

あびじごく【阿鼻地獄】

❶むけんちこくなり〔左訓〕。《無間地獄なり》。「阿鼻地獄に堕在して」

出典 正像末和讃 親2和讃-179

❷（文明本に、）むけんちこくなり〔左訓〕。《無間地獄なり》。

出典 正像末和讃 親2和讃-179 真2-521 西聖727

解説 八大地獄の一つ。五逆と謗法（ほうぼう）の大悪を犯した者が堕ちる所。

あびばっち【阿毗抜致】

ほとけになるべきみとなるとなり〔左訓〕。《仏に成るべき身と成るとなり》。

出典 一多文意 親3和文-130 真2-606 西聖781

解説 阿惟越致（あゆいおっち）ともいう。いずれも梵語 avaivartika または avinivartanīya の音写で、不退転の意。

→あゆいおっち【阿惟越致】

あま【阿摩】

（文明本に、）はゝをいふなり〔左訓〕。《母を言うなり》。「阿摩のごとくにそひたまふ」

出典 正像末和讃 親2和讃-202 真2-526 西聖732

解説 母親の呼称。後に女性全体への呼称にもなる。

あみだ【阿弥陀】

❶いかにいわんや十方群生海、この行信に帰命すれば摂取して捨てたまわず。かるがゆえに阿弥陀仏と名づけたてまつると。これを他力と曰う〔本文〕。

出典 教行信証・行 親1-68 真2-33 西聖233 西註187 東聖190

❷十方微塵世界の念仏の衆生をみなわし摂取してすてざれば阿弥陀となづけたてまつる〔本文〕。「阿弥陀となづけたてまつる」

出典 浄土和讃 親2和讃-51 真2-495 西聖701 西註571 東聖486

❸この一行一心なるひとを摂取してすてたまはざれば阿弥陀となづけたてまつると、光明寺の和尚はのたまへり〔本文〕。

出典 唯信文意 親3和文-174 真2-632 西聖804 西註711 東聖555

あゆいおっち【阿惟越致】

❶ふたいのくらいなり〔左訓〕。《不退の位なり》。

出典 教行信証・行 親1-29 真2-11

西聖188

❷等正覚をなるともとき、阿毗抜致に
いたるとも、阿惟越致にいたるともと
きたまふ。即時入必定ともまふすなり
〔本文〕。

出典 一多文意　親3和文-129　真2-
606　西聖781　西註680　東聖536

解説 阿毗抜致（あびばっち）ともいう。
いずれも、梵語の avaivartika または
avinivartaniya の音写で、不退転の意。
→あびばっち【阿毗抜致】

あん【闇】

（文明本に、）やみにてくらし〔左訓〕。
《闇にて暗し》。「無明の闇を破するゆ
へ」

出典 浄土和讃　親2和讃-12　真2-
487　西聖693

解説 暗闇の事で、仏の智慧の光に照ら
されない世界を指す。無明の世界。

あんえい【闇翳】

くらく、かすかなり〔左訓〕。《暗く微
かなり》。

出典 教行信証・化　親1-344　真2-
184　西聖561

解説 高田本には、「くらしかくすなり」
と左訓されており、暗闇を指す。

あんだつ【掩奪】

おゝう、うばふ〔左訓〕。

出典 教行信証・真　親1-229　真2-
121　西聖428

あんち【安置】

❶おきたてまつるなり〔左訓〕。《置き
たてまつるなり》。「安置せしめたまひ
けり」

出典 聖徳奉讃　親2和讃-230　真2-
532

❷おけるとなり〔左訓〕。《置けるとな
り》。「西方にむかへて安置せる」

出典 聖徳奉讃　親2和讃-239　真2-
536

い

い【為】

為はなすといふ、もちゐるといふ、さ
だまるといふ、かれといふ、これとい
ふ、あふといふ。あふといふはかたち
といふこゝろなり〔本文〕。

出典 一多文意　親3-143　真2-614
西聖788　西註689　東聖542

い【恚】

いかる〔左訓〕。

出典 教行信証・信　親1-117　真2-
60

いおう【易往】

❶ゆきやすし〔左訓〕。《往き易し》。

出典 一多文意　親3-139　真2-612
西聖786

❷（文明本に、）ゆきやすしとなり
〔左訓〕。《往き易しとなり》。「大聖易
往とときたまふ」→いおうにむにん
【易往而無人】

出典 浄土和讃　親2和讃-55　真2-
496　西聖702

いおうにむにん【易往而無人】

易往而無人といふは、易往はゆきやす
しと也。本願力に乗ずれば、本願の実
報土にむまるゝこと、うたがひなけれ
ばゆきやすき也。無人といふは、ひと
なしといふ。人なしといふは、真実信
心の人は、ありがたきゆへに、実報土
にうまるゝ人まれなりとなり〔本文〕。

出典 尊号銘文　親3和文-79　真2-
580　西聖754　西註647　東聖514

解説 『大経』の文（西聖68・西註54・
東聖57）。念仏の教えは、易行である
が難信であることを示す。

いがくいけん【異学異見】

ことごとをならひまなぶひとなり〔左
訓〕。《異々（ことごと）を習い学ぶ人

なり》。→いがくべつげ【異学別解】

出典 一多文意　親3和文-134　真2-609　西聖784

いがくべつげ【異学別解】

❶ことごとをならいまなぶなり。じりきのひとなり〔左訓〕。《異々（ことごと）を習い学ぶ人なり。自力の人なり》。

出典 一多文意　親3和文-141　真2-613　西聖787

❷異学といふは、聖道・外道におもむきて、余行を修し、余仏を念ず。吉日良辰をえらび、占相祭祀をこのむものなり。これは外道なり。これらはひとへに自力をたのむものなり。別解は、念仏をしながら、他力をたのまぬなり。別といふは、ひとつなることをふたつにわかちなすことばなり。解は、さとるといふ、とくといふことばなり。念仏をしながら自力にさとりなすなり。かるがゆへに、別解といふなり。また、助業をこのむもの、これすなわち自力をはげむひとなり〔本文〕。

出典 一多文意　親3和文-141　真2-613　西聖787　西註688　東聖541

解説 異学は聖道や仏教以外の教えを学ぶ人。別解は、念仏をしながら、自力でさとろうとする人。→いがくいけん【異学異見】

いかでかほっきせしむべき【いかでか発起せしむべき】

❶ほたいしむをおこしかたしとなり〔左訓〕。《菩提心を発（おこ）し難しとなり》。

出典 正像末和讃・草　親2和讃-146

❷ひらきおこしかたしとなり〔左訓〕。《開き発（おこ）し難しとなり》。

出典 正像末和讃　親2和讃-166

解説 どうして凡夫に、自力の菩提心を起すことができようかとの意。

いぎょう【易行】

きやうしやすしとなり〔左訓〕。《行じ易しとなり》。

出典 一多文意　親3和文-139　真2-612　西聖786

いぎょう【異香】

めでたきか〔左訓〕。《めでたき香》。

出典 一多文意　親3和文-125　真2-604　西聖779

解説 ただならぬ香りの意。

いぎょう【意楽】

おんこゝろにあり〔左訓〕。《御心にあり》。

出典 西方指南　親5輯1-39

いぎょう【囲繞】

→いにょう【囲繞】

いげん【威顔】

かをはせ〔左訓〕。

出典 教行信証・教　親1-11　真2-3　西聖168

解説 顔つき。釈迦が『仏説無量寿経』を説く折の光顔巍巍としたようすを示す。

いこんとうのおうじょう【已今当の往生】

❶（已に、）すてに反、くわこ反。（今に、）こんしやう反。いま反。（当に、）みらい反〔左訓〕。「已今当の往生は」

出典 浄土和讃　親2和讃-21

❷（文明本に、）くわこにむまる。こむしやうにむまる。みらいにむまるゝなり〔左訓〕。《過去に生る、今生に生る、未来に生るなり》。

出典 浄土和讃　親2和讃-21　真2-489　西聖695

解説 「已」は過去、「今」は現在、「当」は未来の意。

いしゅ【意趣】

こゝろのおもむき〔左訓〕。

出典 唯信鈔　親6写2-44　真2-742　西聖1285

いしんいのうにゅう【以信為能入】

「以信為能入」といふは、真実信心を
えたる人の如来の本願の実報土によく
いるとしるべしとのたまへるみことな
り。信心は菩提のたねなり。無上涅槃
をさとるたねなりとしるべしとなり
〔本文〕。

出典 尊号銘文　親3和文-109　真2-
597　西聖769　西註667　東聖528

解説「以信為能入」とは、法然の『選
択集』の言葉で、涅槃に入るには信を
根本とすることを示す。

いちじつしんにょ【一実真如】

一実真如とまふすは、無上大涅槃なり。
涅槃すなわち法性なり。法性すなわち
如来なり〔本文〕。

出典 一多文意　親3和文-145　真2-
616　西聖789　西註690　東聖543

解説 涅槃は、法性といい、また如とも
いう。如から智慧として衆生にやって
来るので如来というのである。

いちじょう【一乗】

ほふくゑきやうなり〔左訓〕。《『法華
経』なり》。

出典 唯信鈔　親6-写(2)-41・49　真2-
740・744　西聖1284・1288

いちじょうかい【一乗海】

一乗海と言うは、一乗は大乗なり。大
乗は仏乗なり。一乗を得るは、阿耨多
羅三藐三菩提を得るなり。阿耨菩提は
すなわちこれ涅槃界なり。涅槃界はす
なわちこれ究竟法身なり。究竟法身を
得るは、すなわち一乗を究竟するなり。
如来に異なることましまさず、法身に
異なることましまさず。如来はすなわ
ち法身なり。一乗を究竟するは、すな
わちこれ無辺不断なり。大乗は、二
乗・三乗あることなし。二乗・三乗は、
一乗に入らしめんとなり。一乗はすな
わち第一義乗なり。ただこれ誓願一仏

乗なり〔本文〕。

出典 教行信証・行　親1-76　真2-38
西聖243　西註195　東聖196

解説 迷いの此岸からさとりの彼岸へ行
くのに、一切を乗せる最上の乗物なの
で、一乗とか大乗という。その広大さ
から、乗物自体を海に譬えている。第
二・第三の乗物である二乗・三乗は、
無力な凡夫には一乗しかないというこ
とを知らしめ、そこへ導く手だてであ
るとみている。

いちじょうのき【一乗の機】

ゐちしようきとはほうとにしやうせし
めん〔左訓〕。《一乗の機とは報土に生
ぜしめん》。「一乗の機をす〻めける」

出典 浄土和讃　親2和讃-41

解説 一乗とは、迷いの此岸からさとり
の彼岸へ行くのに、一切を乗せる最上
の乗物で、それに乗る者は必ず報土に
往生させられる。

いちど【一土】

ごくらくなり〔左訓〕。《極楽なり》。

出典 唯信鈔　親6写(2)-49　真2-744
西聖1287

いちねん【一念】

❶一念はすなわちこれ一声なり、一声
すなわちこれ一念なり、一念すなわち
これ一行なり、一行すなわちこれ正行
なり、正行すなわちこれ正業なり、正
業すなわちこれ正念なり、正念すなわ
ちこれ念仏なり、すなわちこれ南無阿
弥陀仏なり〔本文〕。

出典 教行信証・行　親1-70　真2-35
西聖236　西註189　東聖192

❷一念と言うは、すなわちこれ専念な
り、専念はすなわちこれ一声なり、一
声はすなわちこれ称名なり、称名はす
なわちこれ憶念なり、憶念はすなわち
これ正念なり、正念はすなわちこれ正
業なり〔本文〕。

[出典] 文類聚鈔　親2漢-134　真2-444　西聖608　西註479　東聖404

❸一念は功徳のきわまり、一念に万徳ことぐくそなわる、よろづの善、みなおさまるなり〔本文〕。

[出典] 一多文意　親3和文-137　真2-611　西聖785　西註685　東聖539

❹一念は、これ信楽開発の時剋の極促を顕し、広大難思の慶心を彰すなり〔本文〕。

[出典] 教行信証・信　親1-136　真2-71　西聖314　西註250　東聖239

❺一念と言うは、信心二心なきがゆえに一念と曰う。これを一心と名づく。一心はすなわち清浄報土の真因なり〔本文〕。

[出典] 教行信証・信　親1-138　真2-72　西聖315　西註351　東聖240

❻一念といふは、信心をうるときのきわまりをあらわすことばなり〔本文〕。

[出典] 一多文意　親3和文-127　真2-605　西聖780　西註678　東聖535

[解説] ❶❷❸は一声の念仏の意で、行としての一念を表す。つまり、念仏が観念の念仏ではなく、称名念仏でなければならないことを示している。また、❹❻は信楽開発の時剋の極促、信心をうるときのきわまり、つまり、信心獲得が時間的経過を伴うものではなく、瞬時に疑惑が晴れて慶びの中になされるものであることを示す。❺は一心の意でこれらは信の一念を表わす。→しんのいちねん・ぎょうのいちねん【信の一念・行の一念】

いちねんむぎ【一念無疑】

いちねむもうたかひなきを、ほんくわんをうたかふこゝろなしとなり〔左訓〕。《一念も疑いなきを本願を疑う心なしとなり》。「一念無疑なるをこそ」

[出典] 高僧和讃　親2和讃-117

[解説] 一念に本願を聞信するさまを示す。

いちぶつ【一仏】

あみだほとけなり〔左訓〕。《阿弥陀仏なり》。

[出典] 唯信鈔　親6写(2)-49　真2-744　西聖1287

いちみ【一味】

❶ひとつのあちわいとなり〔左訓〕。《一つ味わいとなり》。「煩悩菩提一味なり」

[出典] 和讃拾遺　親2和讃-282

[解説]「和讃拾遺」の真蹟断簡(滋賀・大圓寺蔵)では「ひとつ□あちわいとなると」、または「…あちわいのなると」と読める。

❷(文明本に、)ひとつあちはひとなるなり〔左訓〕。《一つ味わいとなるなり》。「功徳のうしほに一味なり」

[出典] 高僧和讃　親2和讃-96　真2-506　西聖712

[解説] 多くの悪業罪障がそのまま本願のはたらきによって徳の本質となる。そのことを、たくさんの川の水が、大海に入って一つ味になることに譬えたもの。「正信偈」には「如衆水入海一味」と示される。

いづくんぞしぎすべきや【いづくんぞ思議すべきや】

おもひはかるべからずといふ。こゝろもおよばず、ことばもおよばれず、しるべしとなり〔左訓〕。《思い計るべからずという。心も及ばず言葉も及ばれず、知るべしとなり》。

[出典] 一多文意　親3和文-131　真2-608　西聖782

[解説] どうして思いはからうことができようか。思いを超えたことだという意。

いっこうごうしょぞう【一向恒所造】

つねにつくるところの〔左訓〕。

[出典] 西方指南　親5輯(1)-193

いっこうせんじゅ【一向専修】

一向は余の善にうつらず、余の仏を念ぜず、専修は本願のみなをふたごゝろなく、もはら修するなり。修はこゝろのさだまらぬをつくろいなほし、おこなふなり。専はもはらといふ。一といふなり。もはらといふは、余善他仏にうつるこゝろなきをいふなり〔本文〕。

出典 一多文意 親3和文-140 真2-613 西聖786 西註687 東聖540

いっこんのせきじゅう【一斤の石汁】

(斤に、)はかり。(石に、)いし。(汁に、)しる〔左訓〕。

出典 教行信証・行 真2-32

解説 「行巻」には『往生要集』からの引用で、「一斤の石汁能く千斤の銅を変じて金と為す」(西聖232・西註185・東聖189)とある。

いっさい【一切】

よろづのひとといふこゝろなり〔左訓〕。《よろずの人という心なり》。

出典 一多文意 親3和文-125 真2-604 西聖779

解説 所引の「一切臨終時」(『往生礼讃』)の「一切」に付されている。一切衆生の意。

いっさいのうげ【一切の有礙】

❶ (礙に、)さわる。〔左訓〕。「一切の有礙にさわりなし」

出典 浄土和讃 親2和讃-9

❷ (文明本に、)よろつのさはりあること〔左訓〕。《よろずの障り有ること》。

出典 浄土和讃 親2和讃-9 真2-486 西聖692

いっしじ【一子地】

三かいのしゆしやうをわかひとりことおもふことをうるをゐちしちといふなり〔左訓〕。《三界の衆生を我がひとり子と思うことを得るを一子地というな

り》。「一子地となづけたり」

出典 浄土和讃 親2和讃-56

解説 三界のすべての衆生を平等に我がひとり子のように慈しみ、悲しむ心を持ち得る境地をいう。

いっしん【一心】

❶ 一心はすなわち清浄報土の真因なり〔本文〕。

出典 教行信証・信 親1-138 真2-72 西聖315 西註251 東聖240

❷ 『小本』には一心と言えり、二行雑わることなきがゆえに一と言えるなり。また一心について深あり浅あり。深とは利他真実の心これなり、浅とは定散自利の心これなり〔本文〕。

出典 教行信証・化 親1-288 真2-154 西聖496 西註393 東聖340

❸ 一の言は無二に名づくるの言なり、心の言は真実に名づくるなり〔本文〕。

出典 教行信証・化 親1-293 真2-157 西聖502 西註398 東聖345

❹ 一心はすなわちこれ深心なり、深心はすなわちこれ堅固深信なり、堅固深信はすなわちこれ真心なり、真心はすなわちこれ金剛心なり、金剛心はすなわちこれ無上心なり、無上心はすなわちこれ淳一相続心なり、淳一相続心はすなわち大慶喜心なり。大慶喜心を獲れば、この心三不に違す、この心三信に順ず〔本文〕。

出典 文類聚鈔 親2漢-149 真2-453 西聖626 西註494 東聖418

❺ 一心はこれ信心なり、専念はすなわち正業なりと。一心の中に至誠・回向の二心を摂在せり〔本文〕。

出典 文類聚鈔 親2漢-151 真2-453 西聖627 西註495 東聖420

❻ 一心の言は、真実の信心なり〔本文〕。

出典 愚禿鈔 親2漢-46 真2-477

西聖673　西註538　東聖455

❼三信相応せんは、これ一心なり。一心は淳心なれば如実と名づく〔本文〕。

出典 入出二門　親2漢-123　真2-483
西聖687　西註549　東聖465

❽一心といふは、教主世尊の御ことのりをふたごゝろなくうたがひなしとなり。すなわちこれまことの信心也〔本文〕。

出典 尊号銘文　親3和文-86　真2-584　西聖757　西註651　東聖518

解説 親鸞は、本願の三心(信)を合して一心という。したがって、一心とは真実の信心、仏心そのものである。『観経』『小経』『浄土論』『観経疏』のいずれの「一心」もこの立場で理解する。『観経』の三心の中の一つを一心とするのは、自力の立場とする。前者を深心、後者を浅心とする。

いっしんこんごうのかいし【一心金剛の戒師】

(文明本に、) しよしゆのおんしのしやうにんのおんてしにみなゝりたまふ〔左訓〕。《諸宗の御師の上人の御弟子に皆なりたもう》。「一心金剛の戒師とす」

出典 高僧和讃　親2和讃-129　真2-513　西聖719

解説 「一心金剛戒」は、円頓戒とも大乗戒ともいう。一心になって戒律を受けたとき、その徳は金剛のように固く、いつまでも失われない。その戒を授ける師を戒師という。聖道諸宗の指導者も、みな法然上人の弟子になり、法然上人を「一心金剛の戒師」と仰いだという。→しようどうしょしゅうのししゅ【聖道諸宗の師主】

いっしんせんねん【一心専念】

一心専念といふは、一心は、金剛の信心なり。専念は、一向専修なり。一向は、余の善にうつらず、余の仏を念ぜず。専修は、本願のみなを、ふたごゝろなく、もはら修するなり。修は、こゝろのさだまらぬをつくろいなほし、おこなふなり。専は、もはらといふ、一といふなり。もはらといふは、余善・他仏にうつるこゝろなきをいふなり〔本文〕。

出典 一多文意　親3和文-140　真2-613　西聖786　西註687　東聖540

解説 隆寛の『一念多念分別事』に引用されている「散善義」の文の解釈である。今は、それが『一念多念文意』に引用されている。親鸞は、一心を他力に解釈して金剛の信心と理解する。

いっせんだい【一闡提】

(闡に、) ひらく、(提に、) ふくのことはなり〔左訓〕。しんのことはなり〔右訓〕。

出典 教行信証・信　真2-81　西聖335

解説 「一闡提」とは、断善根、信不具足と訳し、仏法を信じることなく、成仏の素質を欠く者。

いっていをてんしゅ【一渧を沾取】

ひとしたゝりしぼしとらん〔左訓〕。《一滴を絞り取らん》。

出典 大経延書　親8加(1)-48

いてん【移転】

うつり、うつる〔左訓〕。

出典 教行信証・化　親1-293　真2-157　西聖502

いとくだいり【為得大利】

❶ほとけになるべきりやくをうるなりとしるべしとなり〔左訓〕。《仏になるべき利益を得るなりと知るべしとなり》。

出典 一多文意　親3和文-137　真2-611　西聖785

❷為得大利といふは、無上涅槃をさとるゆへに、則是具足無上功徳とものた

まへるなり〔本文〕。

出典 一多文意　親 3 和文-137　真 2-
611　西聖785　西註685　東聖539

いにょう【囲繞】

❶めくり、めくる〔左訓〕。

出典 教行信証・化　親 1-270　真 2-
144　西聖474

❷かこみめぐる〔左訓〕。

出典 三経往生　親 3 和文-29　真 2-
555　西聖744

❸（囲に、）かこむ反、（繞に、）めく
る反〔左訓〕。「百重千重囲繞して」

出典 浄土和讃　親 2 和讃-66

解説 取り囲むこと。

いねんぶつしん【以念仏心】

以念仏心といふは、念仏の心をもてと
いふ〔本文〕。

出典 尊号銘文　親 3 和文-83　真 2-
583　西聖756　西註649　東聖516

解説 大勢至菩薩の讃文として引用され
ている『首楞厳経』の文。

**いのうすいはむみょうあん【已能雖破無
明闇】**

已能雖破無明闇といふは、このこゝろ
なり。信心をうればあかつきになるが
ごとしとしるべし〔本文〕。

出典 尊号銘文　親 3 和文-119　真 2-
602　西聖774　西註672　東聖532

解説 『尊号真像銘文』に引かれる「正
信偈」の文。信心を得れば、無明の闇
が晴れるとの意。

いはい【違背】

たがふ、そむく〔左訓〕。

出典 西方指南　親 5 輯 1-54

いはく（わち）【曰く】

（曰は、）こゝろをあらはすことばなり
〔本文〕。

出典 尊号銘文　親 3 和文-86　真 2-
584　西聖757　西註651　東聖517

解説 音読では「わち」、訓読では「い

はく」と読みがなが付されている。

**いぶつりきこけんぴこくど【以仏力故見
彼国土】**

以仏力故見彼国土と言えり、これすな
わち他力の意を顕すなり〔本文〕。

出典 教行信証・化　親 1-277　真 2-
148　西聖482　西註382　東聖332

解説 『観経』で韋提希が、釈尊に「我
がごときは、仏力によって、彼の国土
を見た。未来の衆生はいかにして見る
か」と尋ねた文（西聖114・西註93・
東聖95）。

**いまはねんぶつさかりなり【いまは念仏
さかりなり】**

このよはまちほふのよなり〔左訓〕。
《この世は末法の世なり》。

出典 聖徳奉讃　親 2 和讃-241　真 2-
537

解説 今は末法の世だから、難行聖道は
難しく、易行である念仏がさかんであ
るとの意。

いよう【威容】

すかたかおはせ〔左訓〕。

出典 教行信証・教　親 1-11　真 2-3
西聖168

解説 姿、顔つき。

いらんりん【伊蘭林】

（蘭に、）わる、（林に、）き〔左訓〕。

出典 教行信証・行　親 1-38　真 2-17
西聖198

解説 伊蘭はインドの植物で、強い悪臭
があり、芳香を放つ栴檀と対照される。

いんこうじょうぶつ【因光成仏】

❶ひかりをたねとしてほとけになりた
まひたり〔左訓〕。《光を因（たね）と
して仏になりたまいたり》。「因光成仏
のひかりおば」

出典 浄土和讃　親 2 和讃-13

❷（文明本に、）ひかりきはなからん
とちかひたまひてむけくわうふちとな

りておはしますとしるへし〔左訓〕。
《光際無からんと誓いたまいて無碍光
仏となりておはしますと知るべし》。
出典 浄土和讃　親2和讃-13　真2-
487　西聖693
解説 仏になる因（たね）としての光が
身に触れること。法蔵菩薩が、光は際
限なきと誓って無碍光仏（阿弥陀仏）
となったとの意。

いんじゅう【慇重】
ねんころに〔左訓〕。
出典 教行信証・化　親1-284　真2-
152　西聖491

いんじょう【引接】
みちひきとる。とるといふはてにとる
こゝろなり〔左訓〕。《導き取る。取る
というは手に取る心なり》。「衆生引接
のためにとて」
出典 高僧和讃　親2和讃-107
解説 阿弥陀仏が手に取って衆生を極楽
へ導くこと。

いんど【印度】
てんちくなり〔左訓〕。《天竺なり》。
「聖徳太子印度にては」
出典 聖徳奉讃　親2和讃-232
解説 インド。天竺ともいう。

いんねん【因縁】
たね、たすく〔左訓〕。
出典 教行信証・証　親1-197　真2-
105　西聖390
解説 事が生じる直接の力である因と、
それを助ける間接の条件である縁、す
べての物事はこの二つの働きによって
起こるとする。

う

う【迂】
❶めぐるなり〔左訓〕。
出典 尊号銘文・略　親3和文-45
❷迂はめくるとなり。竪と迂は自力聖
道のこゝろ也〔本文〕。
出典 尊号銘文　親3和文-78　真2-
580　西聖753　西註646　東聖514

うげ【有碍】
❶（碍（礙）に、）さわる〔左訓〕。「一
切の有礙にさわりなし」
出典 浄土和讃　親2和讃-9
❷さはりあるさとりにて〔左訓〕。《障
りある覚りにて》。「衆生有碍のさとり
にて」
出典 浄土和讃　親2和讃-58
❸（文明本に、）よろつのことさへら
るゝこゝろなり〔左訓〕。《万のこと障
えらるる心なり》。
出典 浄土和讃　親2和讃-58　真2-
497　西聖703

うじょう【有情】
❶（情に、）なさけこゝろ〔左訓〕。
出典 教行信証・証　親1-196　真2-
104　西聖388
❷よろつのしゆしやうをうしやうとは
いふなり〔左訓〕。《万（よろず）の衆
生を有情とはいうなり》。「利益有情は
きわもなし」
出典 正像末和讃・草　親2和讃-147
解説 有情とは生存するものの意で、人
間や動物など心・感情・意識をもつも
の。衆生はあらゆる生き物の意で、ほ
ぼ同義語。

うねん【有念】
有念はすなはちいろかたちをおもふに
ついていふことなり〔本文〕。《有念は
色形を思うについていうことなり》。

出典 末灯鈔 親3書簡-61 真2-657
西聖828 西註736 東聖601
解説 有念は色形を思うについていうことである。つまり、色形など対象仏について思うことであり、それを離れた無念に対する。

うのう【憂悩】
うれへなやむ〔左訓〕。
出典 観経疏加点・序 親9加(3)-78

うぶつしゅっせみょうむりょうこう【有仏出世名無量光】
有仏出世名無量光とまうすは、仏世にいでさせたまひしとまうす御ことばなり。世にいでさせたまひし仏は、阿弥陀如来なりとまうす也〔本文〕。
出典 尊号銘文 親3和文-82 真2-582 西聖755 西註648 東聖516
解説『尊号真像銘文』に引用されている『首楞厳経』の文。

うまやどのおうじ【厩屋門の皇子】
皇后御まやに御遊ありけるにそのところにしてむまれさせましますによりてむまやどの皇子とまうすなり〔左訓〕。《皇后御厩（うまや）に御遊びありけるにその所にして生れさせましますによりて厩屋門の皇子ともうすなり》。「厩屋門の皇子とまうしけり」
出典 聖徳奉讃 親2和讃-247 真2-540
解説 親鸞は、聖徳太子の御名については『太子伝略』によっている。

うむ【有無】
しやけんをはなるゝなり〔左訓〕。《邪見を離るるなり》。「有無をはなるとのべたまふ」
出典 浄土和讃 親2和讃-9
解説 有無のとらわれ、つまり、有無の邪見を離れること。

うりょう【有量】
❶うりやうはせけんにあることはみな

はかりあるによりてうりやうといふ。ふちほふはきわほとりなきによりてむりやうといふなり〔左訓〕。《有量は世間に有ることは皆量（はか）りあるによりて有量という。仏法は際・辺無きによって無量というなり》。「有量の諸相ことゞゝく」
出典 浄土和讃 親2和讃-8
❷（文明本に、）よろつのしゆしやうなり〔左訓〕。《万の衆生なり》。
出典 浄土和讃 親2和讃-8 真2-486 西聖692
解説 世間にある事物はすべて量的に限られているので有量。無量に対する語。仏法（出世間）は、はからいを超えて、無限なので無量。

うんげ【温雅】
→おんげ【温雅】

うんさい【運載】
はこふ。のす〔左訓〕。
出典 教行信証・行 親1-82 真2-41 西聖250

うんまう【溳溺】
うるふ おほる〔左訓〕。
出典 論註加点 親8加(2)-25

え

えあくのがんしき【穢悪の含識】
（穢悪に、）けからはし〔左訓〕。（含に、）ふうむ〔左訓〕。（識に、）さとる〔左訓〕。

出典 教行信証・化　親1-269

解説 含識とは心識（心・情）を有するものの意。衆生。有情。したがって、ここでは、煩悩に穢れた衆生の意。

えいだつ【映奪】
かゝやき、うはう〔左訓〕。

出典 教行信証・行　親1-83　真2-42　西聖251

えいてつ【暎徹】
てり、とをる〔左訓〕。

出典 観経疏加点・定　親9加(3)-130

えいへい【暎蔽】
おゝふ、おゝふ〔左訓〕。

出典 教行信証・真　親1-229　真2-121　西聖428

えいほう【暎芳】
❶かゝやき、かうはしきなり〔左訓〕。《かがやき、芳（かんば）しきなり》。「異香みぎりに暎芳す」

出典 高僧和讃　親2和讃-135

❷（文明本に、）かゝやき、かうはし〔左訓〕。

出典 高僧和讃　親2和讃-135　真2-514　西聖720

えかんほっしのしゃく【懐感法師の釈】
ゑかむせんしのくんきろんによりて、しよきやうわうしやうのやうをあらはせり〔左訓〕。《懐感禅師の『群疑論』によりて諸行往生のようを著せり》。「懐感法師の釈により」

出典 高僧和讃　親2和讃-123

解説 懐感（7世紀後半、生没年不明）とは唐の長安で活躍した僧で、善導の教えを受け『群疑論』（決疑論）七巻を著す。

えげ【慧解】
さとり、さとる〔左訓〕。

出典 唯信鈔　親6写2-40　真2-740　西聖1284

えこう【回向】
❶あたふるなり〔左訓〕。《与えるなり》。「ひとしく衆生に回向せむ」

出典 和讃拾遺　親2和讃-278

❷回向は、本願の名号をもって十方の衆生にあたへたまふ御のりなり〔本文〕。

出典 一多文意　親3和文-127　真2-605　西聖780　西註678　東聖535

❸しかれば、もしは行、もしは信、一事として阿弥陀如来の清浄願心の回向成就したもうところにあらざることあることなし〔本文〕。

出典 教行信証・信　親1-115　真2-58　西聖286　西註229　東聖223

❹もしは因、もしは果、一事として阿弥陀如来の清浄願心の回向成就したまえるところにあらざることあることなし〔本文〕。

出典 教行信証・証　親1-201　真2-106　西聖394　西註312　東聖284

解説「回向」とは、回転趣向（えてんしゅこう）の意であり、自分自身の積み重ねた善根・功徳を相手にふりむけて与えることの意であるが、親鸞は曇鸞の『浄土論註』の立場から仏の徳が衆生にふりむけられる意に解釈した。他力回向、本願力回向の意。『大経』の第十八願文の「至心回向」を「至心に回向せしめたまへり」と他力回向の意に読み変えている。→にょらいのえこう【如来の回向】

えこうのしんぎょう【回向の信楽】
みたのくわんりきをふたこゝろなくし

んするをいふなり〔左訓〕。《弥陀の願力を二心なく信ずるをいうなり》。「回向の信楽うるひとは」

出典 正像末和讃・草　親2和讃-147

えこうをしゅとす【回向を首とす】

しひのはしめとし、かしらとして、たいしたいひしむをえたまへるなりとしるへし〔左訓〕。《慈悲の始めとし、頭として、大慈大悲心をえたまへるなりと知るべし》。「回向を首としたまひて」

出典 正像末和讃　親2和讃-177

解説 仏の回向心を第一として、大悲心を得ると知るべきとの意。

えこく【穢国】

けかる反〔左訓〕。《穢（けが）る》。「穢国にかならず化するなれ」

出典 浄土和讃　親2和讃-15

解説 けがれた国。穢土。煩悩で穢れた世間。

えしいっしゅう【依此一宗】

このしゅによると〔左訓〕。《此の宗に依ると》。

出典 西方指南　親5輯(1)-19

えしょう【依正】

えほうはよろすのほうしゆほうちよろすのかさりなり。すへてのかさりのななり。しやうほうはわれらかこくらくにまいりなはしんつしさいになるをいふなり〔左訓〕。《依報はよろずの宝樹、宝池、よろずの飾りなり。すべての飾りの名なり。正報は我らか極楽に参りなば神通自在になるをいうなり》。「安楽仏土の依正は」

出典 浄土和讃　親2和讃-20

えしん【穢身】

けからわしきみ〔左訓〕。「すなはち穢身すてはて」

出典 高僧和讃　親2和讃-113

解説 煩悩で穢れた身。

えしん【回心】

❶回心といふは、自力の心をひるがへし、すつるをいふなり〔本文〕。

出典 唯信文意　親3和文-167　真2-628　西聖801　西註707　東聖552

❷回心といふこと、たゞひとたびあるべし。その回心は、日ごろ本願他力真宗をしらざるひと、弥陀の智慧をたまはりて、日ごろのこゝろにては、往生かなふべからずとおもひて、もとのこゝろをひきかへて、本願をたのみまひらするをこそ、回心とはまふしさふらへ〔本文〕。

出典 歎異抄　親4言行-30　真2-788　西聖918　西註848　東聖637

解説 回心とは自力の心を翻して他力に帰すること。

えせ【回施】

❶（施に、）ほとこす、はつすと也〔左訓〕。

出典 教行信証・信　親1-117　真2-60　西聖289

❷あたふ〔左訓〕。

出典 教行信証・信　親1-121　真2-62　西聖294

解説 仏より回らし施されるの意。与えること。

えちよ【悦予】

よろこひ、よろこふ〔左訓〕。

出典 教行信証・教　親1-11　真2-3　西聖168

えつよ【悦予】

→えちよ【悦予】

えらん【壊乱】

❶やふる、みたる〔左訓〕。

出典 教行信証・行　親1-27　真2-10　西聖185

❷やぶられみだるゝなり〔左訓〕。

出典 西方指南　親5輯2-353

えん【炎】

ほのを。か、やき（く）〔左訓〕。

出典 教行信証・真　親1-231　真2-122　西聖430

えんお【厭悪】

いとい、にくまん〔左訓〕。

出典 大経延書　親8加(1)-32

えんきゃくこうぶく【厭却降伏】

いとひしりそけしたかへむとすへしとなり〔左訓〕。《厭い退け、従がえんとすべしとなり》。「厭却降伏せしむべし」

出典 聖徳奉讃　親2和讃-246　真2-539

えんきんちょうたん【遠近長短】

とおきちかきながきみじかき〔左訓〕。

出典 西方指南　親5輯1-39

えんそく【延促】

のへ、つ、まり〔左訓〕。

出典 観経疏加点・散　親9加(3)-189

えんづう【円通】

まとかにかよふ〔左訓〕。「勢志念仏円通して」

出典 浄土和讃　親2和讃-68

えんでん【婉転】

わたかまり〔左訓〕。

出典 法事讃加点　親9加(4)-42

えんとう【厭祷】

いとい、いのる〔左訓〕。

出典 教行信証・化　親1-358　真2-191　西聖576

えんどん【円頓】

はちまんしやうけうのすへてすこしもかくることなきをゑんとんとまふすなり〔左訓〕。《八万聖教のすべて、少しも欠けることなきを円頓ともうすなり》。「本願円頓一乗は」

出典 高僧和讃　親2和讃-92

解説 八万四千の経典に説かれるすべての徳をまどかに備え、直ちに悟りに到

る唯一の教法のこと。

えんのうこう【炎王光】

❶ひをせんならべたらむよりもすぐれたりとなり〔左訓〕。《日（太陽）を千並べたるよりも勝れたりとなり》。

出典 弥陀名号徳　親3和文-229　真2-735　西聖821

❷炎王光とまふすは、ひかりのさかりにして、火のさかりにもえたるにたとえまいらするなり。火のほのおのけむりなきがさかりなるがごとしと也〔本文〕。《炎王光と申すは光のさかりにして、火のさかりに燃えたるに譬えまいらするなり。火の炎の煙なきがさかりなるがごとしとなり》。

出典 弥陀名号徳　親3和文-229　真2-735　西聖821

解説 最高に輝く光。阿弥陀仏の徳を示す十二光の一つ。

えんび【円備】

（備に、）そなはる、つふさなり〔左訓〕。

出典 教行信証・化　親1-295　真2-158　西聖503

えんぶだんこんさんずん【閻浮檀金三寸】

たいししちしやうまてもちたまへるくわんおむなり〔左訓〕。《太子、七生まで持ちたまえる観音なり》。「閻浮檀金三寸の」

出典 聖徳奉讃　親2和讃-230　真2-532

解説 七生とは、この世に七度生まれ変わること。転じて永遠の意。

えんゆう【円融】

❶円融とまふすは、よろづの功徳善根みち〳〵てかくることなし。自在なるこゝろなり〔本文〕。

出典 一多文意　親3和文-145　真2-615　西聖789　西註690　東聖543

❷（融に、）とおる〔左訓〕。

出典 教行信証・行　親1-81　真2-41

西聖249

解説 すべての善根功徳が完全に融け合って、円（まど）かに備わっていること。

えんり【厭離】

❶いとひ、はなる〔左訓〕。《厭（いと）い離れる》。「厭離の素懐をあらわして」

出典 高僧和讃　親2和讃-129

❷（文明本に、）よをいとふなり〔左訓〕。《世を厭うなり》。

出典 高僧和讃　親2和讃-129　真2-513　西聖719

解説 穢土、つまり穢れた世を厭（いと）い離れること。

お

おう【横】

❶よこさまといふ〔左訓〕。《横さまといふ》。

出典 尊号銘文　親3和文-78　真2-580　西聖753

❷よこさま〔左訓〕。

出典 尊号銘文・略　親3和文-45

❸横は、よこさまといふ。よこさまといふは、如来の願力を信ずるゆへに行者のはからいにあらず。五悪趣を自然にたちすて四生をはなるゝを横といふ。他力とまふす也。これを横超といふなり。横は竪に対することばなり〔本文〕。

出典 尊号銘文　親3和文-78　真2-580　西聖753　西註646　東聖514

❹横はよこさまといふ。如来の願力なり。他力をまふすなり〔本文〕。

出典 尊号銘文　親3和文-120　真2-602　西聖774　西註673　東聖532

❺横は竪超・竪出に対す〔本文〕。

出典 教行信証・信　親1-141　真2-73　西聖318　西註254　東聖243

❻横はよこさまにといふなり〔本文〕。

出典 一多文意　親3和文-130　真2-607　西聖781　西註680　東聖536

❼横はよこさまといふ〔本文〕。

出典 唯信文意　親3和文-174　真2-632　西聖804　西註711　東聖555

解説「横」とは他力の意。『大経』の「横截五悪趣」、『観経疏』の「横超断四流」などによる。→おうぜつごあくしゅ【横截五悪趣】

おうく【惶懼】

をのゝきをつ〔左訓〕。《戦（おのの）き怖（お）つ》

出典 観経疏加点・序　親9加(3)-75

おうけしん【応化身】

この報身より応化等の無量無数の身を
あらはして、微塵世界に無碍の智慧光
をはなたしめたまふゆへに、尽十方無
碍光仏とまふすひかりにて、かたちも
ましまさず、いろもましまさず。無明
のやみをはらひ、悪業にさえられず。
このゆへに、無碍光とまふすなり。無
碍は、さわりなしとまふす。しかれば、
阿弥陀仏は、光明なり。光明は、智慧
のかたちなりとしるべし〔本文〕。

出典 唯信文意 親3和文-171 真2-
631 西聖803 西註710 東聖554

解説 法身（ほっしん）・報身（ほうじ
ん）とともに仏の三身の一つ。仏が
人々を教化救済するために、人に応じ
てこの世に姿を現した仏身。仏は、教
化すべき人々の能力や素質に応じ、さ
まざまな肉身の姿をとって現れる。四
身説の場合は応身（衆生に応じた身）
と化身（変化身）に分ける。

おうけつ【雄傑】

すぐれ、すぐる万人〔左訓〕。

出典 教行信証・真 親1-231 真2-
122 西聖429

おうごん【狂言】

くるわすことばなり〔左訓〕。《狂わす
言葉なり》。

出典 西方指南 親5輯(2)-278

おうじいげんしん【応時為現身】

阿弥陀を念ずべしとなり。念ずれば、
応時為現身とのたまへり。応時といふ
はときにかなうといふなり。為現身と
まふすは、信者のために如来のあらわ
れたまふなり〔本文〕。

出典 尊号銘文 親3和文-85 真2-
583 西聖757 西註650 東聖517

解説『尊号真像銘文』に引かれる『十
住毗婆沙論』（「易行品」）の文。仏が
時と教化すべき人々の能力や素質に応

じてこの世に現れる応化身について述
べた文。→おうけしん【応化身】

おうじゃく【往昔】

❶むかしといふ〔左訓〕。「往昔恒河沙
劫に」

出典 浄土和讃 親2和讃-68

❷むかしといふ〔左訓〕。「往昔に夫人
とありしとき」

出典 聖徳奉讃 親2和讃-238

おうしゅつ【横出】

❶横出は、正雑・定散・他力の中の自
力の菩提心なり〔本文〕。

出典 教行信証・信 親1-133 真2-
69 西聖309 西註246 東聖237

❷また横出あり、すなわち三輩・九
品・定散の教、化土・懈慢、迂回の善
なり〔本文〕。

出典 教行信証・信 親1-141 真2-
73 西聖319 西註254 東聖243

❸二には横出 浄土、胎宮・辺地・懈
慢の往生なり〔本文〕。

出典 愚禿鈔 親2漢-5 真2-456
西聖634 西註502 東聖425

❹横出とは易行道の教なり。欣求をも
って本とす。何を以ってのゆえに。願
力に由って生死を厭捨せしむるゆえな
りと〔本文〕。

出典 愚禿鈔 親2漢-25 真2-466
西聖654 西註520 東聖438

解説「横」は他力、「出」は漸の意で、
念仏に依りつつも自力で称え、だんだ
んと目覚める教え。他力念仏の方便と
なる。→おうちょう【横超】

おうじょう【往生】

❶往生と言うは、『大経』には皆受自
然虚無之身無極之体と言えり〔本文〕。

出典 教行信証・真 親1-265 真2-
141 西聖470 西註372 東聖323

❷すなわち、とき日おもへだてず、正
定聚のくらゐにつきさだまるを、往生

をうとはのたまへるなり〔本文〕。

[出典] 一多文意　親3和文-128　真2-605　西聖780　西註679　東聖535

❸すなわち往生すとのたまへるは、正定聚のくらゐにさだまるを不退転に住すとはのたまへるなり〔本文〕。

[出典] 一多文意　親3和文-129　真2-606　西聖781　西註680　東聖536

❹またすでに往生をえたるひとも、すなわち正定聚にいるなり〔本文〕。

[出典] 一多文意　親3和文-131　真2-607　西聖782　西註681　東聖537

❺即得往生は、信心をうればすなわち往生すといふ、すなわち往生すといふは、不退転に住するをいふ、不退転に住すといふはすなわち正定聚のくらゐにさだまるとのたまふ御のりなり。これを即得往生とはまふすなり〔本文〕。

[出典] 唯信文意　親3和文-161　真2-625　西聖798　西註703　東聖549

❻信心さだまるとき往生またさだまるなり〔本文〕。

[出典] 末灯鈔　親3書簡-60　真2-566　西聖827　西註735　東聖600

❼浄土へ往生するまでは、不退のくらゐにておはしまし候へば、正定聚のくらゐとなづけて、おはします事にて候なり〔本文〕。

[出典] 真蹟書簡　親3書簡-29　真2-674　西聖872　西註793　東聖590

❽往生といふは、浄土にむまるといふ也。かならずといふは自然に往生をえしむと也〔本文〕。

[出典] 尊号銘文　親3和文-94　真2-588　西聖761　西註656　東聖521

[解説] 信心獲得を往生とするか、臨終を往生とするか、諸説ある。

おうぜつごあくしゅ【横截五悪趣】

横截五悪趣　悪趣自然閉といふは、横は、よこさまといふ。よこさまといふ

は、如来の願力を信ずるゆへに行者のはからいにあらず。五悪趣を自然にたちすて四生をはなるゝを横といふ。他力とまふす也。これを横超といふ也。横は竪に対することば也。超は迂に対することば也。竪はたゝざま、迂はめぐるとなり。竪と迂は自力聖道のこゝろ也。横超はすなわち他力真宗の本意也。截といふは、きるといふ。五悪趣のきづなをよこさまにきる也〔本文〕。

[出典] 尊号銘文　親3和文-78　真2-580　西聖753　西註646　東聖514

[解説]『尊号真像銘文』に引かれる『大経』の文。「横」は他力、「五悪趣」は五道。六道のうち修羅を畜生に収めて五道ともいう。

おうそうえこう【往相回向】

❶往相の回向について、真実の教行信証あり〔本文〕。

[出典] 教行信証・教　親1-9　真2-2　西聖167　西註135　東聖152

❷謹んで往相の回向を案ずるに、大行あり、大信あり〔本文〕。

[出典] 教行信証・行　親1-17　真2-5　西聖173　西註141　東聖157

❸往相につきて大行あり、また浄信あり〔本文〕。

[出典] 文類聚鈔　親2漢-132　真2-443　西聖606　西註478　東聖403

[解説] 二種回向の一つ。浄土へ行く相。浄土から還り、利他教化する還相回向に対す。→げんそうえこう【還相回向】

おうそうげんそう【往相還相】

わうさうはこれよりわうしやうせせむとおほしめすゝかうなり。くゑんさうはしやうとにまいりはてはふけんのふるまいをせさせてしゆしやうりやくせさせんとゑかうしたまへるなり〔左訓〕。《往相はこれより往生せさせんと思召す回向なり。還相は浄土に参り、

果ては普賢の振る舞いをせさせて衆生
利益せさせんと回向したまへるなり》。
「往相還相ふたつなり」

出典 高僧和讃　親2和讃-93

解説「往相回向」は衆生を往生させよ
うとする仏のはたらき。「還相回向」
は浄土から還り、普賢菩薩のように利
他教化して衆生を救うはたらき。その
はたらきも回向といい、いずれも仏に
よるもの。

おうそうげんそうのえこうに【往相還相の回向に】

みたのにしゆのゑかうなり〔左訓〕。
《弥陀の二種の回向なり》。

出典 正像末和讃　親2和讃-181

おうた【御歌】

おむうた〔左訓〕。「御歌をたまひての
たまはく」

出典 太子奉讃　親2和讃-269

おうちょう【横超】

❶横超は、これすなわち願力回向の信
楽、これを願作仏心と言う〔本文〕。

出典 教行信証・信　親1-133　真2-
69　西聖309　西註246　東聖237

❷横超は、横は竪超・竪出に対す、超
は迂に対し、回に対するの言なり。竪
超は、大乗真実の教なり。竪出は大乗
権方便の教、二乗・三乗迂回の教なり。
横超は、すなわち願成就一実円満の真
教、真宗これなり。また横出あり、す
なわち三輩・九品・定散の教、化土・
懈慢、迂回の善なり。大願清浄の報土
には、品位階次を云わず、一念須臾の
傾に速やかに疾く無上正真道を証得す、
かるがゆえに横超と曰うなり〔本文〕。

出典 教行信証・信　親1-141　真2-
73　西聖318　西註254　東聖243

❸横超とは、本願を憶念して自力の心
を離るる、これを横超他力と名づくる
なり。これすなわち専の中の専、頓の

中の頓、真の中の真、乗の中の一乗な
り、これすなわち真宗なり〔本文〕。

出典 教行信証・化　親1-290　真2-
155　西聖498　西註395　東聖341

❹二には横超　選択本願、真実報土、
即得往生なり〔本文〕。

出典 愚禿鈔　親2漢-4　真2-455
西聖634　西註502　東聖424

❺横はよこさまといふ、よこさまとい
ふは如来の願力を信ずるゆゑに行者の
はからいにあらず、五悪趣を自然にた
ちすて四生をはなるゝを横といふ。他
力とまふす也。これを横超といふ也。
横は竪に対することば也。超は迂に対
することば也。竪はたゝさま、迂はめ
ぐるとなり。竪と迂とは自力聖道の
こゝろ也。横超は他力真宗の本意也
〔本文〕。

出典 尊号銘文　親3和文-78　真2-
580　西聖753　西註646　東聖514

❻横はよこさまといふ、如来の願力な
り。他力をまふすなり。超はこえてと
いふ。生死の大海をやすくよこさまに
こえて、無上大涅槃のさとりをひらく
也〔本文〕。

出典 尊号銘文　親3和文-120　真2-
602　西聖774　西註673　東聖532

❼横はよこさまにといふなり。超はこ
えてといふなり。これは仏の大願業力
のふねに乗じぬれば、生死の大海をよ
こさまにこえて、真実報土のきしにつ
くなり〔本文〕。

出典 一多文意　親3和文-130　真2-
607　西聖781　西註680　東聖536

❽横はよこさまといふ。超はこえてと
いふ。よろづの法にすぐれて、すみや
かにとく生死海をこえて、仏果にいた
るがゆへに超とまふすなり。これすな
わち大悲誓願力なるがゆへなり〔本
文〕。

出典 唯信文意　親3和文-174　真2-632　西聖804　西註711　東聖555

解説 横は他力、超は頓・即の意で、他力でたちまち目覚める選択本願、浄土真宗を指す。→しゅちょう【竪超】

おうちょうのこんごうしん【横超の金剛心】

願作仏心は、すなわちこれ横の大菩提心なり。これを横超の金剛心と名づくるなり〔本文〕。

出典 教行信証・信　親1-133　真2-69　西聖309　西註246　東聖237

解説 他力の菩提心。衆生の起こす菩提心（道心）ではなく、仏から賜る信心。それが、揺るぎない心なので金剛に譬える。

おうと【皇都】

❶わうのみやこなり〔左訓〕。《天皇の都なり》。「皇都たらむとしめしてぞ」

出典 聖徳奉讃　親2和讃-230　真2-532

❷わうのみやこといふ〔左訓〕。《天皇の都という》。「摂州難波の皇都なり」

出典 聖徳奉讃　親2和讃-230　真2-532

解説 天子の都。帝都。

おうにあだおぞおこしける【横にあだおぞおこしける】

❶よこさまなるこゝろのみあるへしとなり。こちよくのよのありさまなり〔左訓〕。《横さまなる心のみあるべしとなり。五濁の世の有様なり》。

出典 正像末和讃　親2和讃-163

❷（文明本に、）よこさま〔左訓〕。《横さま》

出典 正像末和讃　親2和讃-163　真2-517　西聖723

おうにちきゅう【王日休】

しむたんこくのひとなり〔左訓〕。《晨旦国の人なり》。

出典 一多文意　親3和文-132　真2-608　西聖782

解説 王日休（1105～1173）は宋代の居士で浄土教者。浄土教の要文を集めて『龍舒浄土文』十巻を撰述。

おくう【屋寓】

いえ、いえ〔左訓〕。

出典 教行信証・証　親1-221　真2-117　西聖419

おくし【抑止】

（抑に、）おさふ〔左訓〕。

出典 教行信証・信　親1-189　真2-100　西聖381

おくすれば【憶すれば】

おもひまいらすとなり〔左訓〕。《想ひまいらすとなり》。「衆生仏を憶すれば」

出典 浄土和讃　親2和讃-70

おくねん【憶念】

❶憶念は、信心をえたるひとは、うたがいなきゆへに、本願をつねにおもいいづるこゝろのたえぬをいうなり〔本文〕。

出典 唯信文意　親3和文-164　西聖799　西註705　東聖551

❷憶念といふは信心まことなる人は本願をつねにおもひいづるこゝろのたえずつねなるなりなり〔本文・『真宗法要』所収本〕。

出典 唯信文意　真2-626

解説 心に常に思い浮かべること。

おくもん【屋門】

いかんが観察する、智慧をして観じたまいき。正念に彼を観ぜしむるは、実のごとく毘婆舎那を修行せしめんと欲すがゆえなり。かの所に到ることを得れば、すなわち種種無量の法味の楽を受用す。すなわちこれを第四門に入ると名づく、またこれを名づけて屋門に入るとす〔本文〕。

出典 入出二門　親2漢-117　真2-481

西聖683　西註547　東聖462

解説 五功徳門の第四。五念門の中、観察の徳として到る浄土へ入る最終門、入第四門。

おげんしんちゅうとくねんぶつさんまい【於現身中得念仏三昧】

於現身中得念仏三昧と言えり、すなわちこれ、定観成就の益は念仏三昧を獲るをもって観の益とすることを顕す、すなわち観門をもって方便の教とせるなり〔本文〕。

出典 教行信証・化　親1-277　真2-148　西聖482　西註382　東聖332

解説 「化巻」に引かれる『観経』第八像観の文（西聖125・西註101・東聖104）。定善の観法が成就したらいかなる利益を得るかと言えば、畢竟、念仏三昧を得る益にほかならないことを示した文。

おたぎ【愛宕】

やましろのくににいまのみやこなり〔左訓〕。《山城の国、今の都なり》。「おたぎにみやこうつれにき」

出典 聖徳奉讃　親2和讃-231　真2-533

おでいけ【淤泥華】

❶（淤泥に、）けからはし〔左訓〕。《汚らわし》。

出典 教行信証・証　親1-207　真2-110　西聖402

❷淤泥華というは、経（『維摩経』）に説いて言わく、「高原の陸地に蓮を生ぜず、卑湿淤泥に蓮華を生ず」。これは凡夫、煩悩の泥の中にありて、仏の正覚の華を生ずるに喩うるなり。これは如来の本弘誓不可思議力をしめす〔本文〕。

出典 入出二門　親2漢-121　真2-483　西聖686　西註549　東聖465

解説 汚泥に咲く蓮華のこと。上々華、

妙好華ともいう。それを人になずらえて、妙好人という。→みょうこうけ【妙好華】、→ふんだりけ【分陀利華】

おねんねんちゅうじょはちじゅうおくこうしょうじしざい【於念念中除八十億劫生死之罪】

ねむねむのなかにとはちじふおくこふのつみをけすというなり〔左訓〕。《念々の中に十八十億劫の罪を消すというなり》。

出典 唯信鈔　親6写(2)-61　西聖1293

解説 『唯信鈔』に引かれる『観経』の文（西聖143・西註116・東聖121）である。一念で八十億劫の罪が消される。今は、十念を具足するので「十八十億劫」の罪が消えることになる。

おん【恩】

めぐむ〔左訓〕。

出典 教行信証・行　親1-84　真2-43

おんおん（おんえん）【園苑】

その、その〔左訓〕。

出典 教行信証・化　親1-274　真2-146　西聖478

おんおんくでん【園苑宮殿】

うしろのそのまへのその〔左訓〕。《後ろの園、前の園》。

出典 三経往生　親3和文-38　真2-559　西聖748

おんげ【温雅】

あたたかにやわらかとなり〔左訓〕。《温かに柔らかとなり》。

出典 論註加点　親8加(2)-94

おんし【御師】

たいしのおむしなり〔左訓〕。《太子の御師なり》。「恵文禅師は御師なり」

出典 聖徳奉讃　親2和讃-240

おんじょ【恩怒】

あはれみ、あはれみ〔左訓〕。

出典 教行信証・化　親1-381　真2-202　西聖599

おんしん【怨親】

あた、したし〔左訓〕。

出典 教行信証・化　親1-369　真2-196　西聖587

おんぞ【御衣】

たいしのおむそとまふす也〔左訓〕。《太子の御衣と申すなり》。「むらさきのうへの御衣を」

出典 太子奉讃　親2和讃-269

おんぞう【怨憎】

あた、そねみ〔左訓〕。うらみ〔左訓〕

出典 観経疏加点・序　親9加(3)-103

おんぞうえく【怨憎会苦】

うらみそねむくるしみ〔左訓〕。《怨み嫉む苦しみ》。

出典 西方指南　親5輯(2)-321

おんたい【隠滞】

かくれ、とゝまる〔左訓〕。《隠れ滞る》。

出典 教行信証・化　親1-312　真2-168　西聖526

おんてき【怨敵】

あた、かたき〔左訓〕。《仇、敵》。

出典 教行信証・信　親1-114　真2-58　西聖285

おんどう【飲銅】

のむ、あかかねのゆを〔左訓〕。

出典 法事讃加点　親9加(4)-32

おんぺい【隠蔽】

かくす、おおふ〔左訓〕。

出典 教行信証・信　親-192　真2-102　西聖384

おんみつ【隠密】

かくす、かくす〔左訓〕。

出典 教行信証・化　親1-276　真2-147　西聖481

おんもつ【隠没】

かくれかくる〔左訓〕。

出典 西方指南　親5輯(1)-73

おんりょう【瘖瘂】

おし、みゝしゐ〔左訓〕

出典 教行信証・化　親1-370　真2-196　西聖588

解説「みゝしゐ」とは聾。耳が聞こえないこと。

おんりんゆげじもん【園林遊戯地門】

第五に出の功徳を成就したまう。菩薩の出第五門というは、いかんが回向したまう、心に作願したまいき。苦悩の一切衆を捨てたまわざれば、回向を首として、大悲心を成就することを得たまえるがゆえに、功徳を施したまう。かの土に生じ已りて速疾に、奢摩他毘婆舎那巧方便力成就を得已りて、生死園煩悩林に入りて、応化身を示し神通に遊びて、教化地に至りて群生を利したまう。すなわちこれを出第五門と名づく、園林遊戯地門に入るなり。本願力の回向をもってのゆえに、利他の行成就したまえり、知るべし〔本文〕。

出典 入出二門　親2漢-118　真2-482　西聖684　西註547　東聖463

解説 五功徳門の第五。五念門の中、回向の徳として、浄土から生死園煩悩林（穢土）へ還ってきて利他教化する。出第五門。

か

が【我】

我の言は尽十方無碍光如来なり。不可思議光仏なり〔本文〕。

出典 愚禿鈔　親2漢-47　真2-477 西聖673　西註539　東聖456

かい【海】

海と言うは、久遠よりこのかた、凡聖所修の雑修雑善の川水を転じ、逆謗闡提恒沙無明の海水を転じて、本願大悲智慧真実恒沙万徳の大宝海水と成る。これを海のごときに喩うるなり〔本文〕。

出典 教行信証・行　親1-78　真2-39 西聖245　西註197　東聖198

解説 海に、川から流れ入った屍骸を宿さない、すべての川の味を一つにするというはたらきがあるとする。

がい【蓋】

❶おほふ反、けたし反〔左訓〕。

出典 教行信証・教　親1-11　真2-3 西聖169

❷ほむなふ〔左訓〕。《煩悩》。(西本願寺本には、) おほふ〔左訓〕。《覆う》。

出典 教行信証・信　親1-117　真2-60　西聖289

解説 ❶は覆い、ふた、かさの意。仏像や導師の高座を覆い飾る天蓋。❷は煩悩の意。→ぎがい【疑蓋】

かいじ【開示】

ひらきしめす〔左訓〕。

出典 西方指南　親5輯(1)-99

かいしい【海水】

海水といふはうみのみづのごとくひろくおほきにたとへたまへるなり〔本文〕。

出典 善導和尚言　親3和文-239

かいしつとうひこく【皆悉到彼国】

皆悉到彼国といふは、御ちかひのみな

を信じてむまれむとおもふ人はみなもれず、かの浄土にいたるとまふす御こと也〔本文〕。

出典 尊号銘文　親3和文-76　真2-579　西聖752　西註645　東聖513

解説『尊号真像銘文』に引かれる『大経』の文(西聖58・西註46・東聖49)。本願を信じ往生を願う人はみな往生するという意。

かいしょく【揩式】

かなう、のり〔左訓〕。

出典 教行信証・化　親1-368　真2-195　西聖585

がいせん【害せん】

(文明本に、) そこなふとなり〔左訓〕。「無道に母を害せんと」

出典 浄土和讃　親2和讃-47　真2-494　西聖700

かいとくおう【皆得往】

みなむまるゝことをうとまふすなり〔左訓〕。《皆生まるることを得と申すなり》。

出典 唯信文意　親3和文-157　西聖796

かいにょう【愧閙】

(愧に、) いつわる。(閙に、) いつわる。(愧閙に、) わろきことなり〔左訓〕。

出典 教行信証・真　親1-237　真2-126　西聖436

かいらく【快楽】

→けらく【快楽】

かいろ【海路】

うみのみち〔左訓〕。

出典 唯信鈔　親6写(2)-48　西聖1287

かえ【瑕穢】

きす、けがらはし〔左訓〕。《傷(瑕)、穢らわし》

出典 教行信証・真　親1-231　真2-122　西聖429

がえしゅたらしんじつくどくそう【我依修多羅真実功徳相】

我依修多羅 真実功徳相といふは、我は天親論主のわれとなのりたまへる御ことば也。依はよるといふ、修多羅によるとなり。修多羅は天竺のことば、仏の経典をまふす也。仏教に大乗あり、また小乗あり。みな修多羅とまふす。いま修多羅とまふすは大乗なり。小乗にはあらず。いまの三部の経典は大乗修多羅也。この三部大乗によるとなり。真実功徳相といふは、真実功徳は誓願の尊号なり。相はかたちといふことば也〔本文〕。

出典 尊号銘文　親3和文-87　真2-585　西聖758　西註652　東聖518

解説 修多羅とは、梵語 sūtra の音写で経典の意であり、経によって真実が顕わされその相（かたち）が名号である。

かえん【火炎】

ほのをけむりあるなり〔左訓〕。《炎、煙あるなり》。

出典 教行信証・信　真2-55　西聖279

がおくおうじゃく【我憶往昔】

我憶往昔といふは、われむかし恒河沙劫のかずのとしをおもふといふこゝろ也〔本文〕。

出典 尊号銘文　親3和文-81　真2-582　西聖755　西註648　東聖516

解説 恒河沙とは、ガンジス川の砂の数の意であり、数えきれないほどの多さを示す数の単位。劫とは、長時、非常に長い時間という意味。一劫とは上下四方40里の城いっぱいに芥子（けし）を満たし、3年ごとに1粒ずつそれを取り除いて、すっかりなくなってしまう時間で、これを芥子劫という。また、上下四方40里の岩を、天女が天から3年ごとに下ってきて、羽衣でひと触れして、ついにその岩がすり減ってなく

なってしまう時間で、それを磐石（ばんじゃく）劫という。

かかん【加勧】

くわう、すすむ〔左訓〕。

出典 教行信証・証　親1-204　真2-108　西聖398

かかん【華漢】

よのななり〔左訓〕。《世の名なり》。「晨旦華漢におはしとは」

出典 聖徳奉讃　親2和讃-232　真2-533

解説 中国の漢王朝のこと。

かく【過咎】

とか、とか〔左訓〕。

出典 教行信証・行　真2-8　西聖181

かげんさんごうのぜんこん【過現三業の善根】

すぎたるかたにしたるぜんといまつとむるぜんといふなり〔左訓〕。《過ぎたる方にしたる善と今勤むる善と言う也》。

出典 唯信鈔　親6写(2)-60　西聖1293

かごう【嘉号】

❶よし、すぐる、みな〔左訓〕。

出典 教行信証・教　親1-5　真2-1　西聖163

❷（嘉に、）よき〔左訓〕。

出典 教行信証・行　親1-63　真2-31　西聖228

❸みやうがうなり〔左訓〕。《名号なり》。

出典 文類聚鈔　親2漢-131

解説 阿弥陀の名号、念仏のこと。

かさい【迦才】

迦才は、浄土宗の祖師なり。知者にておわせし人なり。かの聖人の三巻の『浄土論』をつくりたまへるに、この曇鸞の御ことばあらわせりとなり〔本文〕。

出典 尊号銘文　親3和文-91　真2-

587　西聖760　西註654　東聖520

解説 迦才は生没年不明。7世紀中頃、中国唐代の長安の弘法寺（ぐほうじ）に住したとされる学僧。著書に『浄土論』三巻がある。詳細は不明であるが、道綽や善導とほぼ同時期に活躍したものと思われる。

がして【駕して】

のらせたまふなり〔左訓〕。《駕らせたもうなり》。「駕してくもにぞいりたまふ」

出典 太子奉讃　親2和讃-261

かしゃく【呵責】

せめ、せむ〔左訓〕。

出典 教行信証・信・化　親1-192・305　真2-102・164　西聖384・517

かしゃそうげん【火車相現】

ひのくるまのかたちあらわる〔左訓〕。《火の車の相現る》。

出典 唯信鈔　親6写(2)-63　真2-752　西聖1295

かじゅ【嫁娶】

むことり、よめとり〔左訓〕。《婿取り。嫁取り》。

出典 教行信証・化　親1-316　真2-169　西聖529

かしょう【嘉祥】

よし、つはひらかなり〔左訓〕。

出典 教行信証・行　親1-64　真2-31　西聖229

解説 本文では人名である「嘉祥」に左訓が付されている。「嘉祥」とは嘉祥寺吉蔵（549～623）のことで、中国六朝から初唐にかけての僧。三論教学を大成した。『観経疏』を著す。

かすい【果遂】

❶はたしとけむ〔左訓〕。《果たし遂げん》。

出典 教行信証・化　親1-295　真2-158　西聖504

❷ついにはたしとけしめむとなり〔左訓〕。《遂に果たし遂げしめんとなり》。「果遂の願によりてこそ」

出典 浄土和讃　親2和讃-41

❸（文明本に、）はたしとくへし〔左訓〕。《果たし遂ぐべし》。「果遂のちかいに帰してこそ」

出典 浄土和讃　親2和讃-41　真2-493　西聖699

❸ついにはたすべしとなり〔左訓〕。《遂に果たすべしとなり》。

出典 三経往生　親3和文-34　真2-557　西聖746

かすいせずば【果遂せずば】

はたしとげずば〔左訓〕。《果たし遂げずば》。

出典 大経延書　親8加(1)-27

かすいのちかひ【果遂のちかひ】

しりきのこゝろにてみやうかうをとなへたるをはつひにはたしとけむとちかひたまふなり〔左訓〕。《自力の心にて名号を称えたるをば遂に果たし遂げんと誓いたもうなり》。「果遂のちかひに帰してこそ」

出典 浄土和讃　親2和讃-41

解説 第二十願の願文に「不果遂者不取正覚」とあるので、「果遂のちかひ（願）」という。

かだいにるづうす【過代に流通す】

はるかなるよまで〔左訓〕。《遥かなる世まで》。

出典 西方指南　親5輯(1)-27

かたく【火宅】

❶このしやはせかいなり〔左訓〕。《この娑婆世界なり》。「火宅の利益は自然なる」

出典 正像末和讃　親2和讃-164

❷（文明本に、）しやはせかいをいふなり〔左訓〕。

出典 正像末和讃　親2和讃-164　真2-

517　西聖723

解説『法華経』「譬喩品」で、煩悩の炎で燃え盛る娑婆世界を火宅、つまり、燃え盛る家に譬える。

かたくにげんらいじねんなる【火宅に還来自然なる】

ゑとにかへりしゆしやうりやくするをいふなり〔左訓〕。《穢土に還えり衆生を利益するを言う也》。

出典 正像末和讃・草　親2和讃-150

かたん【歌嘆】

❶ほめ、ほむ。こゑにあけてほむるをかといふ。こゝろのうちにほむるをたんといふ〔左訓〕。《歌（ほ）め、嘆（ほ）む。声に上げてほめるを歌という。心のうちにほめるを嘆という》。「恭敬をいたし歌嘆す」

出典 浄土和讃　親2和讃-23

❷（文明本に、）ほめほむるなり〔左訓〕。《讃め嘆めるなり》。

出典 浄土和讃　親2和讃-23　真2-489　西聖695

がっしょう【合掌】

たなごゝろをあわせておがみ玉ふ〔左訓〕。《掌をあわせて拝み給う》。「ひむがしにむかひて合掌し」

出典 太子奉讃　親2和讃-253

かのしょうじょうのぜんみにえたり【かの清浄の善みにえたり】

なもわあみたぶちとゝなふれは、みやうかうにおさまれるくとくせんこんを、みなたまはるとしるへし〔左訓〕。《南無阿弥陀仏を称えれば、名号におさまれる功徳善根を皆賜ると知るべし》。

出典 正像末和讃・草　親2和讃-143

かふく【禍福】

わざわい、さいわい〔左訓〕。《災い、幸い》

出典 教行信証・化　親1-357　真2-191　西聖576

がほんいんじ【我本因地】

我本因地といふは、われもと因地にしてといへり〔本文〕。

出典 尊号銘文　親3和文-83　真2-583　西聖756　西註649　東聖516

解説『尊号真像銘文』に引かれる『首楞厳経』の文。

がもぜぞく【我母是賊】

わがはゝはこれあたなりといふ〔左訓〕。《わが母はこれ仇なりと言う》。「我母是賊としめしてぞ」

出典 浄土和讃　親2和讃-47

解説 阿闍世が韋提希に、わが母はこのように仇であると言ったという意。『観経』の文（西聖108・西註88・東聖90）。

がやくざいひせっしゅしちゅう【我亦在彼摂取之中】

我亦在彼摂取之中といふは、われまたかの摂取のなかにありとのたまへる也〔本文〕。

出典 尊号銘文　親3和文-102　真2-593　西聖766　西註662　東聖525

解説『尊号真像銘文』に引かれる『往生要集』の文。

かやじょう【迦邪城】

しやうほむたいわうのわたらせたまひしところをかやしやうといふなり〔左訓〕。《浄飯大王のわたらせ給いし所を迦邪城というなり》。「迦邪城には応現する」

出典 浄土和讃　親2和讃-54

解説 迦耶は梵名ガヤー（Gayā）の音写。釈尊在世の頃の中インドにあったマガダ国の都城。付近には尼連禅河（にれんぜんが）、ガヤ山、ブッダ・ガヤー（Buddha-gayā）、前正覚山（ぜんしょうがくざん）などの仏蹟が多い。聖教で「迦耶城」といわれる場合は、釈尊成道の地ブッダ・ガヤーを指すこ

とが多い。

がりょう【雅亮】

❶こゑにて〔左訓〕。《声にて》。「音楽哀婉雅亮にて」

出典 高僧和讃　親2和讃-135

❷（文明本に、）こゝろなり〔左訓〕。《心なり》。

出典 高僧和讃　親2和讃-135　真2-514　西聖720

かん【観】

❶みるなり。しるこゝろなり〔左訓〕。《観るなり。知る心なり》。

出典 一多文意　親3和文-147　真2-616　西聖789

❷観は願力をこゝろにうかべみるとまふす、またしるといふこゝろなり〔本文〕。

出典 一多文意　親3和文-147　真2-616　西聖790　西註691　東聖543

❸知といふは、観なり。こゝろにうかべおもふを観といふ〔本文〕。

出典 一多文意　親3和文-150　真2-619　西聖791　西註694　東聖545

がんいん【願因】

（因に、）たねといふ〔左訓〕。

出典 三経往生　親3和文-21

かんぎ【歓喜】

❶（歓に、）みをよろこばしむ〔左訓〕。《身に歓こばしむ》。（喜に、）こゝろをよろこばしむとなり〔左訓〕。《心を喜こばしむ》。

出典 一多文意　親3和文-136　真2-610　西聖784

❷歓喜と言うは、身心の悦予の貌を形すなり〔本文〕。

出典 教行信証・信　親1-138　真2-72　西聖315　西註251　東聖240

❸歓喜といふは、歓は、みをよろこばしむるなり。喜は、こゝろによろこばしむるなり。うべきことをえてむずと、

かねてさきよりよろこぶこゝろなり〔本文〕。

出典 一多文意　親3和文-126　真2-605　西聖780　西註678　東聖534

❹歓喜はうへきことをえてむずとさきだちてかねてよろこぶこゝろなり〔本文〕。

出典 一多文意　親3和文-136　真2-610　西聖784　西註684　東聖539

かんぎこう【歓喜光】

❶みによろこびこゝろによろこぶなり〔左訓〕。《身に歓び、心に喜ぶなり》。

出典 弥陀名号徳　親3和文-228　真2-734　西聖820

❷歓喜光といふは、無瞋の善根をもてえたまへるひかり也。無瞋といふは、おもてにいかりはらだつかたちもなく、心のうちにそねみねたむこゝろもなきを無瞋といふ也。このこゝろをもてえたまへるひかりにて、よろづの有情の瞋恚憎嫉のつみをのぞきはらはむためにえたまへるひかりなるがゆへに、歓喜光とまふすなり〔本文〕。

出典 弥陀名号徳　親3和文-228　真2-734　西聖820

解説 阿弥陀の徳を示す十二光の一つ。瞋恚（しんに）を除く光。→しんに【瞋恚】

かんぎさんごう【歓喜讃仰】

❶よろこひよろこふ。ほめあをく。くわんはみをよろこはしむるをいふなり。きはこゝろをよろこはしむるをいふなり〔左訓〕。《歓び喜ぶ。讃（ほ）め仰ぐ。歓は身を歓ばしむるを言うなり。喜は心を喜ばしむるを言うなり》。「歓喜讃仰せしむれば」

出典 浄土和讃　親2和讃-21

❷（文明本に、）よろこひほめあふくといふ〔左訓〕。《喜び讃め仰ぐという》。

出典 浄土和讃　親2和讃-21　真2-489　西聖695

かんぎじ【歓喜地】

❶くわんきちはしやうちやうしゆのくらゐなり。みによろこふをくわんといふ。こゝろによろこふをきといふ。うへきものをえてむすとおもひてよろこふをくわんきといふ〔左訓〕。《歓喜地は正定聚の位なり。身に歓ぶを歓という。心に喜ぶを喜と言う。得べきものを得てんずと思って歓ぶを歓喜という》。「歓喜地を証してぞ」

出典 高僧和讃　親2和讃-76

❷しかれば真実の行信を獲れば心に歓喜多きがゆえに、これを歓喜地と名づく。これを初果に喩うることは、初果の聖者なお睡眠し懈堕なれども、二十九有に至らず〔本文〕。

出典 教行信証・行　親1-67　真2-33西聖233　西註186　東聖190

解説 菩薩の四十一位、不退転の位。

かんぎゆやく【歓喜踊躍】

歓喜はうべきことをえてむすと、さきだちてかねてよろこぶこゝろなり。踊は天におどるといふ、躍は、地におどるといふ、よろこぶこゝろのきわまりなきかたちなり。慶楽するありさまをあらわすなり〔本文〕。

出典 一多文意　親3和文-136　真2-610　西聖784　西註684　東聖539

かんぎょうおうじょう【観経往生】

観経往生といふは、修諸功徳の願により、至心発願のちかいにいりて、万善諸行の自善を回向して、浄土を欣慕せしむるなり。しかれば、『無量寿仏観経』には、定善・散善・三福・九品の諸善、あるいは自力の称名念仏をときて九品往生をすゝめたまへり。これは他力の中に自力を宗致したまへり。このゆへに観経往生ともふすは、これ

みな方便化土の往生なり。これを双樹林下往生とまふすなり〔本文〕。

出典 三経往生　親3和文-28　真2-554　西聖744　西註630　東聖471

解説 第十九願に願われた臨終来迎の往生。→そうじゅりんげおうじょう【双樹林下往生】

かんけつ【勘決】

かむかふ、さたむ〔左訓〕。《勘うる。定む》。

出典 教行信証・化　親1-311　真2-167　西聖524

がんけみしゅつ【含華未出】

はなにふうまるゝなり〔左訓〕。《華に生るるなり》。「含華未出の人もあり」

出典 正像末和讃　親2和讃-193

解説 蓮華が華開くとは、覚ることであり、含華未出は、未だ覚りに到っていないこと。

かんざつ【観察】

❶みそなはしく、かゝみて〔左訓〕。《観しく。勘みて》。

出典 教行信証・教　親1-13　真2-3西聖170

❷みそなはし（す）、かゝむ〔左訓〕。

出典 教行信証・証　親1-201・207真2-107・109　西聖395・401

❸みそなはす、かゞみるとなり〔左訓〕。

出典 西方指南　親5輯(2)-328

解説 ものごとや心の内面を明らかに観（み）ること。『浄土論註』（曇鸞）に「心にそのことを縁ずるを観といい、観心分明なるを察という」とある。

がんさぶっしん【願作仏心】

❶ほとけにならむとちかひをしんするこゝろなり〔左訓〕。《仏に成らんと誓いを信ずる心なり》。「願作仏心はえしめたる」

出典 正像末和讃・草　親2和讃-145

❷（文明本に、）ほとけにならんとね
かふこゝろなり〔左訓〕。《仏に成らん
と願心なり》。「願作仏心とのべたま
へ」

[出典] 高僧和讃　親2和讃-84　真2-
503　西聖709

❸たりきのほたいしむなり。こくらく
にむまれてほとけにならむとねかへと
すゝめたまへるこゝろなり〔左訓〕。
《他力の菩提心なり。極楽に生まれて
仏に成らんと願えと勧め給える心な
り》。「願作仏心をすゝめしむ」

[出典] 正像末和讃・草　親2和讃-147

❹みたのひくわんをふかくしんしてほ
とけにならむとねかふこゝろをほたい
しむとまふすなり〔左訓〕。《弥陀の悲
願を深く信じて仏に成らんと願う心を
菩提心と申すなり》。「すなわち願作仏
心を」

[出典] 正像末和讃・草　親2和讃-147

❺みたのほんくわんなり〔左訓〕。《弥
陀の本願なり》。「願作仏心をすゝめし
む」

[出典] 正像末和讃　親2和讃-168

❻しやうとのたいほたいしむなり〔左
訓〕。《浄土の大菩提心なり》。「願作仏
心をうる人は」「願作仏心はえしめた
る」

[出典] 正像末和讃　親2和讃-169・175

❼この願作仏心はすなわち度衆生心な
り。この度衆生心とまふすは、すなわ
ち衆生をして生死の大海をわたすこゝ
ろなり。この信楽は衆生をして無上涅
槃にいたらしむる心なり。この心すな
わち大菩提心なり。大慈大悲心なり。
この信心すなわち仏性なり。すなわち
如来なり〔本文〕。

[出典] 唯信文意　親3和文-174　真2-
632　西聖805　西註712　東聖555

❽横超は、これすなわち願力回向の信

楽、これを願作仏心と曰う。願作仏心
は、すなわちこれ横の大菩提心なり。
これを横超の金剛心と名づくるなり
〔本文〕。

[出典] 教行信証・信　親1-133　真2-
69　西聖309　西註246　東聖237

[解説] 衆生を摂取して救う仏の心。『浄
土論註』による。

かんさもももはし【奸詐百端】

（奸詐に、）いつわる、いつわる。（端
に、）はし。（西本願寺本には、奸に、）
いつわる、かたまし、（詐に、）いつわ
る、（百端に、）もももはし〔左訓〕。

[出典] 教行信証・信　親1-102　真2-
51　西聖270

[解説] 善導の『観経疏』「散善義」から
引かれた語。いつわりの心が身の端々
に満ちているとの意。

かんし【看視】

みる、みる〔左訓〕。

[出典] 教行信証・化　親1-310　真2-
166　西聖523

かんしょう【乾燋】

かる、かはく〔左訓〕。

[出典] 教行信証・信　真2-82　西聖338

がんしょうあんらくこく【願生安楽国】

願生安楽国といふは、世親菩薩かの無
碍光仏を称念し、信じて安楽国にむま
れむとねがひたまへるなり〔本文〕。

[出典] 尊号銘文　親3和文-87　真2-
585　西聖758　西註652　東聖518

[解説]『尊号真像銘文』に引かれる『浄
土論』の文（東聖135）。

がんしょうがこく【願生我国】

願生我国といふは、安楽浄刹にうまれ
むとねがへと也〔本文〕。

[出典] 尊号銘文　親3和文-95　真2-
589　西聖762　西註657　東聖521

[解説]『尊号真像銘文』に引かれる善導
の『観念法門』の文。

がんじょうじゅのいちねん【願成就の一念】

願成就の一念は、すなわちこれ専心なり。専心すなわちこれ深心なり。深心すなわちこれ深信なり。深信すなわちこれ堅固深信なり。堅固深信すなわちこれ決定心なり。決定心すなわちこれ無上上心なり。無上上心すなわちこれ真心なり。真心すなわちこれ相続心なり。相続心すなわちこれ淳心なり。淳心すなわちこれ憶念なり。憶念すなわちこれ真実一心なり。真実一心すなわちこれ大慶喜心なり。大慶喜心すなわちこれ真実信心なり。真実信心すなわちこれ金剛心なり。金剛心すなわちこれ願作仏心なり。願作仏心すなわちこれ度衆生心なり。度衆生心すなわちこれ衆生を摂取して安楽浄土に生ぜしむる心なり。この心すなわちこれ大菩提心なり。この心すなわちこれ大慈悲心なり〔本文〕。

出典 教行信証・信 親1-139 真2-72 西聖316 西註252 東聖241

解説 第十八願成就文（西聖52・西註41・東聖44）の中の「乃至一念」の一念についての釈。

がんしょうひこく【願生彼国】

❶願生彼国といふは、願生は、よろづの衆生、本願の報土へむまれむとねがへとなり。彼国は、かのくにといふ。安楽国をおしへたまへるなり〔本文〕。

出典 一多文意 親3和文-127 真2-605 西聖780 西註678 東聖535

❷願生彼国は、かのくににむまれむとねがへと也〔本文〕。

出典 唯信文意 親3和文-161 真2-625 西聖798 西註703 東聖549

解説 第十八願成就文の中の「願生彼国」についての釈。

かんしん【艱辛】

からきめをみる〔左訓〕。《辛き目を見る》。

出典 西方指南 親5輯(2)-352

かんそう【観想】

すいてうじゅ（り）むえほうしやうごむをくわんずるをいふ〔左訓〕。《水鳥樹林依報荘厳を観ずるをいう》。（浄興寺本になし）。

出典 文類聚鈔 親2漢-134

かんそく【勧嘱】

すすめ、つけて〔左訓〕。

出典 教行信証・行 親1-58 真2-28 西聖223

かんだく【浣濯】

あらひ、すすぐ〔左訓〕。

出典 大経延書 親8加(1)-33

かんちゅう【潅注】

そそき、そそく〔左訓〕。

出典 観経疏加点・定 親9加(3)-133

がんど【願土】

くわんとはみたのほんせいひくわんとなり〔左訓〕。《願土は弥陀の本誓悲願の土なり》。「願土にいたればすみやかに」

出典 高僧和讃 親2和讃-85

がんねん【元年】

はじめのとしといふなり〔左訓〕。《初めの年というなり》。「おさめまします元年の」

出典 太子奉讃 親2和讃-252

かんのん【観音】

観音を宝応声菩薩となづけて日天子としめす。これは無明の黒闇をはらわしむ〔本文〕。

出典 唯信文意 親3和文-158 西聖796 西註701 東聖548

かんのんせいしじらいごう【観音勢至自来迎】

観音勢至自来迎といふは、南無阿弥陀

仏は智慧の名号なれば、この不可思議光仏の御なを信受して憶念すれば、観音・勢至はかならずかげのかたちにそえるがごとくなり。この無碍光仏は観音とあらわれ、勢志（至）としめす。ある経には、観音を宝応声菩薩となづけて日天子としめす。これは無明の黒闇をはらわしむ。勢至を宝吉祥菩薩となづけて月天子とあらわる。生死の長夜をてらして智慧をひらかしめむとなり。自来迎というは、自はみづからといふなり。弥陀無数の化仏、無数の化観音、化大勢至等の無量無数の聖衆、みづからつねに、ときをきらはず、ところをへだてず、真実信心をえたるひとにそひたまひて、まもりたまふゆへに、みづからとまふすなり。また自は、おのづからといふ。おのづからといふは自然といふ。自然といふはしからしむといふ。

しからしむといふは行者のはじめてともかくもはからはざるに、過去・今生・未来の一切のつみを転ず。転ずといふは、善とかへなすをいふなり。もとめざるに、一切の功徳善根を仏のちかひを信ずる人にえしむるがゆへに、しからしむといふ。はじめて、はからはざれば、自然といふなり。誓願真実の信心をえたるひとは、摂取不捨の御ちかひにおさめとりて、まもらせたまふによりて行人のはからひにあらず、金剛の信心をうるゆへに、憶念自然なるなり。この信心のおこることも釈迦の慈父、弥陀の悲母の方便によりておこるなり。これ自然の利益なりとしるべしとなり。来迎といふは、来は浄土へきたらしむといふ。これすなわち若不生者のちかひをあらわす御のりなり。穢土をすてゝ、真実報土にきたらしむとなり。すなわち他力をあらはす御こ

となり。また来は、かへるといふ。かへるといふは、願海にいりぬるによりて、かならず大涅槃にいたるを、法性のみやこへかへるとまふすなり。法性のみやこといふは、法身とまふす如来のさとりを自然にひらくときを、みやこへかへるといふなり。これを、真如実相を証すともまふす。無為法身ともいふ。滅度にいたるともいふ。法性の常楽を証すともまふすなり。このさとりをうれば、すなわち大慈大悲きわまりて、生死海にかへりいりて普賢の徳に帰せしむとまふす。この利益におもむくを来といふ。これを法性のみやこへかへるとまふすなり。迎といふは、むかえたまふといふ、まつといふこゝろなり。選択不思議の本願、無上智慧の尊号をきゝて、一念もうたがふこゝろなきを真実信心といふなり。金剛心ともなづく。この信楽をうるとき、かならず摂取してすてたまはざれば、すなわち正定聚のくらゐにさだまるなり。このゆへに信心やぶれず、かたぶかず、みだれぬこと、金剛のごとくなるがゆへに、金剛の信心とはまふすなり。これを迎といふなり。『大経』には、願生彼国　即得往生　住不退転とのたまへり。願生彼国は、かのくににむまれむとねがへとなり。即得往生は、信心心をうればすなわち往生すといふ。すなわち往生すといふは、不退転に住するをいふ。不退転に住すといふは、すなわち正定聚のくらゐにさだまるとのたまふ御のりなり。これを即得往生とはまふすなり。即はすなわちといふ。すなわちといふはときをへず、日をへだてぬをいふなり。おおよそ十方世界にあまねくひろまることは、法蔵菩薩の四十八大願の中に、第十七の願に、十方無量の諸仏にわがなをほめられむと

なえられむとちかひたまへる、一乗大智海の誓願成就したまへるによりてなり。『阿弥陀経』の証誠護念のありさまにて、あきらかなり。証誠護念の御こゝろは、『大経』にもあらわれたり。また称名の本願は選択の正因たること、この悲願にあらわれたり。この文のこゝろは、おもふほどはまふさず。これにておしはからせたまふべし〔本文〕。

出典 唯信文意　親3和文-158　真2-622　西聖796　西註701　東聖548

解説 『唯信鈔文意』に引かれる法照の『五会法事讃』の文。「来迎」は本来、自力による臨終の聖衆来迎を意味するが、親鸞は、ここでは他力に解釈し、阿弥陀の摂取不捨の意に読み取っている。しかも、「自」を自然の意に解釈し、本願による自然の往生と理解する。

かんぴせかいそう しょうがさんがいどう【観彼世界相 勝過三界道】

観彼世界相　勝過三界道といふは、かの安楽世界をみそなわすに、ほとりきわなきこと虚空のごとし。ひろく、おおきなること虚空のごとしとたとえたるなり〔本文〕。

出典 尊号銘文　親3和文-88　真2-585　西聖758　西註652　東聖518

解説 『尊号真像銘文』に引かれる天親の『浄土論』の文（東聖135）。

かんぶつほんがんりき ぐうむくうかしゃ【観仏本願力 遇無空過者】

観仏本願力　遇無空過者といふは、如来の本願力をみそなわすに願力を信ずるひとはむなしく、こゝにとゞまらずと也〔本文〕。

出典 尊号銘文　親3和文-88　真2-585　西聖758　西註653　東聖519

解説 『尊号真像銘文』に引かれる天親の『浄土論』の文（東聖137）。

かんへん【勘編】

かむかふ、つらぬ〔左訓〕。

出典 教行信証・信　親1-113　真2-57　西聖284

解説 「つらぬ」とは、「連ぬ」「列ぬ」であるが、ここでは「ことばを並べる」の意。

かんれい【勧励】

❶すゝめ、はけます〔左訓〕。

出典 教行信証・化　親1-275　真2-147・160　西聖480・508

がんろ【頑魯】

かたくな〔左訓〕。《頑な》。

出典 西方指南　親5輯(2)-331

き

き【機】
しゆじやうなり〔左訓〕。《衆生なり》。
出典 唯信鈔　親6写(2)-41　真2-740
西聖1284

ぎ【義】
義といふは行者のおの〳〵のはからふ
こゝろなり。このゆへにおのおのゝは
からふこゝろをも（ち）たるほどをば
自力といふ也。よくよくこの自力のや
うとこゝろふべしとなり〔本文〕。
出典 尊号銘文　親3和文-120　真2-
602　西聖774　西註673　東聖532

ぎ【偽】
❶いつわる（り）〔左訓〕。
出典 教行信証・行・信・化　親1-
37・269・376　真2-16・80・143・
199　西聖197・334・473・593・594
❷あやまり〔左訓〕。
出典 教行信証・化　親1-376　真2-
199　西聖593
❸偽と言うは、すなわち六十二見、九
十五種の邪道これなり〔本文〕。
出典 教行信証・信　親1-153　真2-
80　西聖334　西註265　東聖251
解説 六十二見の思想と九十五種の外道。
真の仏弟子の真に対し、仮と偽がある。

ぎ【魏】
たうとのなゝり〔左訓〕。《唐土の名な
り》。「魏の主勅して幷州の」。よのな
なり〔左訓〕。《世の名なり》。「魏の興
和四年に」
出典 高僧和讃　親2和讃-89・90
解説 中国の南北朝時代の王朝名。興和
4年（東魏）は542年。

きあくぞうざい【起悪造罪】
❶あくをおこし、つみをつくること
〔左訓〕。《悪を起こし、罪を造ること》。
出典 高僧和讃　親2和讃-106
❷（文明本に、）あくをおこし、つみ
をつくることのおほきことをいふ〔左
訓〕。《悪を起こし、罪を造ることの多
きをいう》。
出典 高僧和讃　親2和讃-106　真2-
508　西聖714

ぎうんようじょう【疑雲永晴】
疑雲永晴といふは、疑雲は願力をうた
がふこゝろをくもにたとへたる也。永
晴といふは、うたがふこゝろのくもを
ながくはらしぬれば、安楽浄土へかな
らずむまるゝ也〔本文〕。
出典 尊号銘文　親3和文-105　真2-
594　西聖767　西註664　東聖526
解説 『尊号真像銘文』に引かれる法然
の真像に記された劉官（隆寛）の讃文。

きえ【帰依】
たのむ、よるとも〔左訓〕。
出典 教行信証・真　親1-244　真2-
129　西聖443

きえつ【帰説】
よりたのむなり〔左訓〕。→きさい【帰
説】
出典 教行信証・行　親1-48　真2-22
西聖211

きえん【毀厭】
そしり、いとふ〔左訓〕。
出典 教行信証・化　親1-280　真2-
149　西聖486

きおじょうど【帰於浄土】
帰於浄土といふは、念仏の人おさめと
りて浄土に帰せしむとのたまへるなり
と〔本文〕。
出典 尊号銘文　親3和文-84　西聖756
西註650　東聖516
解説 『尊号真像銘文』に引かれる『首
楞厳経』の文。

ぎがい【疑蓋】
うたがうこゝろなり〔左訓〕。《疑う心

なり》。
出典 教行信証・信　真2-68　西聖308

ぎがく【伎楽】
あやつる。一きう二しやう三かく四ち五うのこゑのやわらきたるこゝろなり〔左訓〕。《操る。一宮、二商、三角、四徴、五羽の声のやわらぎたる心なり》。「自然清和の伎楽にて」
出典 浄土和讃　親2和讃-26
解説 宮・商・角・徴・羽の五音（ごいん）は、中国、日本の音階。五声ともいう。「伎」には操るの意がある。

きかん【機墻】
はたもの。たへたり〔左訓〕。
出典 教行信証・行　親1-81　真2-41　西聖249

きかん【騎棺】
のる、ひつぎ〔左訓〕。（西本願寺本に、）とまる、ひつぎ〔左訓〕。
出典 教行信証・化　親1-368　真2-196　西聖586

ききょう【帰敬】
ほおせにしたかふ。よりたのみまいらせて、うやまひたてまつるなり〔左訓〕。《仰せに従う。依り憑（たの）みまいらせて、敬い奉るなり》。「一切道俗帰敬しき」
出典 高僧和讃　親2和讃-90

きく【聞く】
❶きくといふ〔左訓〕。
出典 一多文意　親3和文-126　真2-605　西聖780
❷きくといふは、本願をきゝてうたがうこゝろなきを聞といふなり。また、きくといふは信心をあらわす御のりなり〔本文〕。→もん【聞】
出典 一多文意　親3和文-126　真2-604　西聖779　西註678　東聖534

ぎけ【疑悔】
うたがふこゝろ〔左訓〕。《疑う心》。

出典 三経往生　親3和文-37　真2-559　西聖747

ぎげ【疑礙】
うたかひ、さわり〔左訓〕。
出典 教行信証・信　親1-105　真2-53　西聖273

きげん【機嫌】
❶しゆじやうをきらふと〔左訓〕。《衆生を嫌うと》。
出典 西方指南　親5輯(2)-269
❷そしりきらふとなり〔左訓〕。《謗り嫌うとなり》。
出典 西方指南　親5輯(2)-283

きご【綺語】
うたをよみいわへことはをいふ〔左訓〕。《歌を詠み、祝い言葉をいう》。あやしむ〔右訓〕。《怪しむ》。
出典 文類聚鈔　親2漢-157

ぎこたいしん【疑怯退心】
（怯に、）こわく、（退に、）しりぞく〔左訓〕。
出典 教行信証・信　親1-110　真2-56　西聖280

きさい【帰説】
よりかかるなり〔左訓〕。→きえつ【帰説】
出典 教行信証・行　親1-48　真2-22　西聖211

きし【毀呰】
そしり、そしる〔左訓〕。（西本願寺本は、罵辱毀呰に、）のり、はちしむ、そしり、そしる〔左訓〕。
出典 教行信証・化　親1-355　真2-190　西聖572

きしき【起屍鬼】
たつ、しにかはね〔左訓〕。《しかばね》。
出典 教行信証・化　親1-358　真2-191　西聖576
解説 死体にとりついて悪事を働く鬼神。毘陀羅（vetāla）。インドの文献に出

き

てくる。

きしたまふ【記したまふ】

しるしたまふとなり〔左訓〕。「百済国より仏舎利を　たてまつると記したまふ」

出典 聖徳奉讃　親 2 和讃-242　真 2 - 537

きしゅ【起殊】

たつをこす、すぐれ〔左訓〕。

出典 教行信証・行　親 1 -50　真 2 -23 西聖213

きしょう【譏誚】

そしり、そしる〔左訓〕。

出典 論註加点　親 8 加(2)-32

ぎじょう【疑情】

❶うたかふこゝろ〔左訓〕。《疑う心》。

出典 教行信証・行　真 2 -46　西聖259

❷うたかふこゝろ〔左訓〕。「疑情のさはりしくぞなき」

出典 高僧和讃　親 2 和讃-132

❸（文明本に、）うたかふこゝろなり〔左訓〕。

出典 高僧和讃　親 2 和讃-132　真 2 - 514　西聖720

きす【帰す】

よりたのむ〔左訓〕。

出典 教行信証・行　親 1 -85　真 2 -43 西聖253

きずい【奇瑞】

よし、よし〔左訓〕。

出典 教行信証・化　親 1 -381　真 2 - 202　西聖599

きずいれいげん【奇瑞霊験】

ろかくたうのくわんおむふしきをしめしたまひき〔左訓〕。《六角堂の観音不思議を示したまいき》。「奇瑞霊験あらたなり」

出典 聖徳奉讃　親 2 和讃-231

きせん【貴賤】

❶とふとく、いやし〔左訓〕。

出典 教行信証・行　親 1 -56　真 2 -27 西聖220

❷よきひと、いやしき〔左訓〕。

出典 教行信証・信　真 2 -68　西聖308

❸たうときひと。いやしきひと〔左訓〕。《貴き人、賤き人》。「男女貴賤ことごとく」

出典 高僧和讃　親 2 和讃-124

きそつ【鬼率】

おにごくそちなり〔左訓〕。《鬼獄卒なり》。

（西本願寺本には、）おにごくそちのめにみゆるなり〔左訓〕。

出典 唯信鈔　親 6 写(2)-63　真 2 -752 西聖1295

解説 地獄で亡者を責めたてる鬼のこと。

ぎたい【疑退】

うたがふしりぞくなり〔左訓〕。

出典 西方指南　親 5 輯(2)-336

ぎのしゅ【魏の主】

（魏に、）とうとのなゝり。（主に、）こくわう〔左訓〕。《唐土の名なり。国王》。「魏の主勅」→ぎ【魏】

出典 高僧和讃　親 2 和讃-89

きぼう【毀謗】

そしり、そしるなり〔左訓〕。「つねに仏法を毀謗し」

出典 聖徳奉讃　親 2 和讃-247　真 2 - 540

ぎぼう【疑謗】

❶うたかひそしる。うたかふものそしるものおほしとなり〔左訓〕。《疑い謗る。疑う者、謗る者多しとなり》。「疑謗のともがらおほくして」

出典 高僧和讃　親 2 和讃-118

❷（文明本に、）みたのちかひをうたかふものそしるものなり〔左訓〕。《弥陀の誓いを疑う者、謗る者なり》。

出典 高僧和讃　親 2 和讃-118　真 2 - 511　西聖717

❸うたかふそしる〔左訓〕。「念仏の信者を疑謗して」

出典 正像末和讃　親２和讃-162

❹うたかひそしる〔左訓〕。「如来の遺教を疑謗し」

出典 聖徳奉讃　親２和讃-245

解説 仏法を疑い謗ること。弥陀の誓を疑う者、謗る者が多いとの意を込めている。

ぎぼうはめつ【疑謗破滅】

❶うたかふ、そしる、やふり、ほろほすなり〔左訓〕。「疑謗破滅さかりなり」

出典 正像末和讃　親２和讃-164

❷（文明本に、）うたかふ、そしる、やふる〔左訓〕。

出典 正像末和讃　親２和讃-164　真２-517　西聖723

きみょう【帰命】

❶よる、おほせ〔左訓〕。《依る、仰せ》。

出典 教行信証・真　親１-256　真２-136　西聖460

❷より反。たのむ反。みやうのことはなり。おほせにしたかふ。めしにかなふといふなり〔左訓〕。《依り。憑（たの）む。命の言葉なり。仰せに従う。召しに叶うというなり》。「大心力に帰命せよ」

出典 浄土和讃　親２和讃-20

❸帰命は南無なり。また帰命とまふすは、如来の勅命にしたがふこゝろ也〔本文〕。

出典 尊号銘文　親３和文-86　真２-584　西聖757　西註651　東聖518

❹帰命はすなわち釈迦・弥陀の二尊の勅命にしたがいて、めしにかなうともうすことばなり〔本文〕。

出典 尊号銘文　親３和文-93　真２-588　西聖761　西註656　東聖521

❺南無の言は帰命なり。帰の言は、至なり、また帰説［よりたのむなり］なり。説の字、悦の音、また帰説［よりかかるなり］なり、説の字は、税の音、悦税二つの音は告ぐるなり、述なり、人の意を宣述するなり。命の言は、業なり、招引なり、使なり、教なり、道なり、信なり、計なり、召なり。ここをもって、帰命は本願招喚の勅命なり〔本文〕。

出典 教行信証・行　親１-48　真２-22　西聖211　西註170　東聖177

解説 梵語の南無（namas）の訳語。→なむ【南無】

きみょうじんじっぽうむげこうにょらい【帰命尽十方無碍光如来】

帰命尽十方無碍光如来とまふすは、帰命は南無なり。また帰命とまふすは、如来の勅命にしたがふこゝろ也。尽十方無碍光如来とまふすは、すなわち阿弥陀如来なり。この如来は光明也。尽十方といふは、尽はつくすといふ、こと〴〵くといふ。十方世界をつくして、こと〴〵くみちたまへるなり。無碍といふは、さわることなしと也。さわることなしとまふすは、衆生の煩悩悪業にさえられざる也。光如来とまふすは、阿弥陀仏なり。この如来はすなわち不可思議光仏とまふす。この如来は智慧のかたちなり。十方微塵刹土にみちたへえるなりとしるべしとなり〔本文〕。

出典 尊号銘文　親３和文-86　真２-584　西聖757　西註651　東聖518

解説 『尊号真像銘文』に引かれる天親の『浄土論』の文（東聖135）。

きみょうほうべんぎょうしょうごん【帰命方便巧荘厳】

ほうへんけうしやうこむにくゐみやうしたてまつると。（巧に、）たくみ反〔左訓〕。《方便巧荘厳に帰命したてま

つると》。

[出典]浄土和讃　親2和讃-25

きめつ【毀滅】

❶そしる、ほろぼす。そしるにとりても、わかするほふはまさり、またひとのするほふはいやしといふを、くゐめちといふなり〔左訓〕。《誇る、滅ぼす。誇るにとりても我がする方は勝り、また、人のする方は卑しと言うを毀滅というなり》。「本願毀滅のともがらは」

[出典]高僧和讃　親2和讃-119

❷（文明本に、）そしりほろほすなり〔左訓〕。

[出典]高僧和讃　親2和讃-119　真2-511　西聖717

❸そしりほろほすなり〔左訓〕。「頓教毀滅のしるしには」

[出典]正像末和讃　親2和讃-165

❹そしりほろぼす〔左訓〕。

[出典]西方指南　親5輯(1)-200

ぎもう【疑網】

❶うたがいのあみ〔左訓〕。

[出典]文類聚鈔　親2漢-154

❷うたがふこゝろをあみにたとふるなり〔左訓〕。《疑う心を網に譬うなり》。

[出典]唯信鈔　親6写(2)-65　真2-753　西聖1295

きもんはしゅつげんせむ【記文は出現せむ】

おむしるしふみのまゝにほりいたされたりけるなり〔左訓〕。《御記（の）文のままに掘出されたりけるなり》。「この記文は出現せむ」

[出典]聖徳奉讃　親2和讃-244　真2-539

きやく【憙躍】

よろこひ、おとる〔左訓〕。《喜び躍る》。

[出典]観経疏加点・散　親9加(3)-216

ぎゃく【獲】

獲といふは、うるということばなり。うるといふは、すなわち因位のとき、さとりをうるといふ〔本文〕。

[出典]尊号銘文　親3和文-81　真2-581　西聖755　西註648　東聖515

ぎゃくあく【逆悪】

くゐやくといふはこくゐやくなり。あくはしふあくなり〔左訓〕。《逆と言うは五逆なり。悪は十悪なり》。「逆悪もらさぬ誓願に」

[出典]浄土和讃　親2和讃-49

きゃくぎょうにたい【却行而退】

❶しりそき、さらしむ〔左訓〕。《退き去らしむ》。「却行而退せしめつゝ」

[出典]浄土和讃　親2和讃-48

❷（文明本に、）しりそきゆかしめき〔左訓〕。《退き行かしめき》。

[出典]浄土和讃　親2和讃-48　真2-495　西聖701

ぎゃくしんけんきょうとくだいきょう【獲信見敬得大慶】

獲信見敬得大慶といふは、この信心をえておほきによろこびうやまふ人といふ也。大慶は、おほきにうべきことをえてのちに、よろこぶといふ也〔本文〕。

[出典]尊号銘文　親3和文-119　真2-602　西聖774　西註673　東聖532

[解説]『尊号真像銘文』に引かれる「正信偈」の文。東本願寺本『教行信証』には「獲信見敬大慶人」、西本願寺本『教行信証』及び文明本には「獲信見敬大慶喜」とある。

ぎゃくとく【獲得】

❶獲字は、因位のときうるを獲といふ。得の字は果位のときにいたりてうることを得といふなり〔本文〕。（東聖602は『末灯鈔』5）

[出典]古写書簡　親3書-54　東聖602

❷（文明本に、）獲の字は因位のとき
うるを獲といふ。得の字は果位のとき
にいたりてうることを得といふなり
〔本文〕。
出典 正像末和讃　親2和讃-220　真2-
530　西聖736　西註621　東聖510

ぎゃくほうのしがい【逆謗の屍骸】
❶こくゐやく。ほうほう。しにかはね。
〔左訓〕。《五逆。謗法。屍》。「逆謗の
屍骸もとゞまらず」
出典 高僧和讃　親2和讃-96
❷（文明本に、）しにかはねにたとへ
たり〔左訓〕。《屍に譬えたり》。
出典 高僧和讃　親2和讃-96　真2-
506　西聖712

ぎゅう【及】
❶及はおよぶといふ〔本文〕。
出典 一多文意　親3和文-138　真2-
611　西聖785　西註686　東聖540
❷及はおよぶといふは、かねたるこゝ
ろなり〔本文〕。
出典 一多文意　親3和文-151　真2-
619　西聖792　西註694　東聖545

きゅうげん【巧言】
→ぎょうごん【巧言】

ぎゅうしょうみょうごう【及称名号】
及称名号といふは、及はおよぶといふ。
かねたるこゝろなり。称は御なをとな
うるとなり。また、称ははかりといふ
こゝろなり。はかりといふは、ものの
ほどをさだむることなり。名号を称す
ること、とこゑ、ひとこゑ、きくひと、
うたがふこゝろ、一念もなければ、実
報土へむまるともふすこゝろなり〔本
文〕。
出典 一多文意　親3和文-151　真2-
619　西聖792　西註694　東聖545

ぎゅうようげんいめい【牛羊眼易迷】
→ごようげんいめい【牛羊眼易迷】

きゅうり【旧里】
ふるさと〔左訓〕。
出典 西方指南　親5輯(2)-316

ぎょい【御意】
おむこゝろにかなふなり〔左訓〕。《御
心に適ふなり》。「太子の御意にあひか
なふ」
出典 太子奉讃　親2和讃-267

ぎょい【御衣】
→おんぞ【御衣】

きょう【教】
❶教はおしふといふ、のりといふ。釈
尊の教勅なり〔本文〕。
出典 唯信文意　親3和文-173　真2-
632　西聖804　西註711　東聖555
❷真実の教を顕さば、すなわち、大無
量寿経これなり〔本文〕。
出典 教行信証・教　親1-9　真2-2
西聖167　西註135　東聖152
❸教と言うは、すなわち大無量寿経な
り〔本文〕。
出典 文類聚鈔　親2漢-132　真2-443
西聖605　西註477　東聖402

ぎょう【行】
行と言うは、すなわち利他円満の大行
なり。すなわちこれ諸仏咨嗟（しし
ゃ）の願より出でたり、また諸仏称揚
の願と名づく、また往相正業の願と名
づくべきなり〔本文〕。
出典 文類聚鈔　親2漢-132　真2-443
西聖606　西註478　東聖403
解説「行」とは、一般に証果を求める
ための衆生の実践行とされるが、親鸞
は、衆生に証果を得させるための仏の
行（はたらき）とみる。→だいぎょう
【大行】

きょうい【京夷】
❶みやこ、えひす〔左訓〕。「京夷庶民
欽仰す」
出典 高僧和讃　親2和讃-131

❷（文明本に、）みやこ、ゐなか〔左訓〕。

出典 高僧和讃　親2和讃-131　真2-513　西聖719

きょうう【徑迂】
すゝなり。めくる〔左訓〕。

出典 教行信証・行　親1-81　真2-41　西聖249

解説 「すゝなり」とはまっすぐの意。

きょうおう【京邑】
❶邑に、むら〔左訓〕。（西本願寺本に、）むら、さと〔左訓〕。

出典 教行信証・行　親1-63　真2-30　西聖227

❷きやう、さと〔左訓〕。

出典 観経疏加点・序　親9加(3)-74

きょうかい【境界】
さかい、さかい〔左訓〕。

出典 教行信証・真　親1-258　真2-137　西聖463

きょうかい【驚怪】
おどろきあやしむ〔左訓〕。

出典 観経疏加点・序　親9加(3)-60

きょうがしゆい【教我思惟】
教我思惟と言うは、すなわち方便なり〔本文〕。「我に思惟を教えたまへ」

出典 教行信証・化　親1-276　真2-147　西聖481　西註382　東聖331

解説 「化巻」に引かれる『観経』の文（西聖112・西註91・東聖93）。思惟とは如来浄土を感得しようとする心。自身のはからい（自力）が入るので、親鸞はそれを方便とみた。

きょうがしょうじゅ【教我正受】
教我正受と言うは、すなわち金剛の真心なり〔本文〕。「われに正受を教えたまへ」

出典 教行信証・化　親1-276　真2-147西聖482　西註382　東聖331

解説 「化巻」に引かれる『観経』の文（西聖112・西註91・東聖93）。親鸞は、正受とは如来回向の金剛心（金剛の真心）を正受することであると理解した。

きょうき【慶喜】
❶しんをえてのちによろこふとなり〔左訓〕。《信を獲てのちに喜ぶとなり》。「一念慶喜するひとは」

出典 浄土和讃　親2和讃-19

❷慶喜といふは、信をえてのちよろこぶこゝろをいふ也〔本文〕。

出典 尊号銘文　親3和文-118　真2-601　西聖773　西註672　東聖531

❸慶喜するひとは諸仏とひとしきひととなづく。慶はよろこぶといふ。信心をえてのちによろこぶなり。喜はこゝろのうちによろこぶこゝろたえずしてつねなるをいふ。うべきことをえてのちに、みにもこゝろにもよろこぶこゝろなり〔本文〕。

出典 唯信文意　親3和文-175　真2-633　西聖805　西註712　東聖555

❹また、慶喜とまふしさふらふことは、他力の信心をえて、往生を一定してむずと、よろこぶこゝろをまふすなり〔本文〕。→きょうらく【慶楽】

出典 御消息集・広　親3書簡-132　真2-699　西聖882　西註806　東聖570

きょうきほうさん【慶喜奉讃】
よろこひてほめたてまつるへしとなり〔左訓〕。《喜びて讃め奉るべしとなり》。「慶喜奉賛せしむべし」

出典 正像末和讃・草　親2和讃-153

きょうきほうさんせしむべし【慶喜奉賛せしむべし】
❶よろこひほめたてまつれとなり〔左訓〕。《喜びて讃め奉れとなり》。

出典 太子奉讃　親2和讃-251

❷よろこひよろこふてほめたてまつるへしとなり〔左訓〕。《歓び喜びて讃め奉るべしとなり》。

出典 和讃拾遺　親2和讃-284

きょうぎょう【教行】

ほとけのみのりなり〔左訓〕。《仏のみ法なり》。

出典 文類聚鈔　親2漢-131

きょうく【哮吼】

たけりほうる〔左訓〕。《たけび、吼える》。

出典 法事讃加点　親9加(4)-33

きょうけつ【皎潔】

あさやかにいさぎよし〔左訓〕。

出典 往生礼讃加点　親9加(4)-183

きょうげん【狂言】

→おうごん【狂言】

きょうごう【憬興】

じやうどのにんしなり〔左訓〕。《浄土の人師なり》。

出典 三経往生　親3和文-38　真2-559　西聖748

解説 憬興は新羅の法相宗の僧。7世紀後半の人とされるが、詳細は不明。『無量寿経連義述文賛』(『述文賛』)三巻を著す。

ぎょうごん【巧言】

かまへたまふみことなり〔左訓〕。

出典 西方指南　親5輯(2)-281

きょうじ【軽爾】

→きょうに【軽爾】

きょうじゃく【強弱】

→ごうにゃく【強弱】

ぎょうじゅうざが【行住座臥】

❶(文明本に、)あるく、と、まる、ゐる、ふすなり〔左訓〕。《歩く、住(と)どまる、居る、臥すなり》。「行住座臥もえらばれず」

出典 高僧和讃　親2和讃-124　真2-512　西聖718

❷あるく、たる、ゐる、ふす〔左訓〕。

出典 唯信鈔　親6写(2)-46　真2-743　西聖1286

ぎょうじゅうざがふもんじせつくごん【行住座臥不問時節久近】

行住座臥不問時節久近といふは、行はあるくなり。住はたゝるなり。座はゐるなり。臥はふすなり。不問はとはずといふなり。時はときなり、十二時なり。節はときなり、十二月四季なり。久はひさしき、近はちかしとなり。ときをえらばざれば、不浄のときをへだてず、よろづのことをきらはざれば、不問といふなり〔本文〕。

出典 一多文意　親3和文-141　真2-613　西聖787　西註687　東聖541

解説 『一念多念文意』に引かれる「散善義」の文。どんな姿勢をしている時でも、また、時間や季節の遠近を問わずいつでも、の意。

きょうしゅせそん【教主世尊】

しやかによらいなり〔左訓〕。《釈迦如来なり》。「教主世尊にまふさしむ」

出典 浄土和讃　親2和讃-68

きょうでんいん【敬田院】

❶こむたうをまふすなり〔左訓〕。《金堂を申すなり》。「敬田院をたてたまひ」

出典 聖徳奉讃　親2和讃-234　真2-534

❷てんわうしのこむたうをまうすなり〔左訓〕。《天王寺の金堂を申すなり》。「敬田院に安置せる」

出典 聖徳奉讃　親2和讃-236

❸てんわうしのこむたうにおきたてまつるとなり〔左訓〕。《天王寺の金堂に置きたてまつるとなり》。「敬田院に安置せり」

出典 聖徳奉讃　親2和讃-239　真2-536

解説 施薬院、養病院、悲田院とともに聖徳太子の建てた四箇院の一つ。→しかのいん【四箇の院】

きょうどうめつじん【経道滅尽】
ふちほふめちしんときいたり。まちほ
ふまんねんのあひたはた、こんけうあ
りて、しちけうなし。まんねんののち
ひやくねんみたのけうましますへし
〔左訓〕。《仏法滅尽説きいたり。末法
万年の間ただ権経ありて、実経なし。
万年の後、百年、弥陀の経ましますべ
し》。「経道滅尽ときいたり」
　出典 高僧和讃　親2和讃-112

きょうに【軽爾】
かろく、しからしむ〔左訓〕。
　出典 教行信証・信　親1-131　真2-
68　西聖307

ぎょうのいちねん【行の一念】
行の一念と言うは、いわく称名の遍数
について、選択易行の至極を顕開す
〔本文〕。→いちねん【一念】
　出典 教行信証・行　親1-68　真2-34
西聖234　西註187　東聖191

きょうふ【驚怖】
おどろき、おそる〔左訓〕。
　出典 教行信証・真　親1-261　真2-
139　西聖465

きょうぼう【矯盲】
いつわり、めしい〔左訓〕。
　出典 教行信証・化　親1-362　真2-
194　西聖581

ぎょうほうべん【巧方便】
（巧に、）たくみなり〔左訓〕。
　出典 教行信証・行　真2-22　西聖211

きょうまん【軽慢】
かろめ、あなとる〔左訓〕。
　出典 教行信証・化　親1-280・308
真2-150・165　西聖486・521

きょうまん【憍慢】
❶おこり、あなとる〔左訓〕。
　出典 教行信証・行　真2-8　西聖179
❷おこる、あなとる〔左訓〕。
　出典 教行信証・行・化　親1-87・296

真2-44・159　西聖255・505
❸おこる、あなつる〔左訓〕。
　出典 観経疏加点・序　親9加(3)-102

きょうみ【軽微】
❶かろめ、すくなくなす反。よくなす
反。「かならず転じて軽微なり」
　出典 浄土和讃　親2和讃-60
❷（文明本に、）かろくなし、すくな
くなす、うすくなす〔左訓〕。
　出典 浄土和讃　親2和讃-60　真2-
497　西聖703

きょうらく【慶楽】
❶よろこぶ、たのしむ〔左訓〕。
　出典 教行信証・信　真2-56　西聖280
❷よろこびたのしまむ〔左訓〕。
　出典 西方指南　親5輯(2)-344
❸慶はうべきことをえてのちによろこ
ぶこゝろなり。楽はたのしむこゝろな
り。これは正定聚のくらゐをうるかた
ちをあらわすなり〔本文〕。
　出典 一多文意　親3和文-137　真2-
610　西聖785　西註685　東聖539
❹慶楽とは、慶の言は印可の言なり、
獲得の言なり、楽の言は悦喜の言なり、
歓喜踊躍なり〔本文〕。→きょうき【慶
喜】
　出典 愚禿鈔　親2漢-47　真2-477
西聖674　西註539　東聖456

きょしょ【居所】
ゐたるところ〔左訓〕。
　出典 西方指南　親5輯(1)-41
　解説 「こしょ」とも読む。

きょねん【去年】
こぞといふ〔左訓〕。
　出典 西方指南　親5輯(1)-152

ぎり【義理】
ほふもんのさたをするをいふ〔左訓〕。
《法門の沙汰をするをいう》。
　出典 唯信鈔　親6写(2)-49　真2-744
西聖1287

きりゅう【起立】
　たてたまふなり〔左訓〕。《立てたもう
なり》。「寺塔を起立したまへり」
　出典 聖徳奉讃　親2和讃-234

ぎわく【疑惑】
　❶うたがふまどふなり〔左訓〕。《疑う
惑うなり》。
　出典 三経往生　親3和文-13・31・34
・36　真2-556・557・558　西聖745・
746・747
　❷うたがひまどふといふ。〔左訓〕
　出典 一多文意　親3和文-134　真2-
609　西聖783
　❸うたがふまどふと〔左訓〕。
　出典 一多文意　親3和文-138　真2-
611　西聖785
　❹うたがうまどふ〔左訓〕。
　出典 三経往生　親3和文-15

きんげん【金言】
　みことなりとしるへし〔左訓〕。《御言
なりと知るべし》。「みなこれ太子の金
言なり」
　出典 聖徳奉讃　親2和讃-243　真2-
538

きんごう【欽仰】
　❶うやまひ、あふくなり〔左訓〕。《敬
い仰ぐなり》。「京夷庶民欽仰す」
　出典 高僧和讃　親2和讃-131
　❷（文明本に、）うやまひあふきたて
まつる〔左訓〕。《敬い仰ぎ奉る》。
　出典 高僧和讃　親2和讃-131　真2-
513　西聖719

きんじける【禁じける】
　❶いましむ〔左訓〕。「韋提をみやに禁
じける」
　出典 浄土和讃　親2和讃-48
　❷（文明本に、）いましめしなり〔左
訓〕。
　出典 浄土和讃　親2和讃-48　真2-
495　西聖701

きんじゅ【禽狩】
　とり、けだものなり〔左訓〕。《鳥、獣
なり》。
　出典 教行信証・信　親1-232　真2-
123　西聖430

きんぺい【禁閉】
　いましめ、とつ〔左訓〕。
　出典 教行信証・信　親1-192　真2-
102　西聖384

く

ぐう【遇】

遇はまふあふといふ。まふあふとまふ
すは本願力を信ずるなり〔本文〕。

出典 一多文意 親3和文-147 西聖
790 西註691 東聖543

くうかん【空閑】

（閑に、）しずかなり〔左訓〕。（『真宗
法要』所収本には、）しずか〔左訓〕。

出典 教行信証・行 親1-42 真2-19
西聖203

くうこう【空曠】

むなしくはるかなり〔左訓〕。《空しく
遥かなり》。

出典 西方指南 親5輯(2)-339

ぐうむくうかしゃ【遇無空過者】

遇はまふあふといふ。まふあふとまふ
すは本願力を信ずるなり。無はなしと
いふ。空はむなしくといふ。過はすぐ
るといふ。者はひとといふ。むなしく
すぐるひとなしといふは、信心あらん
ひと、むなしく生死にとどまることな
しとなり〔本文〕。

出典 一多文意 親3和文-147 真2-
617 西聖790 西註691 東聖543

解説『一念多念文意』に引かれる『浄
土論』の文（東聖137）。親鸞は「本願
力に遇いぬれば 空しくすぐる人ぞな
き」（高僧和讃）と和讃にしている。

ぐがんのしんぎょう【弘願の信楽】

ひろくひろまる。しんしむ。ねかふこ
となほかたし〔左訓〕。《弘く広まる。
信心。願うことなお難し》。「弘願の信
楽なほかたし」

出典 浄土和讃 親2和讃-43

解説「弘願」とは第十八願。「信楽」と
は他力の信心。

くきょう【究竟】

❶きわめ、きわむ〔左訓〕。《究め、極
む》。「究竟せること虚空にして」

出典 教行信証・行・証 親1-197 真
2-5・104 西聖174・389

❷くきやうおは、きわめ、きわむ。お
わる、おわる〔左訓〕。《究極おば究め
極む。終わり。終わる》。

出典 高僧和讃 親2和讃-81

解説 極めつけ。絶対。

くぎょう【恭敬】

❶つゝしみ。うやまふ。こゝろもおよ
はすうやまふこゝろなり〔左訓〕。《謹
み敬う。心も及ばず、敬うこころな
り》。「恭敬をいたし歌嘆す」

出典 浄土和讃 親2和讃-23

❷つゝしみ、うやまふ。せうしようお
はくやうといふ。たいしようおはくき
やうといふ〔左訓〕。《恭（つつし）
み。敬う。小乗をば供養という。大乗をば
恭敬という》。「恭敬の心を執持して」

出典 高僧和讃 親2和讃-78

❸うやまひ〔左訓〕。《敬い》。「恭敬尊
重せしむべし」

出典 聖徳奉讃 親2和讃-231

❹つゝしみうやまう〔左訓〕。《恭（つ
つし）み敬う》。

出典 文類聚鈔 親2漢-154

ぐこう【弘興】

❶ひろめおこしたまふとなり〔左訓〕。
《広め興したもうとなり》。「仏教弘興
の上宮皇」

出典 正像末和讃・草 親2和讃-152

❷ひろくひろめたまふと〔左訓〕。「仏
法弘興の恩ふかし」

出典 聖徳奉讃 親2和讃-229 真2-
532

❸ひろくひろめたまへり〔左訓〕。「仏
法さかりに弘興せり」

出典 聖徳奉讃 親2和讃-230

❹ひろくひろめたまふとなり〔左訓〕。「仏法弘興したまへり」

出典 聖徳奉讃　親2和讃-233　真2-534

❺ひろくひろめたまふ〔左訓〕。「仏法を弘興したまふに」

出典 聖徳奉讃　親2和讃-245　真2-539

❻ひろめおこしたまふとなり〔左訓〕。「仏教弘興の上宮皇」

出典 和讃拾遺　親2和讃-284

くさい【救済】

❶たすけすくう〔左訓〕。《助け救う》。

出典 教行信証・教　親1-5　真2-1　西聖163

❷たすけすくわせたまふと〔左訓〕。「有情救済の慈悲ひろし」

出典 聖徳奉讃　親2和讃-229　真2-532

❸すくひたすくるなり〔左訓〕。「有情を救済せむひとは」

出典 聖徳奉讃　親2和讃-238　真2-536

❹たすけすくわんとなり〔左訓〕。「有縁の有情を救済せむ」

出典 聖徳奉讃　親2和讃-242　真2-538

ぐさんじんしゃひっしょうひこく【具三心者必生彼国】

みつのこゝろをぐするものかならずかのごくらくにむまるといふなり〔左訓〕。《三つの心を具する者必ず彼の極楽に生まるるというなり》。

出典 唯信鈔　親6写(2)-53　西聖1290

ぐしこう【遇斯光】

❶このひかりにあふものは〔左訓〕。《この光に遇う者は》。「遇斯光のゆへなれば」

出典 浄土和讃　親2和讃-10

❷（文明本に、）みた仏にまうあひぬ

るゆへに〔左訓〕。《弥陀仏に値遇（もうあ）いぬるゆえに》。

出典 浄土和讃　親2和讃-10　真2-486　西聖692

ぐしさんじんひっとくおうじょうや【具此三心必得往生也】

このみつのこゝろをぐすればかならずむまるゝなり〔左訓〕。《この三つの心を具すれば必ず生まるるなり》。

出典 唯信鈔　親6写(2)-53　西聖1290

くじゅうごしゅ【九十五種】

❶くゑたうのしな〰にわかれたることあまたなりとしるべし。このほかにまた六十二けんのくゑたうありとしるべし〔左訓〕。《外道の品々に別れたること数多なりと知るべし。この外にまた六十二見の外道ありと知るべし》。「九十五種よをけがす」

出典 正像末和讃・草　親2和讃-150

❷くゑたうのかすのおほきなり〔左訓〕。《外道の数の多きなり》。「九十五種よをけがす」

出典 正像末和讃　親2和讃-164

解説 釈尊の時代の仏教以外の教え、またはその数。六師外道、つまり、6人の仏教以外の教えの師がいて、それぞれに15人の弟子がいた。合わせて96種になるが、そのうち一つだけ小乗仏教に近いものがあったので、それを除いて95種になる。この外に過去に関する説（本劫本見）18種、未来に関する説（末劫末見）44説、合わせて62説があったという。

くしょう【口称】

くちにとなふる〔左訓〕。《口に称える》。

出典 唯信鈔　親6写(2)-61　真2-751　西聖1294

ぐじん【弘深】

ひろくふかしとなり〔左訓〕。

出典 唯信鈔　親6写(2)-46　真2-743
西聖1286

ぐじん【窮尽】

きわめつくす〔左訓〕。

出典 教行信証・真　親1-229　真2-
121　西聖427

ぐせん【弘宣】

ひろめのへたまへり〔左訓〕。「如来の
悲願弘宣せり」

出典 正像末和讃・草　親2和讃-153

ぐそく【休息】

❶やめ、やむ〔左訓〕。

出典 教行信証・行　真2-9　西聖181

❷やみ、やむ〔左訓〕。

出典 教行信証・証・真　親1-207・
228　真2-110・121　西聖402・426

❸やすみ、やすむ〔左訓〕。

出典 観経疏加点・定　親9加(3)-144

休息あることなかりけり＝（文明本
に、）やすむことなしとなり〔左訓〕。

出典 浄土和讃　親2和讃-16　真2-
488　西聖694

くだら【百済】

→はくさい【百済】

くち【恐値】

おそる、あふ〔左訓〕。

出典 論註加点　親8加(2)-25

くち【駆馳】

かりつかわれはしる〔左訓〕。《駆り使
われ走る》。

出典 西方指南　親5輯(2)-353

くてい【倶胝】

まんおくをくていといふ。くていとい
ふはてんぢくのことばなり〔左訓〕。
《万億を倶胝という。倶胝というは天
竺の言葉なり》。「百千倶胝のしたをい
だし」

出典 浄土和讃　親2和讃-55

解説 倶胝はインドの数の単位。1000万。
億とする説もある。

くどくぞう【功徳蔵】

みやうかうをくとくさうとまうすなり。
よろつのせんこんをあつめたるにより
てなり〔左訓〕。《名号を功徳蔵と申す
なり。万の善根を集めたるによりてな
り》。「功徳蔵をひらきてぞ」

出典 高僧和讃　親2和讃-108

解説 功徳（名号）を多く積んだことを
蔵に譬えていう語。功徳の宝蔵。『阿
弥陀経』で説く、自力回向（えこう）
の念仏の宝蔵。第二十願に対応する。

くどくだいほうかい【功徳大宝海】

功徳とまふすは名号なり。大宝海はよ
ろづの善根功徳みちきわまるを海にた
とへたまう。この功徳よく信ずるひと
のこゝろのうちに、すみやかに、とく
みちたりぬとしらしめむとなり。しか
れば、金剛心のひとは、しらずもとめ
ざるに、功徳の大宝そのみにみちみつ
がゆへに、大宝海とたとえるなり〔本
文〕。

出典 一多文意　親3和文-147　真2-
617　西聖790　西註692　東聖544

解説 南無阿弥陀仏の名号は、あらゆる
徳の帰するところなので、海に譬えて
このようにいう。天親の『浄土論』の
語（東聖137）。

ぐばく【具縛】

❶くはくといふはほんなうぐそくのほ
むふといふなり〔左訓〕。《具縛という
は、煩悩具足の凡夫というなり》。「愚
縛の凡衆をみちびきて」

出典 高僧和讃　親2和讃-87

❷具縛はよろづの煩悩にしばられたる
われらなり〔本文〕。

出典 唯信文意　親3和文-168　真2-
628　西聖801　西註707　東聖552

くふ【恐怖】

おそれ、おそる〔左訓〕。

出典 教行信証・化　親1-359　真2-

192　西聖578

ぐふ【愚夫】

❶おろかなるひと〔左訓〕。「賢哲愚夫もえらばれず」

出典 高僧和讃　親2和讃-133

❷（文明本に、）おろかなるもの〔左訓〕。

出典 高僧和讃　親2和讃-133　真2-514　西聖720

くほうのぶっこく【九方の仏国】

（文明本に、）こゝのつのはうのふちとよりこくらくにむまるゝるなり〔左訓〕。《九つの方の仏土より極楽に生まるるなり》。「自余の九方の仏国も」

出典 浄土和讃　親2和讃-23　真2-489　西聖695

くん【訓】

おしへ、こゝろといふ〔左訓〕。

出典 教行信証・信　親1-116　真2-59　西聖288

くん【勲】

にほふ〔左訓〕。「清浄勲を礼すべし」

出典 浄土和讃　親2和讃-27

くん【薫】

かんばしくにほふなり〔左訓〕。《芳しく匂うなり》。

出典 四十八大願　親2漢-169

ぐんこ【群胡】

あつまり、あつまる〔左訓〕。

出典 教行信証・化　親1-364　真2-194　西聖583

くんし【君子】

こくわう〔左訓〕。《国王》。「世俗の君子幸臨し」

出典 高僧和讃　親2和讃-87

ぐんじゅ【群集】

むらかりあつまる〔左訓〕。「卿上雲客群集す」

出典 高僧和讃　親2和讃-136

ぐんしん【群臣】

（文明本に、）たいしむ、くきやうなり〔左訓〕。《大臣、公卿なり》。「上皇群臣尊敬し」

出典 高僧和讃　親2和讃-131　真2-513　西聖719

ぐんぞくあくじゅう【群賊悪獣】

❶（群に、）むらかる。（獣に、）けたもの〔左訓〕。

出典 教行信証・信　親1-109　真2-55　西聖279

❷群賊悪獣とは、群賊は、別解・別行・異見・異執・悪見・邪心・定散自力の心なり。悪獣は、六根・六識・六塵・五陰・四大なり〔本文〕。

出典 愚禿鈔　親2漢-44　真2-475　西聖670　西註536　東聖453

解説 往生をしようと歩む行者を悩ます内的な迷いの心と外的な誘いのこと。善導の『観教疏』「散善義」の二河譬喩（親9加点(3)-185）に出てくる。

くんどう【訓導】

おしへ。みちひく〔左訓〕。

出典 教行信証・行　親1-83　真2-42　西聖251

ぐんぴょう【軍兵】

いくさ、つわもの〔左訓〕。「軍兵発起したまひき」

出典 聖徳奉讃　親2和讃-246　真2-539

ぐんもう【群萌】

❶むらがる、きざす〔左訓〕。《群がる、萌す》。

出典 教行信証・証　親1-195・223　真2-103・119　西聖387・422

❷むらがり、きさす〔左訓〕。

出典 教行信証・化　親1-269

❸群萌は、よろずの衆生といふ〔本文〕。

出典 一多文意　親3和文-144　真2-

615　西聖788　西註689　東聖542
❹群萌は、よろずの衆生をすくはむと
おほしめすと也〔本文〕。
出典 尊号銘文　親3和文-117　真2-
601　西聖773　西註672　東聖531
解説 群がって萌え出る植物に譬えて、
煩悩が燃え盛っている衆生を譬える。

け

け【化】
化はよろづのものを利益すと也〔本
文〕。
出典 尊号銘文　親3和文-105　真2-
594　西聖767　西註664　東聖526
化する＝めぐむ反、あはれむと反、
をしふ反〔左訓〕。「穢国にかならず化
するなれ」
出典 浄土和讃　親2和讃-15

け【仮】
仮と言うは、すなわちこれ聖道の諸機、
浄土定散の機なり〔本文〕。
出典 教行信証・信　親1-152　真2-
80　西聖333　西註265　東聖250

けいおう【京邑】
→きょうおう【京邑】

けいしゅ【稽首】
❶いたす、かうべ〔左訓〕。
出典 教行信証・真　親1-256　真2-
136　西聖460
❷稽にいたす反。首にかうべ。「稽首
帰命せしむべし」
出典 浄土和讃　親2和讃-24
解説 頭を地に着くまで下げてする礼。

けいじょううんかく【卿上雲客】
けいしやうはくきやう人。うんかくは
てんしやう人〔左訓〕。《卿上は公卿人。
雲客は殿上人》。「卿上雲客群集す」
出典 高僧和讃　親2和讃-136

けいする【詣する】
まいるなり〔左訓〕。「ひとたび詣する
ひとはみな」
出典 聖徳奉讃　親2和讃-235　真2-
535

けいとう【傾倒】
かたふける、かたふるゝに〔左訓〕。
(『真宗法要』所収本には右訓)。

出典 教行信証・行　親1-43　真2-19

けいどう【傾動】

かたふく、おごく〔左訓〕。

出典 教行信証・行　真2-40　西聖248

けいゆう【京邑】

→きょうおう【京邑】

けうけ【希有華】

まれにありがたきはなとなり〔左訓〕。《希に有難き華となり》。

出典 一多文意　親3和文-133　真2-608　西聖783

解説 分陀利華（白蓮華）のこと。人に準（なぞら）えて希有人といい、妙好人を指す。

けうさいしょうにんとほめ【希有最勝人とほめ】

（希に、）まれなり。（最に、）もとも反。すくれたり反。（勝に、）すくれたり反。すくれて反。

さいはもとともことにすくれたり。ありかたくすくれたるよきひとゝほむるこゝろなり〔左訓〕。《最は、最もことに勝れたり。有難く勝れたるよき人と誉める心なり。》

出典 高僧和讃　親2和讃-117

けうしん【希有心】

❶まれにありかたきこゝろといふなり〔左訓〕。《希に有難き心というなり》。「生希有心とおどろかし」

出典 浄土和讃　親2和讃-34

❷（文明本に、）ありがたきこゝろといふ〔左訓〕。

出典 浄土和讃　親2和讃-34　真2-492　西聖698

けかしよう【華菓枝葉】

（菓に、）このみ。（枝に、）おほえた。（葉に、）は〔左訓〕。《木の実。大枝。葉》。「華菓枝葉またおなじ」

出典 浄土和讃　親2和讃-26

げぎのすがたはことなりと【外儀のすがたはことなりと】

（外に、）ほかの。（儀に、）すがた反。みのふるまい反。きやうちゆさくわ四ゐきのすがたはことなれと〔左訓〕。《行住坐臥、四威儀（しいぎ）の姿は異なれど》。

出典 高僧和讃　親2和讃-125

けきょう【計校】

はかり、はかる〔左訓〕。

出典 四十八大願　親2漢-163

げしじっしょう【下至十声】

下至十声といふは、名字をとなえられむこと、しも、とこゑせむものと也。下至といふは、十声にあまれるものも聞名のものおも往生にもらさずきらはぬことをあらわししめすと也〔本文〕。

出典 尊号銘文　親3和文-95　真2-589　西聖762　西註657　東聖522

解説 『尊号真像銘文』所引の善導の『観念法門』の文。第十八願の願文を取意して言い換えた文。本願加減の文の一部、「若我成仏 十方衆生 願生我国 称我名字 下至十声 乗我願力 若不生者 不取正覚（もしわれ成仏せんに、十方の衆生、わが国に生ぜんと願じて、わが名字を称すること、下十声に至るまで、わが願力に乗じて、もし生ぜずは、正覚を取らじ）」。

けしゃく【悔責】

くゐせめて〔左訓〕。

出典 三経往生　親3和文-36　真2-558　西聖747

げじゅ【偈頌】

さかゆ、たしなむ、くばる、ちらす、あづかる、わかつ〔左訓〕。

出典 文類聚鈔　親2漢-145

げしょう【戯咲】

たわふれ、わらふ〔左訓〕。

出典 教行信証・化　親1-356　真2-

190　西聖573

げせん【下賤】

いやしきものと〔左訓〕。《賤しき者
と》。

出典 西方指南　親5輯(2)-352

げそう【解奏】

さとす、もふす〔左訓〕。(西本願寺本
に、)さとら、まふす〔左訓〕。

出典 教行信証・化　親1-357　真2-
191　西聖576

げそう【外相】

うえ（うわべ）のふるまい〔左訓〕。
《うわべの振る舞い》。

出典 唯信鈔　親6写(2)-55　西聖1290

けぞく【繋属】

つなく、つく〔左訓〕。

出典 教行信証・信　親1-107　真2-
54　西聖277

けたい【懈怠】

❶おこたり、おこたる〔左訓〕。

出典 教行信証・行　真2-8　西聖179

❷おこた、おこたる〔左訓〕。

出典 教行信証・化　親1-296　真2-
159　西聖505

❸おこたるこゝろなり〔左訓〕。

出典 唯信鈔　親6写(2)-45　真2-742
西聖1286

げだつ【解脱】

❶さとり、さとる〔左訓〕。《解り、覚
る》。(脱に、)まぬがる、ぬくとも
〔左訓〕。《免れる、抜く》。

出典 教行信証・真　親1-232・233
真2-123　西聖430・431

❷けたちといふはさとりをひらき　ほ
とけになるをいふ。われらかあくこふ
ほむなうをあみたのおむひかりにてく
たくといふこゝろなり〔左訓〕。《解脱
というは覚りを開き、仏に成るをいう。
我らが悪業煩悩を阿弥陀の御光にて砕
くという心なり》。「解脱の光輪きはも

なし」

出典 浄土和讃　親2和讃-9

解説 悪業煩悩を阿弥陀の智慧の光明に
て砕くこと。

げち【下智】

下智は智慧あさく、せばく、すくなき
ものとなり〔本文〕。

出典 唯信文意　親3和文-165　真2-
627　西聖800　西註706　東聖551

けつげん【欠減】

❶かくる、おとる〔左訓〕。

出典 教行信証・真　親1-231　真2-
122　西聖429

❷かけ、おとる〔左訓〕。

出典 教行信証・化　親1-356　真2-
190　西聖573

けっちゃく【決択】

(択に、)えらふ〔左訓〕。

出典 教行信証・行　親1-51　真2-24
西聖214

けつる【闕陋】

かけみにくし〔左訓〕。《欠け醜し》。

出典 四十八大願　親2漢-171

けばく【繋縛】

❶つなきしはる〔左訓〕。《繋ぎ縛る》。
(西本願寺本には、)つなく、しはる
〔左訓〕。

出典 教行信証・行　親1-84　真2-42
西聖252

❷つなく、しはる〔左訓〕。

出典 教行信証・信　親1-120　真2-
62　西聖293

❸つなぎ、しはる〔左訓〕。

出典 教行信証・化　親1-283　真2-
151　西聖490

解説 煩悩に繋ぎ縛られ、自在でないこ
と。

けまん【懈慢】

おこたる、あなとる〔左訓〕。

出典 教行信証・化　親1-269

けもん【仮門】

かりなり。まことならずとなり〔左訓〕。《仮なり。真ならずとなり》。

出典 一多文意 親3和文-144 真2-615 西聖788

解説 真実に導くための方便の法門。

けらく【快楽】

たのし、こゝろよし〔左訓〕。

出典 教行信証・証 親1-196 真2-104 西聖388

けらくおん【快楽音】

たのしみのこゑのみあり〔左訓〕。《楽しみの声（音）のみあり》。「但有自然快楽音」

出典 浄土和讃 親2和讃-29

けれん【繋恋】

つなく、したう、こうとも〔左訓〕。《繋ぐ慕う、恋うとも》。

出典 教行信証・行 親1-62 真2-30 西聖226

げんか【厳科】

いつくしき、しなわい〔左訓〕。（西本願寺本に、）いつくし、しなわい〔左訓〕。

出典 教行信証・化 親1-314 真2-168 西聖528

げんくうひじり【源空ひじり】

ぐゑんくひじりとしめしつゝ、とあそばしたるほんもあり〔左訓〕。《源空聖（ひじり）と示しつつと遊ばしたる本もあり》。「源空ひじりとしめしつゝ」

出典 高僧和讃 親2和讃-132

解説 法然を称えてこのように呼ぶ。聖（ひじり）とは勧進聖（寺院建立などの募財をする僧）を指す。一説では、法然もそうであったとする。

けんげん【顕現】

❶あらわるゝなり〔左訓〕。《顕（現）わるるなり》。「あるひは弥陀と顕現す」

出典 高僧和讃 親2和讃-131

❷（文明本に、）あらはれたまふ〔左訓〕。《現れたまふ》。

出典 高僧和讃 親2和讃-131 真2-513 西聖719

けんご【堅固】

❶かたく、かたし〔左訓〕。《堅く、固し》。

出典 教行信証・化 親1-271・312 真2-144・167 西聖475・525

❷しんのかたきをけんといふ。こゝろのかたきをこといふ。こむかうしむなり〔左訓〕。《信のかたきを堅という。心のかたきを固という。金剛心なり》。「明了堅固究竟願」

出典 浄土和讃 親2和讃-25

❸しむのかたきをけんといふ。こゝろのかたきことをこといふなり〔左訓〕。《信のかたきを堅という。心のかたきを固というなり》。「金剛堅固の信心の」

出典 高僧和讃 親2和讃-115

げんさい【限斉】

かきる、ひとし〔左訓〕。

出典 教行信証・真 親1-254 真2-135 西聖456

けんじつはくりく【兼実博陸】

かねさねのせふしやうくわんはくなり〔左訓〕。《兼実の摂政関白なり》。（上欄外に、）月輪殿御法名圓照。「月輪殿御法名圓照」

出典 高僧和讃 親2和讃-130

解説 九条兼実のこと。「博陸」とは関白のこと。法然の外護者。→はくりく【博陸】

けんしゃむえん【見者無厭】

みたてまつるものいとふことなしとなり〔左訓〕。《見奉る者厭うことなしとなり》。

出典 西方指南 親5輯(1)-55

げんしゅ【元首】

はじめ。かうへ〔左訓〕。

出典 教行信証・行　親1-64　真2-31　西聖229

けんしょうおんみつのぎ【顕彰隠密の義】

顕彰隠密の義あり。顕というは、すなわち定散諸善を顕し、三輩・三心を開く。しかるに二善・三福は報土の真因にあらず、諸機の三心は自利各別にして利他の一心にあらず。如来の異の方便、欣慕浄土の善根なり。これはこの経の意なり。すなわちこれ顕の義なり。彰というは、如来の弘願を彰し、利他通入の一心を演暢す。達多・闍世の悪逆に縁（よ）って、釈迦微笑の素懐を彰す。韋提別選の正意に因（よ）って、弥陀大悲の本願を開闡す。これすなわちこの経の隠彰の義なり〔本文〕。

出典 教行信証・化　親1-276　真2-147　西聖481　西註381　東聖331

解説 親鸞の『観経』理解。顕、つまり、表の理解では、『観経』は定善、散善を勧めた自力の経典とみる。彰隠密、つまり、裏から見れば、定善、散善ができない凡夫の為に念仏を勧めた他力の経典であるという解釈。

げんしょうごねん【現生護念】

❶このよにてまもりたまふとなり。〔左訓〕。《この世にて護りたもうとなり》。

出典 一多文意　親3和文-133　真2-608　西聖783

❷現生護念増上縁といふは、このよにてまことの信ある人をまもりたまふとまふすみこと也。増上縁はすぐれたる強縁となり〔本文〕。

出典 尊号銘文　親3和文-98　真2-591　西聖763　西註659　東聖523

❸此亦是現生護念といふはこのよにてまもらせたまふとなり〔本文〕。

出典 一多文意　親3和文-135　真2-610　西聖784　西註684　東聖538

げんしょうじゅっしゅのやく【現生十種の益】

何者か十とする。一つには冥衆護持の益、二つには至徳具足の益、三つには転悪成善の益、四つには諸仏護念の益、五つには諸仏称讃の益、六つには心光常護の益、七つには心多歓喜の益、八つには知恩報徳の益、九つには常行大悲の益、十には正定聚に入る益なり〔本文〕。

出典 教行信証・信　親1-138　真2-72　西聖316　西註251　東聖240

解説 信心獲得したものが現生に獲る十種の利益。

けんじょくそうりんこくし【見濁叢林棘刺】

しけきくさむらはやしのことしむはらからたちのこと也〔左訓〕。《茂き叢（草むら）林のごとし。棘（茨、いばら）枳殻（からたち）のごとなり》。「見濁叢林棘刺のごとし」

出典 正像末和讃・草　親2和讃-150

解説 人間のよこしまな見解は、激しく盛んである。その勢いは繁茂する草木にも、棘（茨）の刺（とげ）にも似ているとの意。→そうりんこくし【叢林棘刺】

げんしんかしょう【源信和尚】

りやうごむゐんのうちにゑしむゐんのそうつのおむなヽり。ゑしむゐんは御はうのなヽり〔左訓〕。《楞厳院のうちに恵心院の僧都の御名なり。恵心院は御坊の名なり》。「已上源信和尚」

出典 高僧和讃　親2和讃-126

解説 源信（942～1017）は平安時代中期の天台宗の僧。比叡山横川の楞厳院の中の恵心院に住す。恵心僧都ともいう。『往生要集』（三巻）を著す。真宗七高僧の第六祖。

げんすい【減衰】

おとろへ、おとろふ〔左訓〕。

出典 教行信証・化　親1-314　真2-
168　西聖528

げんせき【玄籍】

❶あらはす、ふみ〔左訓〕。

出典 教行信証・証　親1-209　真2-
111　西聖404

❷よし、ふた〔左訓〕。

出典 教行信証・化　親1-314　真2-
168　西聖528

げんぜん【現前】

❶まへにあらわれたまへとなり〔左
訓〕。《前に現れたまへとなり》。

出典 一多文意　親3和文-125　真2-
604　西聖779

❷悉現前といふは、さまざまのめでた
きことども、めのまへにあらわれたま
へとねがへとなり〔本文〕。

出典 一多文意　親3和文-125　真2-
604　西聖779　西註677　東聖534

げんぜんとうらい ひつじょうけんぶつ こぶつふおん ふけほうべん じとくし んかい【現前当来 必定見仏 去仏不 遠 不仮方便 自得心開】

現前当来 必定見仏 去仏不遠 不仮方
便 自得心開といふは、今生にも仏を
みたてまつり、当来にもかならず仏を
みたてまつるべしとなり。仏もとおざ
からず方便おもからず、自然に心にさ
とりをうべしと也〔本文〕。

出典 尊号銘文　親3和文-82　真2-582
西聖756　西註649　東聖516

解説 『尊号真像銘文』に引かれる『首
楞厳経』の文。

げんそうえこう【還相回向】

❶二に還相の回向と言うは、すなわち
これ利他教化地の益なり。すなわちこ
れ必至補処の願より出でたり。また一
生補処の願と名づく。また還相の回向
の願と名づくべきなり。『註論』に顕
れたり〔本文〕。

出典 教行信証・証　親1-201　真2-
106　西聖394　西註313　東聖284

❷二に還相回向と言うは、すなわち利
他教化地の益なり。すなわちこれ必至
補処の願より出でたり。また一生補処
の願と名づく。また還相回向の願と名
づくべし〔本文〕。

出典 文類聚鈔　親2漢-137　真2-446
西聖611　西註482　東聖407

❸二に還相回向といふは、『浄土論』
に曰はく、「以本願力回向故、是名出
第五門（本願力の回向を以っての故に、
是を出第五門と名づくといへり）」こ
れは、還相の回向なり。一生補処の悲
願にあらわれたり〔本文〕。

出典 三経往生　親3和文-27　真2-
554　西聖743　西註629　東聖470

解説 浄土へ往くすがたを「往相」、浄
土から娑婆に還ってきて衆生を利他教
化するすがたを「還相」という。いず
れも仏の働きであるので回向という。
還相回向は第二十二願に願われている。
→おうそうえこう【往相回向】

けんだん【間断】

へだてたふるなり〔左訓〕。《隔て断え
るなり》。

出典 西方指南　親5輯(2)-248

げんちゅうじ【玄忠寺】

とんらんのつくらせたまひたるおむて
らなり。たうしやくはらんしのおむて
しなり。このてらにたうしやくはつき
ておはしましけり〔左訓〕。《曇鸞の造
らせたまひたる御寺なり。道綽は鸞師
の御弟子なり。この寺に道綽は継ぎて
おはしましけり》。「玄忠寺にこそおは
しけれ」

出典 高僧和讃　親2和讃-90

解説 石壁山玄忠寺は、中国山西省交城
県文水にある。北魏の曇鸞が住し、後
に道綽が609年（隋の大業5年）48歳

のとき、曇鸞の碑文を読んで浄土教に帰してこの寺に住した。さらに、その後、善導がこの寺に道綽を訪ねて浄土教を学んだ。

けんてつ【賢哲】
❶かしこく、よきひと〔左訓〕。《賢くよき人》。「賢哲愚夫もえらばれず」
出典 高僧和讃　親2和讃-133
❷（文明本に、）かしこくすぐれたる〔左訓〕。《賢く優れたる》。
出典 高僧和讃　親2和讃-133　真2-514　西聖720

けんでん【牽纒】
ひき、まつう〔左訓〕。
出典 教行信証・化　親1-360　真2-192　西聖578

けんどん【慳貪】
おしむ、むさぼる〔左訓〕。《惜しむ貪る》。
出典 唯信鈔　親6写(2)-44　真2-742　西聖1285

けんぴねんどう【蜎飛蠕動】
❶（蜎に、）むくめく〔左訓〕。（蠕に、）むくめく〔左訓〕。（西本願寺本に、動に、）うごく〔左訓〕。
出典 教行信証・行　親1-19　真2-6　西聖176
❷むくめき、むくめく〔左訓〕。
出典 教行信証・真　親1-231　真2-122　西聖430
解説 蠕（むくめ）く。「蜎飛」とは飛びまわる小虫、蠕動とはうごめくうじ虫のこと。

けんぺん【嫌貶】
きらふ、おとしむ〔左訓〕。
出典 教行信証・化　親1-293　真2-156　西聖501

げんみょうたんじょう【顔貌端政】
かをはせ、かをはせ、なをし、たし〔左訓〕。《顔、貌、端（なおし）、政（ただし）》。

出典 教行信証・証　親1-196　真2-104　西聖389
解説 浄土の菩薩の顔の様子は端正であり、他に比べるものはないとの意。→げんようたんじょう【顔容端政】

げんようたんじょう【顔容端政】
❶（顔に、）かをはせ。（容に、）かをはせ。（端に、）なをし。（政に、）たし〔左訓〕。
出典 教行信証・証　親1-199　真2-106　西聖392
❷（顔容に、）おむかほはせ反。（端に、）なおく（し）反。しやうとのひとのかたちのよきことなり〔左訓〕。《御顔。なおす（整える）。浄土の人の容（かたち）のよきことなり》。「顔容端正たぐいなし」
出典 浄土和讃　親2和讃-18
解説 浄土の菩薩の顔の様子は端正であり、他に比べるものはないとの意。→げんみょうたんじょう【顔貌端政】

けんろう【堅牢】
❶かたく、かたし〔左訓〕。（東本願寺本になし）。
出典 教行信証・行　真2-9　西聖182
❷かたく、かたし〔左訓〕。
出典 教行信証・化　親1-293　真2-157　西聖502

けんろうちぎ【堅牢地祇】
（堅牢に、）このちにあるかみ。（地祇に、）ちよりしたなるかみをけんらうちきといふ〔左訓〕。《この地にある神。地より下なる神を堅牢地祇という》。「堅牢地祇は尊敬す」
出典 浄土和讃　親2和讃-62

げんわく【眩惑】
くるい、まとう〔左訓〕。
出典 教行信証・化　親1-356　真2-190　西聖574

こ

こ【去】

去はすつといふ、ゆくといふ、さるといふ也〔本文〕。

出典 尊号銘文　親3和文-77　真2-579　西聖753　西註646　東聖514

ご【護】

❶護は、ところをへだてず、ときをわかず、ひとをきらわず、信心ある人おばひまなくまもりたまふとなり。まもるといふは、異学・異見のともがらにやぶられず、別解別行のものにさえられず、天魔波旬におかされず、悪鬼・悪神なやますことなしとなり〔本文〕。

出典 一多文意　親3和文-134　真2-609　西聖783　西註683　東聖538

❷護の言は、阿弥陀仏果成の正意を顕すなり、また摂取不捨を形すの貌なり、すなわちこれ現生護念なり〔本文〕。

出典 愚禿鈔　親2漢-47　真2-477　西聖673　西註539　東聖456

こう【航】

ふねのほなり。ふなわたし〔左訓〕。《船の帆なり。舟渡》。

出典 教行信証・行　真2-14　西聖193

ごう【号】

号は仏になりたまふてのちの御名をまふす〔本文〕。

出典 唯信文意　親3和文-156　真2-621　西聖795　西註700　東聖547

ごう【迎】

迎はむかふるといふ、まつといふ。他力をあらわすこゝろなり〔本文〕。

出典 唯信文意　親3和文-164　真2-626　西聖799　西註705　東聖551

ごう【業】

なりわい〔左訓〕。

出典 唯信鈔　親6写(2)-45　西聖1286

こうあい【矜哀】

❶（矜に、）おおきに、（西本願寺本には、）おほきにあわれむ〔左訓〕。《大きに哀れむ》。

出典 教行信証・行　親1-90　真2-45　西聖258

❷おほきにあはれむ〔左訓〕。（西本願寺本には、）おほふ、あわれみ〔左訓〕。

出典 教行信証・信　親1-127・183　真2-66・97　西聖261・303

こううんむげにょこくう【光雲無碍如虚空】

（文明本に、）ひかりくものことくしてさはりなきことこくのことし〔左訓〕。《光の雲の如くして、碍なきこと虚空のごとし》。

出典 浄土和讃　親2和讃-9　真2-486　西聖692

ごうえん【強縁】

つよいえん〔左訓〕。「出離の強縁しらざりき」

出典 高僧和讃　親2和讃-128

こうか【興和】

ねんかうなり〔左訓〕。《年号なり》。「魏の興和四年に」

出典 高僧和讃　親2和讃-90

解説 興和4年は542年。中国東魏時代。→ぎ【魏】

こうがん【洪願】

（西本願寺本に、洪に、）おほきなる〔左訓〕。《大きなる願い》。

出典 教行信証・信　真2-71　西聖313

ごうがん【恒願】

❶つねにねがふべし〔左訓〕。《恒に願うべし》。

出典 一多文意　親3和文-125　真2-604　西聖779

❷恒はつねにといふ、願はねがふといふなり。いま、つねにといふは、たえぬこゝろなり。おりにしたがふて、と

きどきもねがへといふなり。いま、つねにといふは、常の義にはあらず。常といふは、つねなること、ひまなかれといふこゝろなり。ときとしてたえず、ところとしてへだてず、きらはぬを、常といふなり〔本文〕。

出典 一多文意　親3和文-125　真2-604　西聖779　西註677　東聖534

ごうき【豪貴】

❶よきひと〔左訓〕。「豪貴鄙賤もへだてなし」

出典 高僧和讃　親2和讃-133

❷（文明本に、）よきひと〔左訓〕。

出典 高僧和讃　親2和讃-133　真2-514　西聖720

こうきょう【広狭】

ひろき、せばき〔左訓〕。

出典 西方指南　親5輯(1)-21

ごうけ【業繋】

❶なりわい、つなぐなり〔左訓〕。《業（なりわい）、繋ぐなり》。

出典 教行信証・真　親1-255　真2-135　西聖457

❷こふにつなかる〔左訓〕。《業に繋がる》。「一切の業繋ものぞこりぬ」

出典 浄土和讃　親2和讃-10

❸（文明本に、）つみのなはにしはらるゝなり〔左訓〕。《罪の縄に縛られるなり》。

出典 浄土和讃　親2和讃-10　真2-486　西聖692

こうけあるがごとくなり【香気あるがごとくなり】

かうはしきかのあるかことしと〔左訓〕。《芳ばしき香のあるがごとしと》。

出典 浄土和讃　親2和讃-70

こうげん【光顔】

おむかほはせおむかたちなり〔左訓〕。《御顔（かんばせ）、御容（かたち）なり》。「如来の光顔たえにして」

出典 浄土和讃　親2和讃-35

こうこ【高貢】

おごるこゝろなり〔左訓〕。《驕る心なり》。

出典 唯信鈔　親6写(2)-58　真2-749　西聖1292

こうごう【曠劫】

はるかなるよをきはまりなし〔左訓〕。《遥かなる世を極まりなし》。

出典 唯信鈔　親6写(2)-40　真2-739　西聖1283

こうごういらい【曠劫已来】

はるかなるよりこのかたといふなり〔左訓〕。《遥かなるより已来（このかた）》。「曠劫已来もいたづらに」

出典 高僧和讃　親2和讃-119

こうこうしょうごん【香光荘厳】

❶ねむふちはちゑなり〔左訓〕。《念仏は智慧なり》。「香光荘厳とまふすなり」

出典 浄土和讃　尊号銘文　親2和讃-70・和文-83　真2-582　西聖756

❷かうばしき気（け）みにある人のごとく、念仏のこゝろもてる人に勢至のこゝろをかうばしき人にたとえまふす也。このゆへに、此則名曰香光荘厳とまふすなり〔本文〕。《香ばしき気、身にある人の如く、念仏の心持てる人に勢至の心を香ばしき人に譬え申す也。このゆへに比則曰香之荘厳と申すなり》。

出典 尊号銘文　親3和文-83　真2-582　西聖756　西註649　東聖516

解説 『尊号真像銘文』に引かれる『首楞厳経』の語。→ぜんこうにん【染香人】

こうさい【高才】

高才は才学ひろきもの。これらをえらばず、きらはずとなり〔本文〕。

出典 唯信文意　親3和文-165　真2-

627　西聖800　西註706　東聖551

こうしき【交飾】
ましへかさる〔左訓〕。
出典 観経疏加点・定　親9加(3)-141

ごうじゃにょらい【恒沙如来】
ほとけのおほくましますことかずきわまりなきことをごうがしやのいしにたとへまふすなり〔左訓〕。《仏の多くましますこと数極まりなきことを恒河沙の石に譬え申すなり》。
出典 一多文意　親3和文-139　真2-612　西聖786
解説 恒河、つまり、ガンジス川の砂の数の如くの諸仏如来のこと。

こうしゅ【好醜】
よし、みにくし〔左訓〕。
出典 四十八大願　親2漢-161

こうしゅつおせ【興出於世】
❶興出於世といふは、世に仏いてたまふとまふすみこと也〔本文〕。
出典 尊号銘文　親3和文-117　真2-601　西聖773　西註671　東聖531
❷興出於世といふは、仏のよにいてたまふとまふすなり〔本文〕。
出典 一多文意　親3和文-143　真2-615　西聖788　西註689　東聖542
解説 『尊号真像銘文』に引かれる『大経』の文。

こうしょう【光照】
ひかりにてらさるとなり〔左訓〕。《光に照らされるとなり》。「ひとたび光照かふるもの」
出典 浄土和讃　親2和讃-11

ごうじょくあくじぐんじょうかい おうしんにょらいにょじつごん【五濁悪時群生海 応信如来如実言】
五濁悪時群生海 応信如来如実言といふは、五濁悪世のよろづの衆生、釈迦如来のみことをふかく信受すべしと也〔本文〕。

こうせ【興世】
❶おこす反〔左訓〕。《興す》。「如来の興世あひがたく」
出典 浄土和讃　親2和讃-42
❷（文明本に、）よにいてたまふことかたしとなり〔左訓〕。《世に出でたもうこと難しとなり》。
出典 浄土和讃　親2和讃-42　真2-494　西聖700

ごうせしか【号せしか】
なづけたてまつる〔左訓〕。《名づけたてまつる》。「神鸞とこそ号せしか」
出典 高僧和讃　親2和讃-89

こうぜしむ【興ぜしむ】
❶おこす反〔左訓〕。《興す》。「闍王逆害興ぜしむ」
出典 浄土和讃　親2和讃-49
❷おこしたてんとて〔左訓〕。《興し隆（た）てんとて》。「仏法これより興ぜしむ」
出典 太子奉讃　親2和讃-257

こうぜつ【講説】
❶ならひ、とく〔左訓〕。「四論の講説さしおきて」
出典 高僧和讃　親2和讃-87
❷ならひときたまふ〔左訓〕。「この経典を講説し」
出典 聖徳奉讃　親2和讃-238

こうせつしゅひ【広説衆譬】
広説衆譬と言えり、すなわち十三観これなり〔本文〕。
出典 教行信証・化　親1-277　真2-147　西聖482　西註382　東聖332
解説 「化巻」所引の『観経』の文（西聖113・西註91・東聖94）。親鸞は、「衆譬」とは定善十三観とみる。

こうせのほんい【興世の本意】
（文明本に、）よにいでたまふこゝろは
といふ〔左訓〕。《世に出でたもう心は
という》。「如来興世の本意には」
[出典] 浄土和讃　親2和讃-35　真2-
492　西聖698

こうせん【光闡】
❶ひろし、ひらく〔左訓〕。
[出典] 教行信証・教　親1-9　真2-2
西聖167
❷（闡に、）ひらく〔左訓〕。
[出典] 教行信証・行　親1-88　真2-45
西聖257

こうそく【光触】
ひかりをみにふるゝといふこゝろなり
〔左訓〕。《光を身に触れるという心な
り》。「光触かふるものはみな」
[出典] 浄土和讃　親2和讃-9

こうたい【鈎帯】
くさり、おび〔左訓〕。
[出典] 観経疏加点・序　親9加(3)-81

こうだいえ【広大会】
十方のしゆしやうみなこくらくにて仏
になることをほふしんといふなり〔左
訓〕。《十方の衆生皆極楽にて仏になる
ことを発心と言うなり》。「広大会にき
みょうせよ」
[出典] 浄土和讃　親2和讃-14

こうだいげんこく【光台現国】
うてな反。しやかによらいのおむひか
りのなかにさまざまの国をけんじたま
ふなり〔左訓〕。《台（うてな）。釈迦
如来の御光の中にさまざまな国を現じ
たもうなり》。「光台現国のそのなか
に」
[出典] 浄土和讃　親2和讃-46
[解説] 『観経』所説の「王舎城の悲劇」
において、清らかな世界を見たいと願
う韋提希の求めに応じ、釈尊が金台に
諸仏の国土を現出させた場面を示す。

善導『観経疏』「玄義分」に見られる
語。

こうたく【光沢】
ひかりにあたるゆへにちゑのいでくる
なり〔左訓〕。《光に当たるゆえに智慧
の出でくるなり》。「光沢かふらぬもの
ものぞなき」
[出典] 浄土和讃　親2和讃-9

こうとう【劫盗】
かすむ、ぬすむ〔左訓〕。
[出典] 教行信証・信　真2-91　西聖360

こうどう【講堂】
おこなう〔左訓〕。
[出典] 教行信証・化　親1-271　真2-
144　西聖475

こうにゃく【怯弱】
こはし、よはし〔左訓〕。
[出典] 教行信証・信　親1-107　真2-
54　西聖276

ごうにゃく【強弱】
❶こはく、よはし〔左訓〕。（強に、）
かう〔右訓〕。
[出典] 教行信証・行　親1-81　真2-41
西聖248
❷こわき、よわき〔左訓〕。がうにゃ
く〔右訓〕。
[出典] 西方指南　親5輯(1)-89

こうひ【后妃】
きさきなり〔左訓〕。「上宮太子の后妃
は」
[出典] 太子奉讃　親2和讃-267

こうふ【惶怖】
❶おそれ、おそる〔左訓〕。
[出典] 教行信証・信　親1-109　真2-
56　西聖279
❷をそれ、をそる〔左訓〕。
[出典] 観経疏加点・散　親9加(3)-183

こうぶがくさん【高峰岳山】
❶たかきみねおかやまのことしとたと
へたるなり〔左訓〕。《高き峰、丘山の

ごとしとたとえたるなり》。「高峰岳山
にことならず」

出典 正像末和讃・草　親2和讃-150

❷たかきみねのことくおかやまのこと
く、ほむなうあくのまさるなり〔左訓〕。
《高き峰のごとく、丘山のごとく煩悩
悪の勝るなり》。「高峰岳山にことなら
ず」

出典 正像末和讃　親2和讃-162

❸（文明本に、）たかきみねおかにあ
くのこゝろをたとへたり〔左訓〕。《高
き峰、丘に悪の心を譬えたり》。

出典 正像末和讃　親2和讃-162　真2-
517　西聖723

こうみょう【光明】

❶ひかり〔左訓〕。「光明紫雲のごとく
なり」

出典 高僧和讃　親2和讃-135

❷わあみだによらい〔左訓〕。《阿弥陀
如来》。

出典 唯信鈔　親6写(2)-42　西聖1284

ごうみょう【告命】

（命に、）おほせ〔左訓〕。

出典 教行信証・行　親1-87　真2-44
西聖256

こうみょうじ【光明寺】

ぜんだうくわしやうのみえだうのな
り〔左訓〕。《善導和尚の御影堂の名な
り》。

出典 一多文意　親3和文-133　真2-
608　西聖783

解説 善導は晩年、長安の終南山光明寺
に住した。それで善導を「光明寺の和
尚」とも呼ぶ。

こうらい【高麗】

くにのなゝ なり〔左訓〕。《国の名な
り》。「百済　高麗　任那　新羅」

出典 聖徳奉讃　親2和讃-239

解説 朝鮮半島の王朝。高麗国（918～
1392）のこと。

こうりゅう【興隆】

おこしたつるなり〔左訓〕。「仏法興隆
のためにとて」

出典 聖徳奉讃　親2和讃-232

こうりん【幸臨】

あるくなり〔左訓〕。「世俗の君子幸臨
し」

出典 高僧和讃　親2和讃-87

こうわい【垢穢】

あか、けがれ〔左訓〕。

出典 教行信証・化　親1-377　真2-
200　西聖594

こおう【虚誑】

むなし、くるう。あくこふほむなうの
こゝろなり〔左訓〕。《虚し、狂う。悪
業煩悩の心なり》。「衆生虚おうの身口
意を」

出典 高僧和讃　親2和讃-98

ごがくず【五岳図】

（岳に、）おか〔左訓〕。（図に、）しる
す〔左訓〕。

出典 教行信証・化　親1-374　真2-
198　西聖592

**こがねをみてにてちりばめて【こがねを
御てにてちりばめて】**

たいしのみてをもてろはんをぬりたま
ふとなり〔左訓〕。《太子の御手を以っ
て露盤（塔の九輪の下にある盤）を塗
りたもうとなり》。

出典 聖徳奉讃　親2和讃-236　真2-
535

こぎてんごく【虚偽諂曲】

いつわる、へつらふ〔左訓〕。

出典 教行信証・信　親1-117　真2-
60　西聖289

こきゅう【呼吸】

いつるいき、いるいき〔左訓〕。

出典 教行信証・行　真2-27　西聖222

こきょう【古郷】

ふるきさと〔左訓〕。

出典 唯信鈔　親6写(2)-49　真2-744　西聖1287

こく【黒】

❶黒は、すなわちこれ無明煩悩の黒業、二乗・人天の雑善なり〔本文〕。

出典 教行信証・信　親1-130　真2-67　西聖306　西註244　東聖234

❷黒はすなわちこれ六趣・四生・二十五有・十二類生の黒悪道也〔本文〕。

出典 愚禿鈔　親2漢-45　真2-476　西聖672　西註537　東聖454

こくあん【黒闇】

くらきやみのよなり〔左訓〕。《暗き闇の世なり》。

出典 唯信文意　親3和文-158　西聖796

こくおうごひ【国王后妃】

くにのわうきさきとむまれむとなり〔左訓〕。《国の御妃と生まれんとなり》。「国王后妃とむまれしめ」

出典 聖徳奉讃　親2和讃-242　真2-538

ごくだいちしゃ【極大遅者】

きわめておほきにおそきものなり〔左訓〕。

出典 西方指南　親5輯(1)-120

こくちやう【釜錫】

→ふふく【釜錫】

こくどぶじょう（ぶねう）【国土豊饒】

くにゆたかにゆたかならせむとなり〔左訓〕。《国豊かに豊かならせんとなり》。「国土豊饒のたからなり」

出典 聖徳奉讃　親2和讃-243　真2-538

こくねん【剋念】

えてといふ〔左訓〕。《得てという》。

出典 一多文意　親3和文-131　真2-607　西聖782

こくまい【穀米】

こめ、こめ〔左訓〕。

出典 教行信証・化　親1-322　真2-173　西聖537

ごくらく【極楽】

極楽とまふすはかの安楽浄土なり。よろづのたのしみつねにして、くるしみまじわらざるなり。かのくにをば安養といへり。曇鸞和尚はほめたてまつりて安養とまふすとこそのたまへり。また論には蓮華蔵世界ともいへり。無為ともいへり〔本文〕。

出典 唯信文意　親3和文-170　真2-630　西聖802　西註709　東聖553

こけ【虚仮】

❶むなしくかりなり〔左訓〕。《虚しく仮なり》。

出典 一多文意　親3和文-134　真2-609　西聖783

❷むなしくかざるなり〔左訓〕。《虚しく飾る也》。

出典 唯信鈔　親6写(2)-60　真2-753　西聖1293

❸虚はむなしといふ。仮はかりなるといふことなり。虚は実ならぬをいふ。仮は真ならぬをいふなり〔本文〕。

出典 唯信文意　親3和文-155　真2-621　西聖795　西註699　東聖547

解説「真実」に対する語。→しんじつ【真実】

ごこくふぎゃくい じねんししょけん【其国不逆違 自然之所牽】

其国不逆違 自然之所牽といふは、其国はそのくにといふ、すなわち安養浄刹なり。不逆違はさかさまならずといふ、たがわずといふ也。逆はさかさまといふ。違はたがふといふ也。真実信をえたる人は大願業力のゆゑに、自然に浄土の業因たがはずして、かの業力にひかるるゆへにゆきやすく、無上大涅槃にのぼるにきわまりなし、とのたまへる也。しかれば、自然之所牽とま

ふすなり。他力の至心信楽の業因の自
然にひくなり。これを牽という也。自
然といふは、行者のはからいにあらず
となり〔本文〕。

出典 尊号銘文　親3和文-79　真2-
580　西聖754　西註647　東聖515

解説 『尊号真像銘文』に引かれる『大
経』の文（西聖68・西註54・東聖57）。

ごごしょう【後々生】

のち〳〵のしやうといふ〔左訓〕。
《後々の生》。

出典 唯信鈔　親6写(2)-65　真2-753
西聖1295

ごさいごぶつ みょうちょうにちがっこう【其最後仏 名超日月光】

其最後仏 名超日月光とまふすは、十
二光仏の世にいでさせたまひしおはり
の仏を、超日月光仏とまふすと也〔本
文〕。

出典 尊号銘文　親3和文-82　真2-
582　西聖755　西註649　東聖516

解説 『尊号真像銘文』に引かれる『首
楞厳経』の文。→ちょうにちがっこう
【超日月光】

こじ【居士】

おとこ也。いるひと〔左訓〕。《男也。
居る人》。

出典 教行信証・行　親1-58　真2-28
西聖222

ごしゅいんのえんぎ【御手印の縁起】

たいしのおむにちきなり〔左訓〕。《太
子の御日記なり》。「御手印の縁起にの
たまはく」

出典 聖徳奉讃　親2和讃-242

解説 『四天王寺御手印縁起』のことで、
寛弘4（1007）年、四天王寺の金堂か
ら発見された。聖徳太子が作成して手
印を印したと伝える。

ごじょくあくじゃ【五濁悪邪】

あくこふのまさるなり〔左訓〕。《悪業

の勝るなり》。「五濁悪邪のまさるゆへ」

出典 正像末和讃　親2和讃-161

ごしん【御身】

おむみとまふすなり〔左訓〕。《御身と
申すなり》。「聖徳太子の御身なり」

出典 聖徳奉讃　親2和讃-239

こっかうじょうをえしつせむ【国家有情を壊失せむ】

こくわうをうしなひよろつのうしやう
をやふりうしなわむとせむは〔左訓〕。
《国王を失い万の有情を壊（やぶ）り
失わんとせんは》。

出典 聖徳奉讃　親2和讃-246　真2-
539

ことく【涵瀆】

（瀆に、）みぞなり〔左訓〕。（西本願寺
本は、瀇に、）みぞなり。（瀆に、）と
くに〔左訓〕。

出典 教行信証・化　親1-371　真2-
197　西聖589

こにゃく【怯弱】

❶よはくおもふ〔左訓〕。《弱く思う》。

出典 唯信鈔　親6写(2)-58　真2-749
西聖1292

❷よわくよわきこゝろなり〔左訓〕。

出典 西方指南　親5輯1-13

ごにゅう【悟入】

（文明本に、）さとりいるなり〔左訓〕。
「ひとしく真宗に悟入せり」

出典 高僧和讃　親2和讃-131　真2-
513　西聖719

ごねんもん【五念門】

何等をか名づけて五念門とすると。礼
と讃と作願と観察と回となり〔本文〕。

出典 入出二門　親2漢-115　真2-481
西聖682　西註546　東聖462

解説 五念門とは礼拝、讃嘆、作願、観
察、回向。天親の『浄土論』に説かれ
る。

ごび【寤寐】

❶ねてもさめても〔左訓〕。《寝ても覚めても》。「寤寐にわするゝことなかれ」

出典 高僧和讃　親2和讃-125

❷（文明本に、）ねてもさめてもといふなり〔左訓〕。《寝ても覚めてもというなり》。

出典 高僧和讃　親2和讃-125　真2-512　西聖718

ごひゃくしょう【五百生】

むまれたまふとなり〔左訓〕。《生まれたもうとなり》。「五百生をぞへたまひし」

出典 聖徳奉讃　親2和讃-232

ごびょう【御廟】

❶たいしのみさゝきをこへうとまふすなり。〔左訓〕。《太子の御陵（みささぎ）を御廟と申すなり》。「御廟にいたりつきにけり」

出典 太子奉讃　親2和讃-271

❷たいしのみはかなり〔左訓〕。《太子の御墓なり》。「御廟のかたにうづまれき」

出典 太子奉讃　親2和讃-271

こぶつ【故仏】

❶もとのほとけといふ〔左訓〕。《元の仏という》。「われこれ故仏とあらはれて」

出典 高僧和讃　親2和讃-121

❷（文明本に、）もとのほとけとまふすことなり〔左訓〕。《元の仏と申すことなり》。

出典 高僧和讃　親2和讃-121　真2-511　西聖717

解説 元は仏であったので、元の仏として現れたとの意。

ごぶつ【後仏】

のち〴〵のほとけのよにいでたまふをいふ〔左訓〕。《後々の仏の世に出で給うをいう》。

出典 唯信鈔　親6写(2)-40　真2-739　西聖1283

ごぶつほんがんりき【其仏本願力】

其仏本願力というは、弥陀の本願力とまふす也〔本文〕。

出典 尊号銘文　親3和文-76　真2-578　西聖752　西註645　東聖513

解説 『尊号真像銘文』に引かれる『大経』の文（西聖58・西註46・東聖49）。

ごほう【護法】

ほとけのみのりをまもるかみなり〔左訓〕。《仏のみ法を護る神なり》。「一切護法まもるべし」

出典 聖徳奉讃　親2和讃-240　真2-537

こむししんむごくたい【虚無之身無極身体】

❶こむししんといふはきはもなきほしんのたいなり〔左訓〕。《虚無之身というは、極もなき法身の体なり》。

出典 浄土和讃　親2和讃-18

❷（文明本に、）ほふしんにょらいなり〔左訓〕。《法身如来なり》。

出典 浄土和讃　親2和讃-18　真2-488　西聖694

解説 『大経』所説の文（西聖47・西註37・東聖39）。

ごようげんいめい【牛羊眼易迷】

牛羊眼易迷といふは、この世の仏法者のまなこを、うし、ひつじのまなこにたとえて、三論・法相宗等の聖道自力の教にはまどふべしとのたまへる也〔本文〕。

出典 尊号銘文　親3和文-112　真2-598　西聖771　西註668　東聖529

解説 牛や羊は見たものをあれこれ迷う。仏法者が聖道自力のさまざまな教えに迷うことをそれに譬える。

ごようろめ【牛羊驢馬】

うし、ひつじ、うさぎ、むま〔左訓〕。

出典 教行信証・行　真2-17

こらいたい【去来対】

去とは釈迦仏なり、来とは弥陀仏なり〔本文〕。

出典 愚禿鈔　親2漢-48　西聖675　西註540　東聖457

ごん【懃】

ねんころ〔左訓〕。

出典 教行信証・行　真2-11

こんおしかい【今於此界】

今於此界といふは、いまこの姿婆界にしてといふなり〔本文〕。

出典 尊号銘文　親3和文-83　真2-583　西聖756　西註649　東聖516

解説 『尊号真像銘文』に引かれる『首楞厳経』の文。

ごんきょう【権教】

権教といふはすなはち、すでに仏になりたまへる仏・菩薩の、かりにさまざまのかたちをあらはしてすゝめたまふがゆへに、権といふなり〔本文〕。

出典 末灯鈔　親3書簡-61　真2-657　西聖828　西註736　東聖601

解説 方便の教え。

こんげ【根芽】

ね、くき〔左訓〕。

出典 教行信証・行　真2-17

ごんけ【権仮】

かりに、かりなり〔左訓〕。《権（かり）に、仮なり》。「聖道権仮の方便に」

出典 浄土和讃　親2和讃-44

解説 真実に導くための仮の手だて、方便。権仮方便。

こんごうしん【金剛心】

（剛に、）つよし反。こむかうはやぶれすたゝれすうくけす〔左訓〕。《金剛は破れず、廃れず、動かず》。「金剛心をえ

むひとは」

出典 浄土和讃　親2和讃-52

金剛の心＝まことのしんしむなり〔左訓〕。《真の信心なり》。「金剛の心なりければ」

出典 高僧和讃　親2和讃-114

解説 仏より賜った真実の信心はいかなるものにも破れず、動じないので、金剛心という。

こんごうのしんしん【金剛の真心】

三心すでに疑蓋雑（まじ）わることなし。かるがゆえに真実の一心なり、これを金剛の真心と名づく。金剛の真心、これを真実の信心と名づく〔本文〕。

出典 教行信証・信　親1-132　真2-68　西聖308　西註245　東聖235

こんごうのしんじん【金剛の信心】

選択不思議の本願、無上智慧の尊号をきいて、一念もうたがふこゝろなきを真実信心といふなり。金剛心ともなづく。この信楽（しんぎょう）をうるとき、かならず摂取してすてたまはざれば、すなわち正定聚のくらゐにさだまるなり。このゆへに信心やぶれず、かたぶかず、みだれぬこと、金剛のごとくなるがゆへに、金剛の信心とはまふすなり〔本文〕。

出典 唯信文意　親3和文-160　真2-624　西聖798　西註702　東聖549

こんさ【金鎖】

こがねのくさり〔左訓〕。

出典 三経往生　親3和文-15

こんさをもちてつなぎつつ【金鎖をもちてつなぎつつ】

わうのこなれはとて、こかねのくさりにてつなかむとたとへたり〔左訓〕。《王の子なればとて金の鎖にて繋がむと譬えたり》。

出典 正像末和讃　親2和讃-190

解説 『大経』に説かれる（西聖98・西

註78・東聖82）。

ごんじき【厳飾】

いつくしくかざる〔左訓〕。

出典 四十八大願　親2漢-168

ごんしゅ【欣趣】

ねかひ、おもむき〔左訓〕。

出典 教行信証・真　親1-261　真2-139　西聖466

こんず【混ず】

ひとごとになるをいふ〔左訓〕。《人ごとに成るをいう》。

出典 西方指南　親5輯(2)-272

ごんそういべつ【言揔意別】

ことばみなといふてこゝろはことなるなり〔左訓〕。《言葉皆と言うて心は異なるなり》。

出典 西方指南　親5輯(1)-209

ごんぼ【欣慕】

❶ねがい、したふ〔左訓〕。《欣い慕う》。（西本願寺本には、）欣に、）ねかい〔左訓〕。

出典 教行信証・信　親1-103　真2-52　西聖272

❷ねがい、したふ〔左訓〕。

出典 教行信証・化　親1-276　真2-147　西聖481

❸ねかい、したう〔左訓〕。（西本願寺本には、）ねかひ、したふ〔左訓〕。

出典 教行信証・化　親1-281・292　真2-150・156　西聖487・500

❹ねがふしたふこゝろ〔左訓〕。

出典 三経往生　親3和文-28　真2-555　西聖744

ごんもん【近門】

いかんが礼拝する、身業に礼したまいき。阿弥陀仏正遍知、もろもろの群生を善巧方便して、安楽国に生ぜん意をなさしめたまうがゆえなり。すなわちこれを第一門に入ると名づく、またこれを名づけて近門に入るとす〔本文〕。

出典 入出二門　親2漢-115　真2-481　西聖682　西註546　東聖462

解説 五功徳門の第一門。天親の『浄土論』に説かれる。

こんりゅう【建立】

❶はじめなす〔左訓〕。《建（はじめ）なす》。

出典 教行信証・行　親1-85　真2-43　西聖254

❷こん反。りふ反。はじめたてたまふ〔左訓〕。「所所に寺塔を建立せり」

出典 聖徳奉讃　親2和讃-231

❸はじめたてたまふと〔左訓〕。「てらを建立したまへり」

出典 聖徳奉讃　親2和讃-233　真2-533

❹はじめたつ〔左訓〕。《建（はじめ）立つ》。「数大の寺塔を建立し」

出典 聖徳奉讃　親2和讃-242

❺つくりたつるといふ〔左訓〕。

出典 唯信鈔　親6写(2)-44　真2-741　西聖1285

さ

さいがんのうえのひと【西岸の上の人】

西岸の上に人ありて喚（よ）ばうて言わくというは、阿弥陀如来の誓願なり〔本文〕。

[出典] 愚禿鈔　親2漢-46　真2-476　西聖673　西註538　東聖455

[解説] 善導の『観経疏』「散善義」の二河譬喩（親9加点(3)-185）に出てくる。

さいけ【蔡華】

あをいしきみ〔左訓〕。ふたりをさいくえといふ〔右訓〕。《青いしきみ》。

[出典] 観経疏加点・散　親9加(3)-216

[解説] 分陀利（華）を蔡華という。

ざいけ【在家】

おとこ、おむな〔左訓〕。《男、女》。

[出典] 唯信鈔　親6写(2)-46　真2-743　西聖1286

ざいごうじんじゅう【罪業深重】

つみふかくおもき〔左訓〕。《罪深く重き》。「罪業深重もおもからず」

[出典] 正像末和讃　親2和讃-176

ざいこんじん【罪根深】

罪根深といふは、十悪五逆の悪人、謗法闡提の罪人、おほよそ善根すくなきもの、悪業おほきもの、善心あさきもの、悪心ふかきもの、かやうのあさましきさまざまのつみふかきひとを深といふ、ふかしといふことばなり〔本文〕。

[出典] 唯信文意　親3和文-166　真2-627　西聖800　西註706　東聖552

さいさんこじせしめたまひしに【再三固辞せしめたまひしに】

みたひかたくしせしめましますをもちゐられず〔左訓〕。《三度難く辞せしめましますを用いられず》。

[出典] 聖徳奉讃　親2和讃-243　真2-538

さいし【祭祀】

まつり、まつる〔左訓〕。

[出典] 教行信証・化　親1-378　真2-200　西聖596

ざいしきしんりゅうぎょうは【在此起心立行は】

❶こゝにありてこゝろをおこしきやうをたつるは〔左訓〕。《此処に在りて心を起こし行を立てるは》。

[出典] 高僧和讃　親2和讃-105

❷（文明本に、）しやはせかいにてほたいしむをおこし、きやうをたつるは、みなしりきなりとしるべし〔左訓〕。《娑婆世界此にて菩提心を起こし、行を立てるは、皆自力なりと知るべし》。

[出典] 高僧和讃　親2和讃-105　真2-508　西聖714

[解説] この世界にいて菩提心を発し、万行を樹立すること。親鸞はそれがみな自力であると知るべきだという。

さいしょ【最初】

はじめなりとしるべし〔左訓〕。《初めなりと知るべし》。「仏法最初のところなり」

[出典] 聖徳奉讃　親2和讃-231

さいしょう【最勝】

もともすくれ〔左訓〕。

[出典] 教行信証・教　親1-5　真2-1　西聖164

ざいしょう【罪障】

つみさわり〔左訓〕。「罪障おもしとなげかざれ」

[出典] 正像末和讃・草　親2和讃-149

さいしょうけ【最勝華】

よろづのはなにすぐれたりとなり〔左訓〕。《万（よろず）の花に優れたりとなり》。

[出典] 一多文意　親3和文-133　真2-608　西聖783

[解説]白蓮華のこと。妙好華。人に準え
て妙好人、最勝人という。→ふんだり
け【分陀利華】、→おでいけ【淤泥華】

さいじょうしょうち【最上勝智】
　すぐれたるちゑなり〔左訓〕。《勝れた
　智慧なり》。
　[出典]三経往生・略　親3和文-15

**ざいしょうじんじゅうもおもからず【罪
障深重もおもからず】**
　つみのさわりふかくおもしとおもふへ
　からすとなり〔左訓〕。《罪の障り深く
　重しと思うべからずとなり》。
　[出典]正像末和讃・草　親2和讃-149

さいじん【細塵】
　こまかなり、ちり反〔左訓〕。
　[出典]観経疏加点・定　親9加(3)-117

さいだいいち【最第一】
　さいはことにもともすくれたりといふ
　こゝろなり〔左訓〕。《最はことに最も
　優れたりという心なり》。「仏光照耀最
　第一」
　[出典]浄土和讃　親2和讃-10

さいちょう【債調】
　つくのう、とゝのう〔左訓〕。
　[出典]教行信証・信　親1-192　真2-
　102　西聖384

さいど【済度】
　たすけわたしたまふとなり〔左訓〕。
　《救（たす）け渡したまうとなり》。
　「有情を済度せむために」
　[出典]聖徳奉讃　親2和讃-232　真2-
　533

さいはい【再拝】
　ふたゝひおかみ給ふ〔左訓〕。《再び拝
　み給う》。「南無仏と再拝す」
　[出典]太子奉讃　親2和讃-253

さいはん【斉飯】
　いちのうへ〔左訓〕。「そのとき斉飯の
　うえにして」
　[出典]太子奉讃　親2和讃-255

さいぶ【裁縫】
　たち、ぬい〔左訓〕。
　[出典]大経延書　親8加(1)-33

**さいふとうぜんかんだく【截縦擣染浣
濯】**
　（截縦擣染浣濯に、）たち、ぬい、そめ、
　あらひ、すゝぐ〔左訓〕。
　[出典]四十八大願　親2漢-170
　[解説]截縦（裁縫）は布を断ち切って縫
　うこと。擣染（とうぜん）は艶出しの
　ため衣をたたいて、染めること。浣濯
　（かんだく）は洗い濯（すす）ぐこと。

さいほう【裁縫】
　→さいぶ【裁縫】

さいめん【細綿】
　（綿に、）くわし〔左訓〕。
　[出典]教行信証・行　親1-49　真2-23
　西聖212

さいよう【載養】
　のせ、やしなう〔左訓〕。
　[出典]教行信証・信　親1-107　真2-
　54　西聖277

さいろ【西路】
　にしのみち〔左訓〕。「西路を指授せし
　かども」
　[出典]高僧和讃　親2和讃-119

さしん【詐親】
　いつわりしたしむ〔左訓〕。
　[出典]教行信証・信　親1-111　真2-
　56　西聖281

さつがい【殺害】
　ころしそこなふ。「仙人殺害のむくい
　には」
　[出典]浄土和讃　親2和讃-46

ざっしゅ【雑修】
　❶雑修とは、助正兼行するがゆえに雑
　修と曰う〔本文〕。
　[出典]教行信証・化　親1-291　真2-
　156　西聖499　西註396　東聖343
　❷いつゝつのしやうきやうのなか、し

ようみようのほか四おはしよこふにす。たゝ一心にしようみやうするを一向専修とまふすなり〔左訓〕。《五つの正行の中、称名のほか四おば助業にす。ただ一心に称名するを一向専修と申すなり》。「すなわち雑修となづけたり」

出典 高僧和讃　親2和讃-110

❸ましへ、おこなふ〔左訓〕。《雑（まじ）え行ふ》。「これも雑修となづけてぞ」

出典 高僧和讃　親2和讃-110

解説 善導のいう五正行のうち、称名を正定業とし、他の前三後一、つまり、読誦・観察・礼拝・讃嘆供養を助業とする。そして、称名と他をまじえ、兼行することを雑修という。一心に称名するを一向専修という。

ざっしん【雑心】

❶雑心とは、定散の心雑するがゆえに雑心と曰うなり〔本文〕。

出典 教行信証・化　親1-291　真2-156　西聖499　西註396　東聖343

❷雑心とは、大小・凡聖・一切善悪、おのおのの助正間雑の心をもって名号を称念す。良に教は頓にして根は漸機なり、行は専にして心は間雑す、かるがゆえに雑心と曰うなり〔本文〕。

出典 教行信証・化　親1-295　真2-157　西聖503　西註399　東聖346

解説 自力の定散心。念仏を自力の雑心で称えても救われない。

さてん【詐諂】

いつわり、へつらはす〔左訓〕。（「不詐諂」の左訓なので否定の表現になっている）。

出典 教行信証・信　親1-118　真2-61　西聖291

さとりかなわでるてんせり【さとりかなはで流転せり】

しりきのほたいしむにてけふまてかく

てまとへりとしるへし〔左訓〕。《自力の菩提心にて今日までかくて惑へりと知るべし》。

出典 正像末和讃・草　親2和讃-147

さわりおほきにとくおほし【さわりおほきに徳おほし】

❶あくこふほむなうなり。くとくとなる〔左訓〕。《悪業煩悩なり。功徳となる》。

出典 高僧和讃　親2和讃-96

❷（文明本に、）あくこふおほければくとくのおほきなり〔左訓〕。《悪業多ければ功徳の多きなり》。

出典 高僧和讃　親2和讃-96　真2-506　西聖712

さんうしょうじ【三有生死】

むまれしぬろくだうにまどふをいふ〔左訓〕。《生まれ死ぬ六道に惑うをいう》。

出典 文類聚鈔　親2漢-141

解説 生死をくり返し、六道に迷うこと。

さんがんてんにゅう【三願転入】

ここをもって、愚禿釈の鸞、論主の解義を仰ぎ、宗師の勧化に依って、久しく万行・諸善の仮門を出でて、永く双樹林下の往生を離る、善本・徳本の真門に回入して、ひとえに難思往生の心を発しき。しかるに今特に方便の真門を出でて、選択の願海に転入せり、速やかに難思往生の心を離れて、難思議往生を遂げんと欲う。果遂の誓い、良に由あるかな。ここに久しく願海に入りて、深く仏恩を知れり。至徳を報謝せんがために、真宗の簡要を撮（ひろ）うて、恒常（つね）に不可思議の徳海を称念す。いよいよこれを喜愛し、特にこれを頂戴するなり〔本文〕。

出典 教行信証・化　親1-309　真2-166　西聖521　西註413　東聖356

解説 親鸞の入信のプロセスで、自力の

第十九願、修諸功徳の願から、自力念仏の二十願、植諸徳本の願、さらに完全な他力である十八願、念仏往生の願への転入をいう。

ざんき【慚愧】

はち、はつ〔左訓〕。

出典 教行信証・化　観経疏加点・定　親1-284・親9加(3)-138　真2-152　西聖491

解説「慚は人に羞ず、愧は天に羞ず。これを慚愧と名づく。無慚悔は名づけて人とせず」（「信巻」所引の『涅槃経』）。

さんげ【懺悔】

くい、くゆ〔左訓〕。

出典 教行信証・化　親1-284　真2-152　西聖491

ざんじ【暫時】

しばらくのときといふなり〔左訓〕。

出典 西方指南　親5輯(1)-5

さんしつ【散失】

ちらしうしなふ〔左訓〕。《散らし失う》。

出典 西方指南　親5輯(2)-353

さんしん【三信】

❶（文明本に、）ほんくわんのしんしむをいふなり〔左訓〕。《本願の信心をいうなり》。「三信具せずとおもふべし」

出典 高僧和讃　親2和讃-116　真2-510　西聖716

❷三信とは、これすなわち金剛の真心・不可思議の信心海なり〔本文〕。

出典 愚禿鈔　親2漢-51　真2-478　西聖676　西註541　東聖458

解説『大経』所説の他力の至心・信楽・欲生の三心（さんしん）。

さんしん【三心】

❶三心と言うは、一つには至心、二つには信楽、三つには欲生なり。私に字

訓をもって論の意を闚（うかが）うに、三を合して一とすべし〔本文〕。

出典 文類聚鈔　親2漢-145　真2-450　西聖621　西註489　東聖414

❷三心みなこれ大悲回向の心なるがゆえに、清浄真実にして疑蓋雑わることなきがゆえに、一心なり〔本文〕。

出典 文類聚鈔　親2漢-149　真2-452　西聖625　西註493　東聖418

解説『大経』所説の至心・信楽・欲生の他力の三心（さんしん）を指す場合と『観経』所説の至誠心・深心・回向発願心の自力の三心（さんじん）を指す場合とがある。

さんず【三塗】

ちこく、かくゐ、ちくしやうなり〔左訓〕。《（六道の内の）地獄、餓鬼、畜生なり》。「三塗苦難ながくとぢ」

出典 浄土和讃　親2和讃-29

三塗の黒闇＝（文明本に、）ちこくかくゐちふしやう。くらきやみなり〔左訓〕。《地獄、餓鬼、畜生なり。暗き闇なり》。「三塗の黒闇ひらくなり」

出典 浄土和讃　親2和讃-10　真2-487　西聖693

さんちょう【三朝】

てんちくしむたんわこくこれみつをさむてうといふなり〔左訓〕。《天竺（インド）、晨旦（中国）、和国（日本）、これ三つを三朝というなり》。「三朝浄土の大師等」

出典 和讃拾遺　親2和讃-283

さんちょうじょうどのだいしとう【三朝浄土の大師等】

てんちくしむたんこのくにをさむてうといふなり。しやうとしゆのそしをまふすなり〔左訓〕。《天竺、晨旦、この国を三朝というなり。浄土宗の祖師を申す也》。

出典 正像末和讃・草　親2和讃-145

さんぼだい【三菩提】

此云正覚〔左訓〕。

出典 阿弥陀経集註　親7註(1)-257

解説 梵語 sambodhi の音写、さとり（覚・悟）の意。

さんぼんのさんげ【三品の懺悔】

上品はまなこよりちをながし、みよりちをいたす。中品はまなこよりちをながし、みよりあせをながかす。下品はなみたをながし、すくにこゝろかとおるをいふ〔左訓〕。《上品は眼より血を流し、身より血を出だす。中品は眼より血を流し、身より汗を流す。下品は涙を流し、直に心が徹る（真心徹到すること）を言う》。「三品の懺悔するものと」

出典 高僧和讃　親2和讃-114

さんみつ【三密】

しんごん（しゆ）なり〔左訓〕。《真言（宗）なり》。

出典 唯信鈔　親6写(2)-41・49　真2-740・744　西聖1284・1288

さんみやく【三藐】

此云正等〔左訓〕

出典 阿弥陀経集註　親7註(1)-257

解説 梵語 samyak の音写、正しい、完全なの意。

さんらんぞう【散乱増】

こゝろのちりみだるといふ〔左訓〕。《心の散り乱るという》。

出典 唯信鈔　親6写(2)-52　真2-746　西聖1289

さんらんほういつ【散乱放逸】

❶こゝろのちりみたるおもふさまなるものといふ〔左訓〕。《心の散り乱る思うさまなるものという》。「散乱放逸もすてられず」

出典 正像末和讃　親2和讃-176

❷（文明本に、）ちりみたるほしきまゝのこゝろといふ〔左訓〕。《散り乱る欲しきままの心という》。

出典 正像末和讃　親2和讃-176　真2-520　西聖726

散乱放逸もすてられず＝われらかこゝろのちりみたれてわるきをきらはす、しやうとにまいるへしとしるへしとなり〔左訓〕。《我らが心の散り乱れて悪きを嫌わず、浄土に参るべしと知るべしとなり》。→ほういつ【放逸】

出典 正像末和讃・草　親2和讃-149

し

じ【自】

❶おのずから〔左訓〕。

出典 教行信証・行　真2-34　西聖235

❷自はみづからというなり。弥陀無数の化仏、無数の化観音、化大勢至等の無量無数の聖衆、みづからつねに、ときをきらはず、ところをへだてず、真実信心をえたるひとにそひたまいて、まもりたまうゆへに、みづからとまふすなり。また自は、おのづからといふ。おのづからといふは自然といふ〔本文〕。

出典 唯信文意　親3和文-158　真2-623　西聖797　西註701　東聖548

じ【持】

❶持の言は不散不失に名づくるなり〔本文〕。

出典 教行信証・化　親1-293　真2-157　西聖502　西註398　東聖345

❷持というは不散不失に名づく。かるがゆえに不乱と曰へり〔本文〕。

出典 文類聚鈔　親2漢-151　真2-453　西聖627　西註495　東聖420

❸持はたもつといふ。たもつといふは、ならいまなぶことを、うしなわずちらさぬなり〔本文〕。

出典 唯信文意　親3和文-165　真2-627　西聖800　西註706　東聖551

しうん【紫雲】

❶むらさきのくものことくなり〔左訓〕。《紫の雲のごとくなり》。「光明紫雲のごとくなり」

出典 高僧和讃　親2和讃-135

❷（文明本に、）むらさきのくものことし〔左訓〕。《紫の雲のごとし》。

出典 高僧和讃　親2和讃-135　真2-514　西聖720

しがい【屍骸】

（骸に、）かはね〔左訓〕。

出典 教行信証・行　親1-78　真2-39　西聖246

しかのいん【四箇の院】

一きやうてんゐん、二せやくゐん、三れうひやうゐん、四ひてんゐん〔註記〕。「四天王寺の四箇の院」

出典 聖徳奉讃　親2和讃-229　真2-532

解説「四箇の院」とは、敬田院、施薬院、養病院、悲田院。これらは聖徳太子が建てたといわれる。→きょうでん

いん【敬田院】

しかん【止観】

ほふくゑしゆなり〔左訓〕。《法華宗なり》。

出典 西方指南　親5輯(2)-317

解説ここでは法華宗とは比叡山の天台宗を指す。

しがん【志願】

（文明本に、）こゝろさし、ねかふことを〔左訓〕。《志、願うこと》。「衆生の志願をみてたまふ」

出典 高僧和讃　親2和讃-99

しき【識】

たましい〔左訓〕。

出典 教行信証・行　親1-42　真2-19　西聖203

じき【直】

❶直の言は回に対し、迂に対するなり。直の言は方便仮門を棄てて如来大願の他力に帰するなり。諸仏出世の直説を顕さしめんと欲してなり〔本文〕。

出典 愚禿鈔　親2漢-46　真2-477　西聖673　西註538　東聖456

❷直はたゞしきなり。如来の直説といふなり〔本文〕。

出典 一多文意　親3和文-143　真2-614　西聖788　西註689　東聖542

じき【時機】

❶ときとしゆしやうといふなり〔左訓〕。《時と衆生と言うなり》。「正法の時機とおもへとも」
出典 正像末和讃・草　親2和讃-146

❷ときとうしやうとなり〔左訓〕。《時と有情となり》。「五濁の時機いたりては」
出典 正像末和讃　親2和讃-164

❸（時に、）とき。（機に、）うしやう〔左訓〕。《時、有情》。「正法の時機とおもへとも」
出典 正像末和讃　親2和讃-165
解説 時は時代（正法・像法・末法の三時）、機は衆生。→しょうぞうまつのさんじ【正像末の三時】

じきいみだぐぜいじゅう【直為弥陀弘誓重】

直為弥陀弘誓重といふは、直はたゞしきなり、如来の直説といふなり。諸仏のよにいでたまふ本意とまふすを、直説といふなり。為はなすといふ、もちゐるといふ、さだまるといふ、かれといふ、これといふ、あふといふ。あふといふはかたちといふこゝろなり。重は、かさなるといふ、おもしといふ、あつしといふ。誓願の名号、これをもちゐさだめなしたまふことかさなれりとおもふべきことをしらせむとなり〔本文〕。
出典 一多文意　親3和文-143　真2-614　西聖788　西註689　東聖542
解説 『一念多念文意』に引かれる善導の『法事讃』の文。

じきそうおうのほう【時機相応の法】

ときとしゆしやうとあいかなへるほふといふなり〔左訓〕。《時と衆生と相適える法というなり》。「時機相応の法なれば」→じき【時機】
出典 正像末和讃　親2和讃-172

しきりょう【測量】

❶はかり反。はかるにきわなし。しきははからひのきわなきをいふ。りやうはかすをしるをいふなり〔左訓〕。《測るに際なし。測ははからいの際なきをいう。量は数を知るをいうなり》。「仏光測量なきゆへに」
出典 浄土和讃　親2和讃-13

❷（文明本に、）はかりはかることなしとなり〔左訓〕。《測り量ることなしとなり》。「測量すべきことぞなき」
出典 浄土和讃　親2和讃-17　真2-488　西聖694

じげん【示現】

❶しめしあらはる〔左訓〕。《示し現わる》。「源空勢志と示現し」
出典 高僧和讃　親2和讃-131

❷（文明本に、）しめしあらはしたまふ〔左訓〕。《示し現わしたまう》。
出典 高僧和讃　親2和讃-131　真2-513　西聖719

じこう【慈光】

❶（慈に、）あわれむ。（光に、）ひかり。（慈光に、）しはちゝゝしひにたとふるなり〔左訓〕。《哀れむ。光。慈は父の慈悲に譬えるなり》。「慈光はるかにかふらしめ」
出典 浄土和讃　親2和讃-11

❷あはれみひかり。かなしむ〔左訓〕。《哀れみ光。悲しむ》。「慈光世界を照曜し」
出典 浄土和讃　親2和讃-16

しごすん【四五寸】

❶四五寸と言うは、衆生の四大・五陰に喩うるなり〔本文〕。
出典 教行信証・信　親1-131　真2-67　西聖306　西註244　東聖235

❷四五寸とは、四の言は四大毒蛇に喩うるなり。五の言は五陰悪獣に喩うるなり〔本文〕。

出典 愚禿鈔　親2漢-45　真2-476　西聖672　西註537　東聖454
解説 善導の『観経疏』「散善義」の二河譬喩（親9加点(3)-185）に出てくる「白道」の闊（ひろ）さのこと。

しさい【旨際】
むね、きわ〔左訓〕。
出典 教行信証・化　親1-311　真2-167　西聖524

しざい【資財】
たすけのたから〔左訓〕。「資財田園施入せむ」
出典 聖徳奉讃　親2和讃-242

しさん【指賛】
おしへ、ほむる〔左訓〕。
出典 教行信証・化　真2-160

じし【慈氏】
みろくなり〔左訓〕。《弥勒なり》。「如来慈氏にのたまはく」
出典 正像末和讃　親2和讃-197
慈氏菩薩＝みろくなり〔左訓〕。「ときに慈氏菩薩の」
出典 正像末和讃　親2和讃-196
解説 弥勒菩薩のこと。五十六億七千万年後に必ず仏に成ることが約束されている。

ししゃ【咨嗟】
❶よろつのほとけにほめらるるなり〔左訓〕。《万（よろず）の仏に讃められるなり》。
出典 三経往生　親3和文-22　真2-551　西聖741
❷（嗟に、）ほむるなり〔左訓〕。
出典 教行信証・行　親1-18　真2-5　西聖173
❸ほめたてまつるとなり〔左訓〕。
出典 一多文意　親3和文-140　真2-612　西聖786
❹咨嗟とまふすは、よろづの仏にほめられたてまつるとまふす御ことなり〔本文〕。
出典 一多文意　親3和文-140　真2-613　西聖786　西註687　東聖540

ししゅ【師主】
❶しやうにんのしやうたうのおむし、のちにはみなくゐしたてまつるなり〔左訓〕。《上人の聖道の御師、後に皆、帰し奉るなり》。「聖道諸宗の師主も」
出典 高僧和讃　親2和讃-129
❷（文明本に、）しやうにんのおんしなり〔左訓〕。《上人の御師なり》。
出典 高僧和讃　親2和讃-129　真2-513　西聖719

しじゅ【指授】
さし、さつく〔左訓〕。《指し、授く》。
出典 観経疏加点・序　親9加(3)-78
指授せしかども＝❶おしへさつけしかとも〔左訓〕。《教え授けしかども》。「西路を指授せしかども」
出典 高僧和讃　親2和讃-119
❷（文明本に、）おしへさつけしに〔左訓〕。
出典 高僧和讃　親2和讃-119　真2-511　西聖717

しじゅう【止住】
よげうはかくれてこのほふはとゞまるといふこゝろなり〔左訓〕。《余経は隠れて此の法は止まるという心なり》。
出典 西方指南　親5輯(2)-289

しじょう【熾盛】
さかりなり〔左訓〕。「有情の邪見熾盛にて」
出典 正像末和讃　親2和讃-162

しじょう【淄澠】
みずなり、みずなり〔左訓〕。
出典 三経往生　親3和文-26　真2-553　西聖743

しじょう【四乗】
しやうもん・えんがく・ぼさち・ぶちじようなり〔左訓〕。《声聞・縁覚・菩

し

薩・仏乗なり》。

出典 西方指南　親5輯(2)-289

じしょうしょうた【自障障他】

❶わかみをさうるをししやうといふ。ひとをさうるをしやうたといふなり〔左訓〕。《我が身を障えるを自障という。人を障えるを障他というなり》。「自障障他せしほどに」

出典 高僧和讃　親2和讃-119

❷（文明本に、）わかみをさへ、ひとをさえみたるなり〔左訓〕。《我が身を障え、人を障え、乱るなり》。

出典 高僧和讃　真2-511　西聖717

❸わがこゝろをさへひとをさうるが〔左訓〕。《我が心を障え、人を障うるが》。

出典 西方指南　親5輯(2)-249

じしょしょえん【時処諸縁】

❶（文明本に、）とき、ところ、よろつのことなり〔左訓〕。《時、処、万のことなり》。「時処諸縁もさわりなし」

出典 高僧和讃　親2和讃-124　真2-512　西聖718

❷とき、ところ、よろづのことなり〔左訓〕。

出典 唯信鈔　親6写(2)-46　真2-743西聖1286

ししん【至心】

❶（至に、）いたす〔左訓〕。「乃曁一念至心者」

出典 浄土和讃　親2和讃-31

❷至心と言うは、至はすなわちこれ真なり、実なり、誠なり。心はすなわちこれ種なり、実なり〔本文〕。

出典 教行信証・信　親1-115　真2-59　西聖287　西註230　東聖223

❸至心はすなわちこれ真実誠種の心なるがゆえに、疑蓋雑わることなきなり〔本文〕。

出典 教行信証・信　親1-115　真2-

59　西聖287　西註230　東聖224

❹至心はすなわちこれ至徳の尊号をその体とせるなり〔本文〕。

出典 教行信証・信　親1-117　真2-60　西聖289　西註232　東聖225

❺この心すなわちこれ不可思議・不可称・不可説の一乗大智願海、回向利益他の真実心なり。これを至心と名づく〔本文〕。

出典 教行信証・信　親1-119　真2-61　西聖291　西註234　東聖226

❻一つには至心。至というは真なり、誠なり。心というは種なり、実なり。（中略）しかれば、至心はすなわちこれ誠種真実の心なり。かるがゆえに疑心あることなし〔本文〕。

出典 文類聚鈔　親2漢-145　真2-450西聖621　西註489　東聖414

❼一つには至心、この心すなわちこれ、如来の至徳円修満足真実の心なり。阿弥陀如来、真実の功徳をもって一切に回施したまえり、すなわち名号をもって至心の体とせり。しかるに、十方衆生、穢悪汚染にして清浄の心なし、虚仮雑毒にして真実の心なし。ここをもって、如来因中に、菩薩の行を行じたまう時、三業の所修、乃至一念一刹那も、清浄真実の心にあらざることあることなし。如来清浄の真心をもって、諸有の衆生に回向したまえり〔本文〕。

出典 文類聚鈔　親2漢-146　真2-451西聖622　西註490　東聖415

❽至心は、真実とまふすなり。真実とまふすは、如来の御ちかひの真実なるを至心とまふすなり。煩悩具足の衆生は、もとより真実の心なし、清浄の心なし。濁悪邪見のゆへなり〔本文〕。

出典 尊号銘文　親3和文-73　真2-577　西聖751　西註643　東聖512

❾至心は、真実といふことばなり。真

実は阿弥陀如来の御こゝろなり〔本文〕。

出典 一多文意　親3和文-127　真2-605　西聖780　西註678　東聖535

解説 他力の三心、至心・信楽・欲生の中の一つ。→さんしん【三心】

ししんえこう【至心回向】
至心回向といふは、至心は、真実といふことばなり。真実は阿弥陀如来の御こゝろなり。回向は、本願の名号をもって十方の衆生にあたへたまふ御のりなり〔本文〕。

出典 一多文意　親3和文-127　真2-605　西聖780　西註678　東聖535

解説 「至心回向」とは、『大経』第十八願成就文の言葉であるが、通常「至心に回向して」と読むべきところを、親鸞は「至心に回向したまへり」とか、「至心に回向せしめたまへり」と主語を仏に変えて他力回向の意に読んでいる。

ししんえこうよくしょう【至心回向欲生】
❶廿のくわんなり〔左訓〕。《二十の願なり》。「至心回向欲生と」
出典 浄土和讃　親2和讃-40

❷（文明本に、）二十の願のこゝろなり。自力の念仏を願じたまへり（初句の冠頭にあり）。
出典 浄土和讃　親2和讃-40　真2-493　西聖699
〔解説〕「植諸徳本の願」を指す。

ししんしんぎょう【至心信楽】
至心信楽といふは、至心は、真実とまふすなり。真実とまふすは、如来の御ちかひの真実なるを至心とまふすなり。煩悩具足の衆生は、もとより真実の心なし、清浄の心なし。濁悪邪見のゆへなり。信楽といふは、如来の本願、真実にましますを、ふたごゝろなくふか

く信じてうたがはざれば、信楽とまふす也。この至心信楽は、すなわち十方の衆生をしてわが真実なる誓願を信楽すべしとすゝめたまへる御ちかひの至心信楽也。凡夫自力のこゝろにはあらず〔本文〕。

出典 尊号銘文　親3和文-73　真2-577　西聖751　西註643　東聖512

解説 第十八願、念仏往生の願意を示す。

ししんしんぎょうがんにいん【至心信楽願為因】
至心信楽願為因といふは、弥陀如来回向の真実信心なり。この信心を阿耨菩提の因とすべしと也〔本文〕。
出典 尊号銘文　親3和文-116　真2-600　西聖772　西註671　東聖531

解説 『尊号真像銘文』に引かれる「正信偈」の文。「阿耨菩提」とは無上菩提の意。

ししんしんぎょうよくしょう【至心信楽欲生】
（文明本に、）本願のこゝろ。第十八の選択本願なり（初句の冠頭にあり）。「至心信楽欲生と」
出典 浄土和讃　親2和讃-37　真2-492　西聖698

解説 第十八願、念仏往生の願意を示す。

ししんほつがんよくしょう【至心発願欲生】
❶十九のくわん、このくわんおはけんせんたうしやうのくわんといふことあり。りむしゆけんせんのくわんともあり。らいかういんせふのくわんともあり〔左訓〕。《十九の願。この願おば現前導生の願ということあり。臨終現前の願ともあり。来迎引接の願ともあり》。「至心発願欲生と」
出典 浄土和讃　親2和讃-39

❷（文明本に、）十九の願のこゝろ、諸行往生なり（初句の冠頭にあり）。

出典 浄土和讃　親2和讃-39　真2-493　西聖699

解説 第十九願、修諸功徳の願意を表す。

しぜじりき【此是自力】

❶これはこれしりきなり〔左訓〕。《此れは是自力なり》。「此是自力とさだめたり」

出典 高僧和讃　親2和讃-105

❷（文明本に、）これはこれしりきなりといふ〔左訓〕。《此れは是自力なりという》。

出典 高僧和讃　親2和讃-105　真2-508　西聖714

しそ【緇素】

❶（緇に、）くろく、そうなり〔左訓〕。（素に、）しろく、をとこなり〔左訓〕。《緇は黒（黒衣）、僧なり。素は白（白衣）、男（俗）なり》。

出典 教行信証・行　親1-58　真2-28　西聖223

❷ほうし、おとこ〔左訓〕。《法師、男》。

出典 教行信証・信　親1-132　真2-68　西聖308

解説 僧と俗。

しそくみょうわ こうこうしょうごん【此則名曰 香光荘厳】

此則名曰 香光荘厳とまふすなり。勢至菩薩の御こゝろのうちに念仏のこゝろをもてるを染香人にたとえまふす也〔本文〕。

出典 尊号銘文　親3和文-83　真2-582　西聖756　西註649　東聖516

解説 『尊号真像銘文』所引の『首楞厳経』の文。智慧の光明を香りに譬え、その香りに包まれているありさま。→ こうこうしょうごん【香光荘厳】

じそんのげしょう【慈尊の下生】

（慈尊に、）みろく仏なり。（下生に、）とそちよりちうてんぢくにいたりたま

ふなり。たうどのにしにあるくになり〔左訓〕。《弥勒仏なり。兜率より中天竺に至りたもうなり。唐土の西にある国なり》。

出典 唯信鈔　親6写(2)-40　真2-739　西聖1283

じちいき【日域】

❶（日に、）このくに。（域に、）さかい〔左訓〕。

出典 教行信証・行　真2-44　西聖256

❷このくになり〔左訓〕。《この国なり》。「この日域にいりたまふ」

出典 聖徳奉讃　親2和讃-244　真2-539

じちふたいてん【自致不退転】

自致不退転といふは、自は、おのづからといふ。おのづからといふは、衆生のはからいにあらず、しからしめて不退のくらゐにいたらしむとなり。自然といふことば也。致といふは、いたるといふ、むねとすといふ。如来の本願のみなを信ずる人は、自然に不退のくらゐにいたらしむるをむねとすべしとおもへと也。不退といふは、仏にかならずなるべききみとさだまるくらゐ也。これすなわち正定聚のくらゐにいたるをむねとすべしと、ときたまへる御のりなり〔本文〕。

出典 尊号銘文　親3和文-76　真2-579西聖752　西註645　東聖513

解説 『尊号真像銘文』所引の『大経』の文（西聖58・西註46・東聖49）。本願名号を聞信する人は自ずと不退転の位に住するとの意。

しつげんぜん【悉現前】

❶ことゞゝくまへにあらわれたまへとなり〔左訓〕。《悉く前に現れたまえとなり》。

出典 一多文意　親3和文-125　真2-604　西聖779

❷悉現前といふは、さまざまのめでたきことども、めのまへにあらわれたまへとねがへとなり〔本文〕。

出典 一多文意　親3和文-125　真2-604　西聖779　西註677　東聖534

しっぽうこうどうどうどうじょうじゅ【七宝講堂道場樹】

（講に、）ならふ。（堂に、）いゑ。（道場に、）ふちたうのには。には、さうしゆりむけの往生なり〔左訓〕。《（講は）習ふ。（堂は）家。（道場は）仏道の庭。庭、双樹林下の往生なり》。

出典 浄土和讃　親2和讃-24

解説 「七宝講堂」とは、金、銀、瑠璃（るり）、玻璃（はり）、硨磲（しゃこ）、珊瑚（さんご）、瑪瑙（めのう）で飾られた講堂。「道場樹」は仏法の道場の庭にある沙羅双樹の樹。

じつぽうせかいふるぎょう【十方世界普流行】

十方世界普流行といふは、普はあまねくひろく、きわなしといふ。流行は十方微塵世界にあまねくひろまりてすめ、行ぜしめたまふなり。しかれば大小の聖人、善悪の凡夫、みなともに自力の智慧をもては大涅槃にいたることなければ、無碍光仏の御かたちは智慧のひかりにてましますゆへに、この仏の智願海にすゝめいれたまふなり。一切諸仏の智慧をあつめたまへる御かたちなり。光明は智慧なりとしるべしとなり〔本文〕。

出典 唯信文意　親3和文-157　真2-622　西聖796　西註700　東聖548

解説 『唯信鈔文意』に引かれる法照の『五会法事讃』の文。諸仏の徳を表わした文。第十七願諸仏称名の願意を示す。

じつほうど【実報土】

あんやうじやうどなり〔左訓〕。《安養

浄土なり》。

出典 一多文意　親3和文-151　真2-619　西聖792

解説 阿弥陀仏の極楽浄土のこと。

しど【四土】

ほふしん・ほうしん・おうじん・くゑのどなり〔左訓〕。《法身・報身・応身・化の土なり》。

出典 西方指南　親5輯(2)-289

じとう【寺塔】

てら〔左訓〕。「所所に寺塔を建立せり」

出典 聖徳奉讃　親2和讃-231

じどくじゅせつ【持読誦説】

（持読に、）こゝろへよむなり〔左訓〕。《心得読むなり》。（誦説に、）うかへよむなり〔左訓〕。《浮かべ読むなり》。

出典 教行信証・化　親1-305　真2-163　西聖516

しにょみろく【次如弥勒】

❶ついでみろくのごとしとなり〔左訓〕。《次いで弥勒のごとしとなり》。

出典 三経往生　親3和文-25　真2-553　西聖742

❷ねむぶちのひとはみろくのごとくほとけになるべしとなり〔左訓〕。《念仏の人は弥勒のごとく仏に成るべしとなり》。

出典 一多文意　親3和文-130　真2-607　西聖781

❸次如弥勒とまふすは、次はちかしといふ、つぎにといふ。ちかしといふは、弥勒は大涅槃にいたりたまふべきひとなり、このゆへに、弥勒のごとしとのたまへり。念仏信心の人も大涅槃にちかづくとなり。つぎにといふは、釈迦仏のつぎに、五十六億七千万歳をへて、妙覚のくらゐにいたりたまふべしとなり。如はごとしといふ。ごとしといふは、他力信楽のひとは、このよのうち

にて、不退のくらゐにのぼりて、かならず大般涅槃のさとりをひらかんこと、弥勒のごとしとなり〔本文〕。

出典 一多文意　親3和文-130　真2-607　西聖782　西註680　東聖536

解説『大経』所説の文（西聖99・西註79・東聖84）。念仏者は、臨終のときに、仏に成ることが約束されているので、五十六億七千万年後、必ず仏に成ることが約束されている弥勒菩薩と同じという意味。

じねん【自然】

❶自然といふは、行者のはからいにあらずとなり〔本文〕。

出典 尊号銘文　親3和文-80　真2-581　西聖754　西註647　東聖515

❷自然といふは、はじめてはからわざるこゝろなり〔本文〕。

出典 尊号銘文　親3和文-94　真2-588　西聖761　西註656　東聖521

❸自然といふはしからしむといふ。しからしむといふは行者のはじめてともかくもはからざるに、過去・今生・未来の一切のつみを転ず。転ずといふは、善とかへなすをいふなり。もとめざるに、一切の功徳善根を仏のちかひを信ずる人にえしむるがゆへに、しからしむといふ。はじめて、はからはざれば、自然といふなり〔本文〕。

出典 唯信文意　親3和文-159　真2-623　西聖797　西註701　東聖548

❹すべてよろずのことにつけて、往生にはかしこきおもひを具せずして、たゞほれ〲と弥陀の御恩の深重なること、つねはおもひいだしまひらすべし。しかれば、念仏もまふされさふらう。これ自然なり。わがはからはざるを、自然とまふすなり。これすなわち他力にてまします〔本文〕。

出典 歎異抄　親4言行-31　真2-788

西聖918　西註849　東聖637

解説「自然」とは、はからいを離れて、他力に乗托して「しからしむ」というあり方。自我に基づいた善し悪しのとらわれを離れる。→じねんほうに【自然法爾】

じねん【持念】

たもちおもふ〔左訓〕。

出典 唯信鈔　親6写(2)-52　真2-746　西聖1289

しねんかくやく【熾然赫奕】

❶ひのさかりにもゆるがごとしとなり〔左訓〕。《火の盛りに燃えるがごとし》。

出典 弥陀名号徳　親3和文-225　真2-733　西聖819

❷さかりにしてかゞやくとなり〔左訓〕。《盛りにして輝くとなり》。

出典 西方指南　親5輯(1)-35

解説 阿弥陀仏の徳を火の盛りに譬える。

じねんほうに【自然法爾】

❶自然といふは、自はおのづからといふ。行者のはからひにあらず、しからしむといふことばなり。然といふは、しからしむといふことば、行者のはからひにあらず。如来のちかひにてあるがゆへに。法爾といふは如来のおむちかひなるがゆへにしからしむるを法爾といふ。法爾はこのおむちかひなりけるゆへに、すべて行者のはからひなきをもて、この法のとくのゆへにしからしむといふなり。すべて、人のはじめてはからざるなり。このゆへに、他力には義なきを義とす、としるべしとなり。自然といふはもとよりしからしむるといふことばなり。弥陀仏の御ちかひのもとより行者のはからひにあらずして南無阿弥陀仏とたのませたまひてむかへんとはからはせたまひたるによりて、行者のよからんとも、あしからんともおもはぬを、自然とはまふす

ぞときゝてさふらふ。ちかひのやうは無上仏にならしめむとちかひたまへるなり。無上仏とまふすはかたちもなくまします。かたちもましまさぬゆへに自然とはまふすなり〔本文〕。

出典 古写書簡・末灯鈔　親3書-54・72　真2-663　西聖851　西註768　東聖602

❷（文明本に、）自然といふは、自はおのづからといふ。行者のはからひにあらずしからしむといふことばなり。然といふはしからしむといふことば、行者のはからひにあらず。如来のちかひにてあるがゆへに法爾といふは如来の御ちかひなるがゆへにしからしむるを法爾といふ。この法爾は御ちかひなりけるゆへにすべて行者のはからひなきをもちて、このゆへに他力には義なきを義とすとしるべきなり。自然といふはもとよりしからしむるといふことばなり。弥陀仏の御ちかひのもとより行者のはからひにあらずして南無阿弥陀仏とたのませたまひてむかへんとはからはせたまひたるによりて、行者のよからむともあしからんとおもはぬを自然とはまふすぞときゝてさふらふ。ちかひのやうは無上仏にならしめんとちかひたまへるなり。無上仏とまふすはかたちもなくまします。かたちもましまさぬゆへに自然とはまふすなり〔本文〕。

出典 正像末和讃　親2和讃-220　真2-530　西聖736　西註621　東聖510

解説 他力に乗託し、はからいをすて、あるがままに本願に身をゆだねた境地。
→じねん【自然】

しふし【思不思】
かしぎはほとけのほかのよのものゝこゝろなり〔左訓〕。《可思議は仏のほかの余のものの心なり》。

出典 西方指南　親5輯(2)-289

じみ【滋味】
こきあちわい〔左訓〕。《濃き味わい》。

出典 教行信証・行　親1-26　真2-9　西聖183

しゃえん【捨厭】
すてゝ、いとう〔左訓〕。

出典 観経疏加点・序　親9加(3)-100

しゃかのゆいきょう【釈迦の遺教】
❶しゃかのみのりののこりたまひたるみたりうせいりたまひにたりとしるし〔左訓〕。《釈迦のみ法の遺りたまいたる乱り失（う）せ入りたまいにたりと知るべし》。「釈迦の遺教かくれしむ」

出典 正像末和讃・草　親2和讃-144

❷しゃかののこりのみのりなり〔左訓〕。《釈迦の残りのみ法なり》。「釈迦の遺教かくれしむ」

出典 正像末和讃　親2和讃-167

解説 像法・末法になると、次第に釈迦の遺法は竜宮に入って隠れてしまうと言われる。

しゃかみだのじひ【釈迦弥陀の慈悲】
おむすゝめよりまことのしんしむたまふ（はる）としるへし〔左訓〕。《御勧めより真の信心賜ると知るべし》。「釈迦弥陀の慈悲よりぞ」

出典 正像末和讃・草　親2和讃-145

しゃかみだはじひのぶも【釈迦弥陀は慈悲の父母】
しゃかはちゝなり。みたははゝなりとたとへたまへり〔左訓〕。《釈迦は父なり。弥陀は母なりと譬えたまえり》。

出典 高僧和讃　親2和讃-114

しゃく【釈】
釈といふは釈尊の御弟子とあらはすことば也〔本文〕。

出典 尊号銘文　親3和文-91　真2-587　西聖760　西註654　東聖520

しゃくかしょう【綽和尚】
たうしゃくともしめす〔左訓〕。《道綽とも示す》。「綽和尚と称せしめ」
出典 高僧和讃　親2和讃-130
解説 道綽（562～645）のこと。中国、初唐の僧。当初『涅槃経』を学んでいたが、玄中寺の曇鸞の碑文を読んで浄土教に帰依。『安楽集』（二巻）を著す。真宗七高僧の第四祖。

しゃくじゅう【積習】
つむ、ならう〔左訓〕。
出典 教行信証・真　親1-250　真2-133　西聖451

しゃくじゅう【積集】
つみあつむ〔左訓〕。
出典 三経往生　親3和文-37　真2-559　西聖747

じゃくじょう【寂静】
しずかに、しずかなり〔左訓〕。
出典 教行信証・真　親1-244　真2-129　西聖444

しゃくぜつ【斫截】
くだききる〔左訓〕。
出典 教行信証・化　親1-355　真2-190　西聖572

しゃくみょう【錯謬】
あやまり、あやまる〔左訓〕。
出典 教行信証・化　親1-279　真2-149　西聖484

しゃくもん【釈門】
❶ほふしかくしゃう〔左訓〕。《法師、学匠》。「釈門儒林みなともに」
出典 高僧和讃　親2和讃-131
❷（文明本に、）そうなり〔左訓〕。《僧なり》。
出典 高僧和讃　親2和讃-131　真2-513　西聖719
解説 釈迦の教えを奉ずる門流をいう。僧侶。沙門（しゃもん）ともいう。

しゃくるい【積累】
つみかさぬ〔左訓〕。
出典 教行信証・行・証　親1-204　真2-37・108　西聖241・398

じゃじゅ【邪聚】
❶じりきのもろ〳〵のぜんにんなり〔左訓〕。《自力の諸々の善人なり》。
出典 三経往生　親3和文-24　真2-552　西聖742
❷じりきざふぎゃうざふしゅのひとなり〔左訓〕。《自力雑行雑修の人なり》。
出典 一多文意　親3和文-129　真2-606　西聖781
❸邪聚といふは、雑行雑修万善諸行のひと、報土にはなければなりといふなり〔本文〕。
出典 一多文意　親3和文-138　真2-611　西聖785　西註685　東聖540
解説 邪定聚は第十九願の機。

しゃしょう【遮鄣】
さいきる〔左訓〕。（西本願寺本には、）さいきる反。さへ反。さわる反〔左訓〕。
出典 教行信証・行　親1-40　真2-18　西聖200

じゃじょうふじょうじゅ【邪定不定聚】
しゃちゃうはまんきゃうまんせんしりきのわうしゃうくわんきゃうのせち。ふちゃうしゅはあみたきゃうのこゝろ。きゃうはふかしきなれともわれらしりきにしゆきゃうするあひたふちゃうしゆととく〔左訓〕。《邪定は万行万善自力の往生『観経』の説。不定聚は『阿弥陀経』の心。行は不可思議なれども我ら自力に修行する間、不定聚と説く》。「邪定不定聚くにゝなし」
出典 浄土和讃　親2和讃-18
解説 邪定聚は第十九願の機、不定聚は第二十願の機。いずれも自力の機。

しゃそく【奢促】

❶おそし。とし〔左訓〕。《遅し、疾し》。

出典 教行信証・行　親1-82　真2-41　西聖250

❷奢はおそきこ、ろなるものあり。促はときこ、ろなるものあり〔本文〕。《奢は遅き心なるものあり。促はとき心なるものあり》。

出典 尊号銘文　親3和文-111　真2-598　西聖770　西註668　東聖529

解説 遅い速いの意。

しゃんげき【鑿䥫】

ほる、あきらかなり〔左訓〕。

出典 教行信証・化　親1-371　真2-197　西聖588

しゅ【首】

かしらとし、はじめて〔左訓〕。《頭とし、始めて》。「回向を首としたまひて」

出典 正像末和讃・草　親2和讃-151

しゅ【殊】

❶すぐれ〔左訓〕。

出典 教行信証・教　親1-11　真2-3　西聖168

❷ことなる〔左訓〕。

出典 教行信証・証　親1-198　真2-105　西聖391

しゅ【竪】

❶た、さま〔左訓〕。

出典 教行信証・行、尊号銘文・略　親1-80・親3和文-45　真2-41　西聖248

❷竪はた、さま、迂はめくるとなり。竪と迂は自力聖道のこ、ろ也〔本文〕。

出典 尊号銘文　親3和文-78　真2-580　西聖753　西註646　東聖514

❸竪とまふすはた、さまとまふすことばなり。これは聖道自力の難行道の人なり〔本文〕。

出典 一多文意　親3和文-130　真2-607　西聖781　西註680　東聖536

解説 自力の意。

しゅ【修】

修はこ、ろのさたまらぬをつくろいなほし、おこなふなり〔本文〕。

出典 一多文意　親3和文-140　真2-613　西聖786　西註687　東聖541

しゅい【殊異】

ことにすくるとも〔左訓〕。

出典 教行信証・証　親1-199　真2-106　西聖392

しゅいんのごき【手印の御記】

みてにてしるしたまふ〔左訓〕。《み手にて印し給う》。「太子手印の御記にいはく」

出典 聖徳奉讃　親2和讃-233　真2-533

解説 『四天王寺御手印縁起』のことで、1007（寛弘4）年、四天王寺の金堂から発見された。聖徳太子が作成して手印を印したとされる。

しゅう【衆】

ことことく〔左訓〕。すべて〔右訓〕。

出典 教行信証・信　親1-106　真2-54　西聖275

しゅう【修】

→しゅ【修】

じゅう【重】

❶かさなる〔左訓〕。「七重のむろにとぢられき」

出典 浄土和讃　親2和讃-46

❷重はかさなるといふ、おもしといふ、あつしといふ。誓願の名号、これをもちゐさだめなしたまふことかさなれりとおもふべきことをしらせむとなり〔本文〕。

出典 一多文意　親3和文-143　真2-614　西聖788　西註689　東聖542

しゅういん【宿因】

しう反。むかしとよむ〔左訓〕。「宿因

その期またずして」

出典 浄土和讃　親2和讃-46

しゅうじ【執受】

とり、うけ〔左訓〕。

出典 教行信証・化　親1-302　真2-162　西聖512

しゅうじ【執持】

❶とり、たもつ。ちらしうしなはす反。ひとたひとりてなかくすてぬにかく〔左訓〕。《執り、持つ。散らし失わず。一たび執りて長く捨てぬにかく》。「恭敬の心を執持して」

出典 高僧和讃　親2和讃-78

❷（文明本に、）こゝろにとりたもつといふ〔左訓〕。《心に執り持つという》。

出典 高僧和讃　親2和讃-78　真2-502　西聖708

❸執の言は心堅牢にして移転せざることを彰すなり、持の言は不散不失に名づくるなり〔本文〕。

出典 教行信証・化　親1-293　真2-157　西聖502　西註398　東聖345

❹執は心堅牢にして移らず、持というは不散不失に名づく。かるがゆえに不乱と曰えり。執持はすなわち一心なり、一心はすなわち信心なりと。しかればすなわち、執持名号の真説、一心不乱の誠言、必ずこれに帰すべし〔本文〕。

出典 文類聚鈔　親2漢-151　真2-453西聖627　西註495　東聖420

しゅうじつ【終日】

ひめもすに〔左訓〕。

出典 教行信証・化　親1-372　真2-197　西聖589

しゅうじゅ【修習】

❶つくろう、ならふ〔左訓〕。

出典 教行信証・信　親1-118　真2-60　西聖290

❷つくる、ならふ〔左訓〕。

出典 教行信証・化　親1-272　真2-145　西聖476

じゅうしょう【重障】

（文明本に、）おもきつみなり〔左訓〕。《重き罪なり》。「三世の重障みなながら」

出典 浄土和讃　親2和讃-60　真2-497　西聖703

しゅうち【宗致】

❶（致に、）むねと〔左訓〕。むね〔左訓〕。

出典 教行信証・教・行　親1-9・84真2-3・43　西聖167・253

❷むねとすとなり〔左訓〕。

出典 三経往生　親3和文-21・28　真2-551・554　西聖741・744

❸むねとす〔左訓〕。

出典 三経往生　親3和文-29　真2-555　西聖744

じゅうににょらい そうけいいっこう【十二如来 相継一劫】

十二如来　相継一劫とまふすなり。十二如来とまふすはすなわち阿弥陀如来の十二光の御名なり。相継一劫といふは、十二光仏の十二度世にいでさせたまふをあいつぐといふ也〔本文〕。

出典 尊号銘文　親3和文-82　真2-582　西聖755　西註648　東聖516

解説『尊号真像銘文』所引の『首楞厳経』の言葉。阿弥陀の徳を十二光（仏）で表す。そして、それが十二度、相継いで世に出現すると説かれる。

じゅうにるいしょう【十二類生】

一卵生 二胎生 三湿生 四化生 五有色生 六無色生 七有相生 八無相生 九非有色生 十非無色生 十一非有相生 十二非無相生〔註記〕

出典 尊号銘文　親3和文-109　西聖769

解説 生まれ方によって衆生を十二に分

けたもの。胎生・卵生・湿生・化生（けしょう）の四生に、有色（うしき）・無色・有想・無想・非有色・非無色・非有想（相）・非無想（相）を加えたもの。

じゅうねん【十念】

十念といふは、ただくちに十辺をとなふべしとなり。しかれば、選択本願には「若我成仏 十方衆生 称我名号 下至十声 若不生者 不取正覚」とまふすは、弥陀の本願は、とこゑまでの衆生、みな往生すとしらせむとおぼして十声とのたまへるなり。念と声とは、ひとつこゝなりとしるべしとなり。念をはなれたる声なし。声をはなれたる念なしとなり。

出典 唯信文意　親3和文-182　真2-637　西聖808　西註717　東聖559

解説 『大経』の「乃至十念」を善導が「下至十声」と解釈したので、法然は「念即声」と理解し、「十念」を観念ではなく、口称の称名念仏と理解した。

しゅうむ【衆務】

よのいとなみ〔左訓〕。《世の営み》。

出典 西方指南　親5輯(1)-189・191

じゅうりょういっしょうぞうあく【縦令一生造悪】

❶ （縦令に、）たとひ〔左訓〕。「縦令一生造悪の」

出典 高僧和讃　親2和讃-107

❷ （文明本に、）たとひ一こあくをつくるものなりともみたのちかひをたのみまひらせて、わうしやうすへしとなり〔左訓〕。《仮令一期悪を造る者なりとも弥陀の誓を憑みまいらせて、往生すべしとなり》。

出典 高僧和讃　親2和讃-107　真2-508　西聖714

解説 道綽の『安楽集』の文。

じゅく【熟】

うむ反。かなふ反〔左訓〕。《熟む。適う》。「浄土の機縁熟すれば」

出典 浄土和讃　親2和讃-49

しゅくいん【宿因】

→しゅういん【宿因】

しゅくしょう【宿宵】

よもすから。

出典 法事讃加点　親9加(4)-95

解説 夜通し、一晩中の意。

しゅくぜん【宿善】

むかしのぜんといふ〔左訓〕。《昔（宿）の善という》。

出典 唯信鈔　親6写(2)-66　真2-754　西聖1296

しゅご【守護】

❶ （守に、）まもる、（護に、）まもる。（守護に、）しゆはたとえはくにのぬしとなりてまもる。こはくにのぬしならねともすへてあつまりてまもるなり〔左訓〕。《守る、護る。守は例えば国の主となりて守る。護は国の主ならねどもすへて集まりて護るなり》。「弘願の信心守護せしむ」

出典 高僧和讃　親2和讃-111

❷ （文明本に、）まもり、まもる〔左訓〕。《守る、護る》。→ご【護】

出典 高僧和讃　親2和讃-111　真2-509　西聖715

しゅしゅつ【竪出】

❶竪出は大乗権方便の教、二乗・三乗迂回の教なり〔本文〕。

出典 教行信証・信　親1-141　真2-73　西聖319　西註254　東聖243

❷一には竪出　聖道、歴劫修行の証なり〔本文〕。

出典 愚禿鈔　親2漢-5　真2-456　西聖634　西註502　東聖425

❸竪出は難行道の教なり。厭離をもって本とす。自力の心なるがゆえなり

し

〔本文〕。

出典 愚禿鈔　親２漢-24　真２-466
西聖653　西註520　東聖438

解説「竪」は自力、「出」は「漸」の意。
法相宗など自力でだんだんと目覚める
仏教。→しゅちょう【竪超】

じゅしょ【呪咀】

ましく　のり、のる〔左訓〕。（西本願
寺本に、）ましく　のる、のる〔左訓〕。

出典 教行信証・化　親１-358　真２-
191　西聖576

解説「ましく」とは古語で呪（まじな）
うの意。「のり」「のる」は呪（のろ）
う、咀（のろ）うの意。

じゅしょう【循松】

ながし、まつ〔左訓〕。

出典 教行信証・証　親１-205　真２-
109　西聖399

解説 高い松の木。西註・東聖には「修
松」と表記。

しゅせし【修せし】

つくろふ反。おこなふ反〔左訓〕。「万
善諸行を修せしかど」

出典 高僧和讃　親２和讃-79

しゅぜんかいしのごとく【衆善海水のご
とく】

❶みたのくどくのきわなきことを、う
みのみつにたとふるなり〔左訓〕。《弥
陀の功徳の極無きことを海の水に譬え
るなり》。「衆善海水のごとくなり」

出典 正像末和讃・草　親２和讃-143

❷衆善海水のごとしとまふすは、弥陀
の御名のなかには、よろづの功徳善根
をあつめ、おさめたまへることを、衆
善とはまふすなり。海水といふは、う
みのみづのごとく、ひろく、おほきに
たとへたまへるなり〔本文〕。

出典 善導和尚言　親３和文-239

しゅたら【修多羅】

修多羅は天竺のことば、仏の経典をま

ふす也。仏教に大乗あり、また小乗あ
り。みな修多羅とまふす〔本文〕。

出典 尊号銘文　親３和文-87　真２-
585　西聖758　西註652　東聖518

解説 梵語 sūtra の音写。縦糸、つまり
「経」の意。経典。

しゅちょう【竪超】

❶竪超は、大乗真実の教なり〔本文〕。

出典 教行信証・信　親１-141　真２-
73　西聖318　西註254　東聖243

❷一には竪超　即身是仏、即身成仏等
の証果なり〔本文〕。

出典 愚禿鈔　親２漢-4　真２-455
西聖634　西註502　東聖424

解説「竪」は自力、「超」は「頓」の意。
自力でたちまち目覚める教。禅、密教
など自力の頓教。

しゅちょく【主勅】

こくわう〔左訓〕。「魏の主勅して幷州
の」

出典 高僧和讃　親２和讃-89

しゅっかいにゅうかい【出海入海】

うみよりいで、うみにいれること〔左
訓〕。

出典 西方指南　親５輯(1)-4

しゅっけ【出家】

そう、あま〔左訓〕。《僧、尼》。

出典 唯信鈔　親６写(2)-46　真２-743
西聖1286

しゅっせ【出世】

❶よにいでたまふとまふす〔左訓〕。
《世に出で給うと申す》。

出典 一多文意　親３和文-139　真２-
612　西聖786

❷ほとけのよにいでてたまふとなり〔左
訓〕。《仏の世に出で給うとなり》。「出
世の本意あらはせり」

出典 浄土和讃　親２和讃-34

解説 釈尊の出世、つまり、娑婆世界へ
の出現。

しゅつだいごもん【出第五門】
これはこれごねむもんのうちにゑかう
もんなり。これはみたにょらいのりた
のゑかうなり〔左訓〕。《これはこれ五
念門の内、二回向門なり。これは弥陀
如来の利他の回向なり》。
出典 如来二種 親3和文-219
解説 五念門の第五、回向門に対応する
五功徳門の園林遊戯地門。利他教化地。

じゅっぽうしゅじょう【十方衆生】
❶十方衆生といふは、十方の、よろず
の衆生といふ也〔本文〕。
出典 尊号銘文 親3和文-73 真2-
577 西聖751 西註643 東聖512
❷十方衆生といふは、十方のよろづの
衆生也。すなわちわれらなり〔本文〕。
出典 尊号銘文 親3和文-94 真2-
589 西聖761 西註657 東聖521

じゅっぽうしょぶつにしょうをこふ【十方諸仏に証をこふ】
くわんきやうのしよつくらんとて、十
方しよぶちにしようをこひたまひたり。
（証に、）かなふ反〔左訓〕。《『観経疏』
をつくらんとして、十方諸仏に証を請
い給いたり》。→ぜんどうだいししょ
うをこい【善導大師証をこい】
出典 高僧和讃 親2和讃-108

しゅつり【出離】
❶ゑどをいではなるゝという〔左訓〕。
《穢土を出で離るるという》。
出典 唯信鈔 親6写(2)-57 真2-748
西聖1291
❷いてはなる〔左訓〕。《出で離る》。
「出離の強縁しらざりき」
出典 高僧和讃 親2和讃-128

しゅほつ【鬚髪】
ひげ、かみ〔左訓〕。
出典 教行信証・化 親1-323 真2-
173 西聖539

しゅまんざいのうじょう【数万歳の有情】
いのちなかくありししやうほふもやう
やくいのちみしかくなりくたるなり
〔左訓〕。《命長くありし正法も漸く命
短くなり下るなり》。「数万歳の有情
も」
出典 正像末和讃 親2和讃-161

じゅもん【誦文】
そらにうかへよむをしゆといふ〔左
訓〕。《そらに浮かべ読むを誦という》。
「七難消滅の誦文には」
出典 浄土和讃 親2和讃-59

じゅらく【聚落】
（西本願寺本に、）むらがり、おつ〔左
訓〕。
出典 教行信証・信 真2-76 西聖325

しゅりゅう【崇立】
あかめたてたまふとなり〔左訓〕。《崇
め立てたもうとなり》。「六宗の教法崇
立して」
出典 聖徳奉讃 親2和讃-238 真2-
536

じゅりょうぼん【寿量品】
❶四くわんのきやうなり。これをさい
しようきやうといふなり。しふくわん
なり〔左訓〕。《四巻の経なり。これを
最勝経というなり。十巻なり》。
出典 浄土和讃 親2和讃-59
❷（文明本に、）このしゆりやうほむ
はみたのときたまへるなり〔左訓〕。
《この寿量品は弥陀の説き給えるなり》。
出典 浄土和讃 親2和讃-59 真2-
497 西聖703
解説「四巻の経」とは、『金光明経』（四
巻）のこと。「寿量品」とは『同経』の
第二品。釈迦の寿命や無量を説いたも
の。「最勝経」とは、『金光明最勝王
経』（十巻）、因みに『法華経』第十六
品にも説く。

じゅりん【儒林】

❶そくかくしやうなり〔左訓〕。《俗学匠なり》。（西本願寺本に、）ぞくがくしやう〔左訓〕。

出典 教行信証・化 親1-380 真2-201 西聖598

❷そくかくしやう〔左訓〕。「釈門儒林みなともに」

出典 高僧和讃 親2和讃-131

❸（文明本に、）そくかくしやうなり〔左訓〕。《俗学匠なり》。

出典 高僧和讃 親2和讃-131 真2-513 西聖719

しゅる【衆流】

（衆に、）もろ〳〵。（流に、）さそふ反。なかる反〔左訓〕。《諸々。注（さ）そう。流る》。「煩悩の衆流帰しぬれば」

出典 高僧和讃 親2和讃-97

しゅる【醜陋】

みにくし、みにくし〔左訓〕。

出典 教行信証・化 親1-356 真2-190 西聖573

じゅん【順】

❶したがふとなり〔左訓〕。したがふ〔左訓〕。

出典 唯信鈔 親6写(2)-42・50 真2-740・744 西聖1284・1288

❷したがふなり〔左訓〕。

出典 西方指南 親5輯(1)-23

順じて＝（文明本に、）したがひてにんありてんありといふ〔左訓〕。《従いて人あり、天ありという》。「他方に順じて名をつらぬ」

出典 浄土和讃 親2和讃-17 真2-488 西聖694

じゅんじしょう【順次生】

このつぎにむまれむとなり〔左訓〕。《この次に生れんとなり》。

出典 唯信鈔 親6写(2)-41 真2-740 西聖1284

じゅんちかんぎょう【准知観経】

観経に准知するに、この経にまた顕彰隠密の義あるべし。顕と言うは、経家は一切諸行の少善を嫌貶して、善本・徳本の真門を開示し、自利の一心を励まして、難思の往生を勧む。ここをもって経（『襄陽石碑経』）には多善根・多功徳・多福徳の因縁と説き、釈（『法事讃』）には九品ともに回して、不退を得よと云えり。あるいは無過念仏往西方三念五念仏来迎と云えり。これはこれこの経の顕の義を示すなり。これすなわち真門の中の方便なり。彰と言うは、真実難信の法を彰す。これすなわち不可思議の願海を光闡して、無碍の大信心海に帰せしめんと欲す。良に勧めすでに恒沙の勧めなれば、信もまた恒沙の信なり、かるがゆえに甚難と言えるなり。釈（『法事讃』）に、直ちに弥陀の弘誓重なれるに為って、凡夫念ずればすなわち生まれしむることを致すと云えり。これはこれ隠彰の義を開くなり〔本文〕。

出典 教行信証・化 親1-293 真2-156 西聖501 西註397 東聖344

解説 親鸞の『観経』の隠顕釈に准じた『阿弥陀経』の理解。『阿弥陀経』は顕説、つまり表の解釈からすれば「一心不乱」の自力の信による念仏を勧め、隠説、つまり裏から読み取れば、それが「甚難」であるから、他力の信による念仏を勧めた経典という解釈。

じゅんなん【准難】

なずらへなんずといふ〔左訓〕。《准（なずら）え難ずという》。

出典 三経往生 親3和文-33 真2-557 西聖746

しょ【諸】

諸は、よろずのことゝい ふことばなり〔本文〕。

出典 一多文意　親3和文-138　真2-611　西聖785　西註685　東聖539

しょい【所以】

所以はゆへといふことばなり〔本文〕。

出典 一多文意　親3和文-143　真2-615　西聖788　西註689　東聖542

しょう【称】

❶しよう反。はかり反。よむ反。となふ反〔左訓〕。「弥陀の功徳を称せしむ」

出典 浄土和讃　親2和讃-13

❷称は御なをとなふるとなり。また、称は、はかりといふこゝろなり。はかりといふは、ものほどをさだむることなり。名号を称すること、とこゑ、ひとこゑ、きくひと、うたがうこゝろ、一念もなければ、実報土へむまるともうすこゝろなり〔本文〕。

出典 一多文意　親3和文-151　真2-619　西聖792　西註694　東聖545

しょう【詔】

せんしをいふなり〔左訓〕。《宣旨をいうなり》。「詔を諸国にくだしてぞ」

出典 聖徳奉讃　親2和讃-237　真2-535

しょう【将】

将はまさにといふ、もてといふ、ゐてゆくといふ〔本文〕。

出典 唯信文意　親3和文-165　真2-627　西聖800　西註705　東聖551

しょう【証】

❶かなう〔左訓〕。

出典 教行信証・行　親1-61　真2-30　西聖226

❷かなふ反。さとる反〔左訓〕。「雨行大臣証として」

出典 浄土和讃　親2和讃-49

❸さとりをひらくなり〔左訓〕。

出典 唯信鈔　親6写(2)-39　真2-739　西聖1283

❹証と言うは、すなわち利他円満の妙果なり。すなわち必至滅度の願より出でたり。また証大涅槃の願と名づく。また往相証果の願と名づくべし。すなわちこれ清浄真実・至極畢竟の無生なり〔本文〕。

出典 文類聚鈔　親2漢-135　真2-445　西聖610　西註481　東聖406

しょう【鈔】

❶ぬくえらふとも〔左訓〕。《抜く選ぶとも》。(西本願寺本に、)ぬくえらふ〔左訓〕。

出典 教行信証・信　親1-113　真2-58　西聖285

❷鈔はすぐれたることをぬきいだし、あつむることばなり〔本文〕。

出典 唯信文意　親3和文-155　真2-621　西聖795　西註699　東聖547

しょう【摂】

摂はおさめとるといふ〔本文〕。

出典 一多文意　親3和文-134　真2-609　西聖783　西註683　東聖538

しょう【所有】

あらゆるところなし〔左訓〕。「罪業もとより所有なし」

出典 正像末和讃・草　親2和讃-153

しょう【諸有】

❶しようしゆしやうといふは二十五のしゆしやうなり〔左訓〕。《諸有衆生というは二十五有の衆生なり》。「十方の諸有をすゝめてぞ」

出典 浄土和讃　親2和讃-37

❷しふはうのよろつのしゆしやうなり〔左訓〕。《十方の万の衆生なり》。「すなはち諸有に回入して」→うじょう【有情】

出典 高僧和讃　親2和讃-94

じょう【常】

常はつねなること、ひまなく、たえずといふなり〔本文〕。

出典 一多文意　親3和文-133　真2-609　西聖779　西註677　東聖538

しょうう【勝友】

そのすぐれたるともとなるとなり〔左訓〕。《その勝れたる友となるとなり》。

出典 西方指南　親5輯(1)-217

じょうえ【成壊】

なし、やぶる〔左訓〕。

出典 教行信証・信　親1-108　真2-54　西聖277

しょうか【証果】

まことのほとけとなるなり〔左訓〕。《真の仏と成るなり》。

出典 三経往生　親3和文-23　真2-552　西聖742

しょうが【勝過】

（文明本に、）すくれたるなり〔左訓〕。「光明月日に勝過して」

出典 浄土和讃　親2和讃-14　真2-487　西聖693

じょうかい【浄戒】

浄戒は、大小乗のもろ〳〵の戒行、五戒・八戒、十善戒、小乗の具足衆戒、三千の威儀、六万の斎行、『梵網』の五十八戒、大乗一心金剛法戒、三聚浄戒、大乗の具足戒等、すべて道俗の戒品、これらをたもつを持といふ〔本文〕。

出典 唯信文意　親3和文-165　真2-627　西聖800　西註706　東聖551

じょうががんりき【乗我願力】

乗我願力といふは、乗はのるべしといふ、また智也。智といふは、願力にのせたまふとしるべしと也。願力に乗じて安楽浄利にうまれむとしる也〔本文〕。

出典 尊号銘文　親3和文-95　真2-589　西聖762　西註657　東聖522

解説 『尊号真像銘文』に引かれる善導の『観念法門』の文。

しょうがみょうじ【称我名字】

❶（文明本に、）わかなをとなへよとくわんしたまへり〔左訓〕。《我が名を称えよと願じたまえり》。「称我名字と願じつゝ」

出典 高僧和讃　親2和讃-107　真2-508　西聖714

❷称我名字といふは、われ仏をえむにわがなをとなえられむと也〔本文〕。

出典 尊号銘文　親3和文-95　真2-589　西聖762　西註657　東聖522

解説 『尊号真像銘文』に引かれる善導の『観念法門』の文。

しょうかん【招喚】

❶まねく、やはう〔左訓〕。《招く、喚ばう》。

出典 教行信証・行　親1-48　真2-22　西聖211

❷まねきよぶ〔左訓〕。《招き喚ぶ》。

出典 教行信証・信　観経疏加点・散　親1-112・127・親9加(3)-185　真2-57・65　西聖283・302

しょうぎょう【正行】

正とは五種の正行なり〔本文〕。

出典 教行信証・化　親1-290　真2-155　西聖497　西註394　東聖341

じょうぐうたいし【上宮太子】

つのくにわたのへの東の楼のきしのうへに宮ありけり。その御所にましますゆへに上宮太子とまうすなり〔左訓〕。《津の国の渡辺の東の楼の岸の上に宮ありけり。その御所にましますゆえに上宮太子と申すなり》。「上宮太子とまうすなり」

出典 聖徳奉讃　親2和讃-247　真2-540

解説 母君が厩で出産したとのことで厩戸王（うまやどおう）との別名もあり、『法起寺塔露盤銘』には「上宮太子聖徳皇」とある。

しょうげ【鄣閡】

さはり、さはる〔左訓〕。(西本願寺本に、)さわり、さゆる〔左訓〕。

[出典] 教行信証・化　親1-270　真2-144　西聖475

じょうけ【浄華】

しやうくゑといふは、あみたのほとけになりたまひしときのはななり。このはなにしやうするしゆしやうは、とうゐちにねむふちしてへちのみちなしといふなり〔左訓〕。《浄華というは、阿弥陀の仏になり給ひしときの華なり。この華に生ずる衆生は、同一に念仏して別の道無しというなり》。「如来浄華の聖衆は」

[出典] 高僧和讃　親2和讃-82

しょうけつ【清潔】

(潔に、)あさやかなり。いさきよし〔左訓〕。《鮮やかなり。潔し》。

[出典] 教行信証・真　親1-231　真2-122　西聖429

しょうご【摂護】

❶おさめまもる。むけくわうによらいのおむこ丶ろにおさめまもりたまふなり〔左訓〕。《摂め護る。無碍光如来の御心に摂め護もり給うなり》。「弥陀の心光摂護して」

[出典] 高僧和讃　親2和讃-115

❷おさめまもりたまふ〔左訓〕。

[出典] 尊号銘文・略　親3和文-56

しょうごう【正業】

正業はすなわちこれ念仏なり〔本文〕。

[出典] 教行信証・行　親1-23　真2-8　西聖180　西註146　東聖161

じょうこう【上皇】

(文明本に、)こくわうなり〔左訓〕。「上皇群臣尊敬し」

[出典] 高僧和讃　親2和讃-131　真2-513　西聖719

じょうこう【常光】

つねのひかり〔左訓〕。

[出典] 西方指南　親5輯1-39

じょうごう【浄業】

しやうとのこふさかりになりては〔左訓〕。《浄土の業盛りになりては》。「浄業さかりにす丶めつ丶」

[出典] 高僧和讃　親2和讃-90

しょうこつ【請乞】

うけこう、こう〔左訓〕。

[出典] 教行信証・化　親1-357　真2-191　西聖576

しょうごふしゃ【摂護不捨】

❶おさめまもりてすてたまはず〔左訓〕。

[出典] 尊号銘文・略　親3和文-58

❷摂護不捨といふは、おさめまもりてすてずと也〔本文〕。

[出典] 尊号銘文　親3和文-98　真2-591　西聖763　西註659　東聖523

❸摂護不捨とまふすは、摂はおさめとるといふ、護は、ところをへだてず、ときをわかず、ひとをきらわず、信心ある人おばひまなくまもりたまふとなり。まもるといふは、異学・異見のともがらにやぶられず、別解・別行のものにさえられず、天魔波句におかされず、悪鬼・悪神なやますことなしとなり。不捨といふは、信心のひとを、智慧光仏の御こ丶ろにおさめまもりて、心光のうちにときとしてすてたまはずと、しらしめむとまふす御のりなり〔本文〕。

[出典] 一多文意　親3和文-134　真2-609　西聖783　西註683　東聖538

[解説]『一念多念文意』に引かれる善導の『観念法門』の文。

しょうごん【荘厳】

❶かさり、いつくし〔左訓〕。

[出典] 教行信証・信　親1-118　真2-

60　西聖290

❷かさり反。かさる反。いつくし反〔左訓〕。「身相荘厳殊異なし」

出典 浄土和讃　親2和讃-17

しょうごん【精勤】

まこと、ねむころに〔左訓〕。

出典 観経疏加点・散　親9加(3)-190

しょうさ【傷嗟】

なげき、なげく〔左訓〕。

出典 教行信証・化　親1-309　真2-165　西聖521

じょうさんのせんしん【定散の専心】

定散の専心とは、罪福を信ずる心をもって本願力を願求す、これを自力の専心と名づくるなり〔本文〕。

出典 教行信証・化　親1-295　真2-158　西聖503　西註399　東聖346

解説 専ら定善、散善を実践して福徳を得ようとする自力の心。罪福心。

しょうじ【承事】

うけ、つかへ〔左訓〕。

出典 教行信証・化　親1-377　真2-200　西聖595

しょうじ【生死】

むまれしぬるなり〔左訓〕。

出典 唯信鈔　親6写(2)-40　真2-739　西聖1283

しょうじたいかいのせんばつ【生死大海の船筏】

❶みたのくわんをふね・いかたにたとへたるなり〔左訓〕。《弥陀の願を船・筏に譬えたるなり》。「生死大海の船筏なり」

出典 正像末和讃　親2和讃-176

❷（文明本に、）ふね、いかた〔左訓〕。《船・筏》。

出典 正像末和讃　親2和讃-176　真2-520　西聖726

しょうじのだいかい【生死の大海】

ろくだうにまどふをだいかいとたとふ

る。だいかいはうみなり〔左訓〕。《六道に惑ふを大海に譬える。大海は海なり》。

出典 一多文意　親3和文-130　真2-607　西聖782

解説 生死流転の迷いの世界を大海に譬える。

じょうじゅ【諍訟】

あらそふ、うたふ〔左訓〕。

出典 教行信証・化　親1-312　真2-168　西聖526

しょうしゅじょう【諸有衆生】

諸有衆生といふは、十方のよろづの衆生とまふすこゝろなり〔本文〕。

出典 一多文意　親3和文-126　真2-604　西聖779　西註678　東聖534

解説 『一念多念文意』に引かれる『大経』第十八願成就文（西聖52・西註41・東聖44）。

じょうじゅのくらいにきせしめよ【定聚のくらゐに帰せしめよ】

かならすほとけになるくらゐにすゝめいれたまへとなり〔左訓〕。《必ず仏に成る位に勧め入れ給えとなり》。→しょうじょうじゅ【正定聚】

出典 正像末和讃・草　親2和讃-145

じょうしょう【常照】

常照は、つねにてらすとまふす。つねにといふは、ときをきらはず、日をへだてず、ところをわかず、まことの信心ある人おばつねにてらしたまふと也。てらすというは、かの仏心のおさめとりたまふと也〔本文〕。

出典 尊号銘文　親3和文-97　真2-590　西聖763　西註659　東聖523

じょうしょうがしん【常照我身】

常照我身といふは、常はつねにという。照はてらしたまふといふ。無碍の光明、信心の人をつねにてらしたまふとなり。つねにてらすといふは、つねにまもり

たまふと也。我身は、わがみを大慈大
悲ものうきことなくして、つねにまも
りたまふとおもへと也。摂取不捨の御
めぐみのこゝろをあらわしたまふ也
〔本文〕。

出典 尊号銘文　親3和文-103　真2-
593　西聖766　西註662　東聖525

解説 『尊号真像銘文』に引かれる源信
の『往生要集』の文。

しょうじょうかんぎちえこう【清浄歓喜智慧光】

とむよくのほむなうをたすけ とむよ
くのつみをけさむれうにしてしやうし
やうくわんきとなづく。しんいのほむ
なうをたすけむれうにくわんきとなづ
くなり。ぐちのほむなうをたすけむれ
うにちゑとなづく〔左訓〕。《貪欲の煩
悩を（持つ者を）たすけ、貪欲の罪を
消さんがためにして清浄歓喜と名づく。
瞋恚の煩悩を（持つ者を）助けんがた
めに歓喜と名づくなり。愚痴の煩悩を
（持つ者を）助けんがために智慧と名
づく》。

出典 浄土和讃　親2和讃-37

解説 『大経』所説の阿弥陀の徳を光に
譬える十二光仏の中、清浄光仏、歓喜
光仏、智慧光仏（西聖37・西註29・東
聖30）。「正信偈」の文にもなっている。

じょうじょうけ【上上華】

すぐれたるはな〔左訓〕。《勝れたる
華》。

出典 一多文意　親3和文-133　真2-
608　西聖783

解説 分陀利華（白蓮華）のこと。善導
の『観経疏』「散善義」に分陀利華を
「人中の上々華なり、好華なり、妙好
華なり、希有華なり、最勝華なり」と
いい、人に準（なずら）えて、念仏の
人を「上々人・好人・妙好人・希有
人・最勝人」とほめたたえる。

しょうじょうこう【清浄光】

清浄光とまふすは、法蔵菩薩貪欲の
こゝろなくしてえたまへるひかりなり。
貪欲といふに二つあり、一つには姪貪、
二つには財貪なり。この二つの貪欲の
こゝろなくしてえたまへるひかり也。
よろづの有情の汚穢不浄をのぞかむた
めの御ひかり也。姪欲・財欲のつみを
のぞきはらはむがためなり。このゆゑ
に清浄光とまふすなり〔本文〕。

出典 弥陀名号徳　親3和文-227　真2-
734　西聖820

解説 阿弥陀の徳を示す十二光の一つ。
貪欲を除く光。

しょうじょうこうみょう【清浄光明】

（清に、）すみ。（浄に、）きよし。（清
浄に、）とむよくのつみをけさむれう
にしやう―くわうみやうといふなり
〔左訓〕。《澄み。浄し。貪欲の罪を消
さんがために清浄光明と言うなり》。
「清浄光明ならびなし」

出典 浄土和讃　親2和讃-10

しょうじょうごっしょ【清浄業処】

清浄業処と言うは、すなわちこれ本願
成就の報土なり〔本文〕。

出典 教行信証・化　親1-276　真2-
147　西聖481　西註382　東聖331

解説 「化巻」に引かれる『観経』の言
葉（西聖111・西註90・東聖93）。この
経の表の解釈である顕説では諸仏の浄
土を指し、裏からの解釈である隠説で
は阿弥陀の浄土を指す。

しょうじょうじゅ【正定聚】

わうじょうすべきみとさだまるなり
〔左訓〕。《往生すべき身と定まるなり》。

出典 一多文意　親3和文-128　真2-
605　西聖780

正定の聚＝かならずほとけになるべ
きみとなれるとなり〔左訓〕。《必ず仏
に成るべき身となれるとなり》。

出典 一多文意　親3和文-129　真2-606　西聖781

解説 親鸞はこれを現生とし、現生正定聚と理解する。信心を獲れば、現生において仏と成ることが定まった不退の位に住す。また、信心の人は、五十六億七千万年後に仏に成ることが定まっている弥勒菩薩と同じであり、諸仏とは「同じ」ではなく、限りなく近いので「等しい」と説く。

しょうじょうしんじつのこころなし【清浄真実のこゝろなし】

しやうしやうのこゝろなし、しんしちのこゝろなしとしるへし〔左訓〕。《清浄の心なし、真実の心なしと知るべし》。

出典 正像末和讃・草　親2和讃-146

じょうしょうぜにん【常照是人】

常照是人といふは、常はつねなること、ひまなく、たえずといふなり。照は、てらすといふ。ときをきらはず、ところをへだてず、ひまなく真実信心のひとをばつねにてらしまもりたまふなり。かの仏心につねにひまなくまもりたまへば、弥陀仏おば不断光仏とまふすなり。是人といふは、是は非に対することばなり。真実信楽のひとをば是人とまふす。虚仮疑惑のものをば非人といふ。非人といふは、ひとにあらずときらひ、わるきものといふなり。是人は、よきひととまふす〔本文〕。

出典 一多文意　親3和文-133　真2-609　西聖783　西註683　東聖538

解説 『一念多念文意』に引かれる善導の『観念法門』の文。光は常にこの人を照らすとの意。

しょうじょうのぜんみにえたり【清浄の善身にえたり】

清浄の善みにえたりといふは、弥陀の御名をとなふれば、かのめでたき功徳善根をわがみにたまはるなり。このくどくをよろづの衆生にあたえて、おなじこゝろに極楽へまいらむとねがはせむとなり〔本文〕。

出典 善導和尚言　親3和文-239

しょうしん【床枕】

ゆかまくらに〔左訓〕。（西本願寺本に、）ゆかまくら〔左訓〕。

出典 教行信証・化　親1-377　真2-200　西聖595

しょうじん【精進】

❶このみすゝむなり〔左訓〕。

出典 教行信証・行　親1-22　真2-8　西聖179

❷もんはらこのむ〔左訓〕。

出典 教行信証・化　親1-297　真2-159　西聖506

❸もはらすゝむ〔左訓〕。

出典 唯信鈔　親6写(2)-45　真2-742　西聖1286

❹このみすゝむ〔左訓〕。

出典 唯信鈔　親6写(2)-52　真2-746　西聖1289

しょうじん【摂尽】

❶おさめつくす〔左訓〕。

出典 教行信証・信　真2-63

じょうしん【浄信】

浄信と言うは、すなわち利他深広の信心なり。すなわちこれ念仏往生の願より出でたり。また至心信楽の願と名づく、また往相信心の願と名づくべきなり〔本文〕。

出典 文類聚鈔　親2漢-134　真2-445　西聖608　西註480　東聖405

じょうじんいちぎょう【上尽一形】

上尽一形といふは、上はかみといふ、すゝむといふ、のぼるといふ、いのちおはらむまでといふ。尽はつくるまでといふ。形はかたちといふ、あらわすといふ、念仏せむこといのちおはらむ

し

までとなり。「十念三念五念のもの、むかへたまふ」といふは、念仏の遍数によらざることをあらはすなり〔本文〕。

出典 一多文意　親3和文-142　真2-614　西聖787　西註688　東聖541

解説 『一念多念分別事』に引かれる善導の『法事讃』の文。親鸞は「上に一生を尽くし、下、十念三念五念のものをむかえる」と読み、念仏を称える遍数によらないことの証文と見る。

しょうじんめんごう【清晨俛仰】
あしたのけふす〔左訓〕。《朝の仰ず》。

出典 教行信証・行　親1-57　真2-27　西聖221

解説 明け方の天を仰ぐわずかな時間。

しょうすい【憔悴】
❶（西本願寺本に、）こがす、やく、くだく〔左訓〕。

出典 教行信証・信　真2-82　西聖338

❷かしけ、おとろふ〔左訓〕。

出典 観経疏加点・序　親9加(3)-76

解説 「かしけ」とは悴（かし）けでやせ衰えるの意。古語。

しょうする【称する】
（文明本に、）となふるなり〔左訓〕。「弥陀の名号称するに」

出典 高僧和讃　親2和讃-124　真2-512　西聖718

称すべし＝（文明本に、）となふべしとなり〔左訓〕。「つねに弥陀を称すべし」

出典 高僧和讃　親2和讃-77　真2-501　西聖707

しょうぞうにぎょう【正雑二行】
こしゆのしやうきやう。こしゆのさふきやうなり。五のしやうきやうといふは、らいはい、とくしゆ、くわんさち、しようみやう、さんたんくやう。ろくしゆといふときは、さんたんとくやう

をふたつにするなり〔左訓〕。《五種の正行、五種の雑行なり。五の正行（五正行）というは礼拝・読誦・観察・称名・讃嘆供養。六種というときは、讃嘆と供養を二つにするなり》。「正雑二行方便し」

出典 高僧和讃　親2和讃-109

解説 五正行のうち、称名を正定業とし、他の四つを助業とする。五種の雑行は、正行に他の行を雑えること。→じょごう【助業】

しょうぞうまつのさんじ【正像末の三時】
❶しやうほうさうほふまちほうみとき〔左訓〕。《正法・像法・末法の三時》。「正像末の三時には」

出典 正像末和讃・草　親2和讃-151

❷しやうほふ、さふほふ、まちほう。みとき〔左訓〕。《正法・像法・末法の三時》。「正像末の三時には」

出典 正像末和讃　親2和讃-160

解説 「化巻」に引かれる最澄の『末法灯明記』に諸経を引いて、正法とは、仏滅後五百年まで、像法とは、その後千年、末法とは、その後一万年と、仏滅後を三時に分け、末法の自覚を促す。親鸞は末法では、戒は意味を持たず、「無戒名字」の凡夫が往生するには、念仏しかないと説く。

しょうだいねはんうたがはず【証大涅槃うたがはず】
だいねちはんをさとらむことうたかはすとなり〔左訓〕。《大涅槃を悟らんこと疑ずとなり》。

出典 高僧和讃　親2和讃-118

しょうたん【傷歎】
いたみ、なげき〔左訓〕。

出典 観経疏加点・序　親9加(3)-80

しょうち【捷遅】
とし、おそし〔左訓〕。《疾し、遅し》。

出典 教行信証・行　親1-81　真2-41
西聖249

しょうち【勝地】

すぐれたるところあり〔左訓〕。《勝れ
たる所あり》。「しなが のさとに勝地あ
り」

出典 聖徳奉讃　親2和讃-244

しょうちにれいびょうたてたまふ【勝地に霊廟たてたまふ】

❶すくれたるところにとむらんのみは
かをたてたり〔左訓〕。《勝れたるとこ
ろに弔いの御墓を建てたり》。

出典 高僧和讃　親2和讃-91

❷（文明本に、）すくれたるところ、
とむらんのみはかなり〔左訓〕。

出典 高僧和讃　親2和讃-91　真2-
504　西聖710

しょうてつ【清徹】

きよくとほりて〔左訓〕。《清く徹りて》。

出典 三経往生　親3和文-32　真2-
556　西聖745

じょうとうがくしょうだいねはん【成等覚証大涅槃】

成等覚証大涅槃といふは、成等覚とい
ふは、正定聚のくらゐ也。このくらゐ
を龍樹菩薩は、即時入必定とのたまへ
り。曇鸞和尚は、入正定之数とおしえ
たまへり。これはすなわち、弥勒のく
らゐとひとしと也。証大涅槃とまふす
は、必至滅度の願成就のゆへにかなら
ず大涅槃をさとるとしるべし〔本文〕。

出典 尊号銘文　親3和文-116　真2-
600　西聖772　西註671　東聖531

解説 『尊号真像銘文』に引かれる「正
信偈」の文。親鸞は、等覚を「平等正
覚」ではなく、「正覚に等しい」、つま
り、弥勒菩薩の位と解釈し、成等覚を
正定聚に住する意とする。

しょうどうしょしゅうのししゅ【聖道諸宗の師主】

❶しやうにんのしやうたうのおむし、
のちにはみなくゐしたてまつるなり
〔左訓〕。《上人の聖道の御師、後に皆、
帰したてまつるなり》。「聖道諸宗の師
主も」

出典 高僧和讃　親2和讃-129

❷（文明本に、師主に、）しやうにん
のおんしなり〔左訓〕。《上人の御師な
り》。

出典 高僧和讃　親2和讃-129　真2-
513　西聖719

しょうどうのじひ【聖道の慈悲】

聖道の慈悲といふは、ものをあわれみ、
かなしみ、はぐくむなり。しかれども、
おもふがごとくたすけとぐること、き
わめてありがたし〔本文〕。

出典 歎異抄　親4言行-8　真2-775
西聖907　西註834　東聖628

解説 自力行としての慈悲。一般に、
「聖道の慈悲」と「浄土の慈悲」の二
種の違いありと解釈されるが、『歎異
抄』の本文に「慈悲のかわりめ」とあ
ることから、聖道の慈悲の及び難き事
を知って、それを方便として、浄土の
慈悲に目覚めていく「変わり目」、つ
まり移り目ありと理解できる。→しょ
うどうもん【聖道門】

しょうどうむぐごく【昇道無窮極】

昇道無窮極といふは、昇はのぼるとい
ふ。のぼるといふは、無上涅槃にいた
る。これを昇といふ也。道は大涅槃道
也。無窮極といふはきわまりなしと也
〔本文〕。

出典 尊号銘文　親3和文-79　真2-
580　西聖754　西註646　東聖514

解説 『尊号真像銘文』に引かれる『大
経』の文（西聖68・西註54・東聖57）。
極まりのない涅槃に昇る道。大涅槃道。

しょうどうもん【聖道門】

❶おおよそ一代の教について、この界の中にして入聖得果するを聖道門と名づく、難行道と云えり。この門の中について、大小、漸頓、一乗・二乗・三乗、権実、顕密、竪出・竪超あり。すなわちこれ自力、利他教化地、方便権門の道路なり〔本文〕。

出典 教行信証・化　親1-289　真2-154　西聖497　西註394　東聖341

❷聖道といふはすでに仏になりたまへるひとのわれらがこゝろをすゝめんがために、仏心宗・真言宗・法華宗・華厳宗・三論宗等の大乗至極の教なり。仏心宗といふは、この世にひろまる禅宗これなり。また法相宗・成実宗・倶舎宗等の権教、小乗等の教なり。これみな聖道門なり〔本文〕。

出典 末灯鈔　親3書簡-61　真2-657　西聖828　西註736　東聖601

解説 自力で難行を修して悟りを得る法門。道綽の二門判によるもので、易行易修の浄土門に対す。親鸞は、聖道門とは、単に対諸宗を指す意味だけではなく、自身の内面にもそのような立場があると内観する。そして、それが自身にとって及び難き道であるが故に、逆に、易行他力の念仏に帰することができたとして、聖道門を方便仮門と見る。→じょうどもん【浄土門】、→しょうどうのじひ【聖道の慈悲】

しょうとくおうじょう【摂得往生】

大願業力摂取して往生をえしむといへるこゝろ也。すでに尋常のとき、信楽をえたる人といふ也。臨終のとき、はじめて信楽決定して摂取にあづかるものにはあらず。ひごろかの心光に摂護せられまいらせたるゆゑに、金剛心をえたる人は正定聚に住するゆゑに、臨終のときにあらず。かねて尋常のときよりつねに摂護してすてたまはざれば、摂得往生とまふす也〔本文〕。

出典 尊号銘文　親3和-96　真2-590　西聖762　西註657　東聖522

解説 『尊号真像銘文』に引かれる善導の『観念法門』の文。臨終のときではなく、信心の人は尋常のときより常に本願力によって摂取不捨されて往生するとの意。

じょうどしんしゅう【浄土真宗】

❶大無量寿経　真実の教　浄土真宗〔本文〕。

出典 教行信証・教　真2-2　西聖166　西註134　東聖150

❷謹んで浄土真宗を按ずるに二種の回向あり。一つには往相、二つには還相なり〔本文〕。

出典 教行信証・教　親1-9　真2-2　西聖167　西註135　東聖152

❸浄土真宗のならいには、念仏往生ともうすなり〔本文〕。

出典 一多文意　親3和文-151　真2-619　西聖792　西註694　東聖545

❹真実信心をうれば実報土にうまるとおしえたまへるを、浄土真宗の正意とすとしるべしとなり〔本文〕。

出典 唯信文意　親3和文-167　真2-628　西聖801　西註707　東聖552

❺選択本願は浄土真宗なり。定散二善は方便仮門也。浄土真宗は大乗の至極なり〔本文〕。

出典 末灯鈔　親3書簡-62　真2-658　西聖828　西註737　東聖601

じょうどのじひ【浄土の慈悲】

浄土の慈悲といふは、念仏していそぎ仏になりて、大慈大悲心をもて、おもふがごとく衆生を利益するをいふべきなり〔本文〕。

出典 歎異抄　親4言行-8　真2-775　西聖907　西註834　東聖628

解説 阿弥陀の本願他力によって浄土に往生し、大慈大悲心によってなされる慈悲。一般に、「聖道の慈悲」と「浄土の慈悲」の二種の違いありと解釈されるが、『歎異抄』の本文に「慈悲のかわりめ」とあることから、聖道の慈悲の及び難き事を知って、それを方便として、浄土の慈悲に目覚めていく「変わり目」つまり、移り目ありと理解できる。→しょうどうのじひ【聖道の慈悲】

じょうどのだいぼだいしん【浄土の大菩提心】

よろつのしゆしやうをほとけになさむとおもふこゝろなり〔左訓〕。《万の衆生を仏に成さんと思う心なり》。「浄土の大菩提心は」

出典 正像末和讃・草　親2和讃-147

解説 本来、菩提心とは、衆生の道心であるが、親鸞は曇鸞の『浄土論註』によって、願作仏心、度衆生心、つまり、仏の衆生救済の願心を仏の菩提心つまり、大菩提心、あるいは浄土の大菩提心と理解した。→がんさぶっしん【願作仏心】、→どしゅじょうしん【度衆生心】

じょうどのようもん【浄土の要門】

浄土の要門は、定散二善・方便仮門・三福九品の教なり〔本文〕。

出典 愚禿鈔　親2漢-11　真2-459
西聖640　西註508　東聖429

解説 『観経』に説かれる定善・散善を修して自力で浄土往生を願う立場であるが、親鸞は逆にそのことから自力無功を信知して、本願力による念仏往生しかないと目覚める方便としての要の法門と見る。

じょうどもん【浄土門】

安養浄刹にして入聖得果するを浄土門と名づく、易行道と云えり。この門の中について、横出・横超、仮・真、漸・頓、助・正・雑行、雑修・専修あるなり。正とは五種の正行なり。助とは名号を除きて已外の五種これなり。雑行とは正助を除きて已外をことごとく雑行と名づく。これすなわち横出・漸教、定散・三福・三輩・九品、自力仮門なり。横超とは、本願を憶念して自力の心を離るる、これを横超他力と名づく〔本文〕。

出典 教行信証・化　親1-289　真2-155　西聖497　西註394　東聖341

解説 「浄土門」とは、「聖道門」に対して、浄土往生を願う念仏の道。→しょうどうもん【聖道門】

しょうにょしょうにん【勝如聖人】

つのくにかちをでらのしやうにんにておはしますなり〔左訓〕。《津の国勝尾寺の聖人にておはしますなり》。

出典 親5輯(2)-322

解説 勝如（781-867）は平安前期の勝尾寺の住僧。播磨（はりま）の加古（かこ）の教信沙弥（きょうしんしゃみ）が現われて自身の往生を告げ、明年同月同日に勝如が往生すると予告した。この予告どおりに貞観9（867）年8月15日に往生した。教信沙弥は親鸞が敬慕し、「非僧非俗」の範としたと言われる。

しょうねん【正念】

❶正念はすなわちこれ称名なり、称名はすなわちこれ念仏なり〔本文〕。

出典 文類聚鈔　親2漢-149　真2-452　西聖625　西註494　東聖418

❷正念の言は、選択摂取の本願なり、また「第一希有の行」なり、金剛不壊の心なり〔本文〕。

出典 愚禿鈔　親2漢-46　真2-477　西聖673　西註538　東聖455

❸正念といふは、本弘誓願の信楽さだ

まるをいふなり。この信心うるゆへに、かならず無上涅槃にいたるなり。この信心を一心といふ、この一心を金剛心といふ、この金剛心を大菩提心といふなり。これすなはち、他力のなかの他力なり。また、正念といふにつきてふたつあり。ひとつには定心の行人の正念、ふたつには散心の行人の正念あるべし。このふたつの正念は他力のなかの自力の正念なり〔本文〕。

出典 末灯鈔　親3書簡-60　真2-656　西聖827　西註735　東聖600

正念をう＝わうしやうのしんしむあるをしやうねむをうとはいふ〔左訓〕。《往生の信心あるを正念を得とはいう》。「正念をうとはさだめたれ」

出典 高僧和讃　親2和讃-117

解説 他力の信心、一心。

しょうねんぶつにん【摂念仏人】
摂念仏人といふは、念仏の人を摂取してといふ〔本文〕。

出典 尊号銘文　親3和文-83　真2-583　西聖756　西註650　東聖516

しょうのぎ【彰之義】
内にあらはす〔左訓〕。

出典 教行信証・化　親1-292　真2-156　西聖500

解説 親鸞は「化巻」で顕彰隠密の義として『観経』の二面的解釈をする。その表の解釈を「顕の義」（顕説）といい、裏からの解釈を「彰隠密の義」（隠説）という。

しょうのしゅじょう【諸有の衆生】
あらゆるしようは二十五うのしゆしやうといふ。われらしゆしやうは廿五うにすぎてむまるといふこゝろなり〔左訓〕。《あらゆる生は二十五有の衆生という。我ら衆生は二十五有に過ぎて生まるるという心なり》。「十方諸有の衆生」

出典 浄土和讃　親2和讃-19

解説 衆生の輪廻する三界を二十五種に分け、それらの中における有情としての存在のこと。あらゆる衆生の意。

しょうふ【樵夫】
きこるものといふ〔左訓〕。《樵（きこり）》。

出典 西方指南　親5輯(1)-139

しょうふく【摂伏】
おさめしたかへむとなり〔左訓〕。《摂（おさ）め従えんとなり》。「かれらのくにを摂伏し」

出典 聖徳奉讃　親2和讃-239　真2-536

じょうぶく【調伏】
と、のう、したかふ〔左訓〕。

出典 教行信証・信　親1-179　真2-95　西聖368

しょうぶつろくじ【称仏六字】
称仏六字といふは南無阿弥陀仏の六字をとなふるとなり〔本文〕。

出典 尊号銘文　親3和文-92　真2-587　西聖760　西註655　東聖520

じょうべん【成弁】
わきまう〔左訓〕。

出典 教行信証・信　親1-189　真2-100　西聖380

しょうほう【小報】
ちゐさきくわほうといふことなり〔左訓〕。《小さき果報ということなり》。

出典 唯信鈔　親6写(2)-40　真2-739　西聖1283

しょうぼう【勝法】
すくれたるほふ。しようほうといふは六とはらみちなり。これにあふこともわれらはありかたしとなり〔左訓〕。《勝れたる法。勝法というは六波羅蜜なり。これに遇うことも我らは有り難しとなり》。「菩薩の勝法きくことも」

出典 浄土和讃　親2和讃-42

しょうみ【精微】
よし、よし〔左訓〕。
[出典] 教行信証・証　親1-199　真2-106　西聖392

しょうみみょうく【精微妙軀】
❶（精に、）ことによし。（微妙に、）よし、たえなる。（軀に、）み〔左訓〕。「精微妙軀非人天」
[出典] 浄土和讃　親2和讃-18
❷（文明本に、）たへなるみなり〔左訓〕。《妙なる身なり》。
[出典] 浄土和讃　親2和讃-18　真2-488　西聖694

しょうみょう【称名】
❶称名はすなわちこれ最勝真妙の正業なり。正業はすなわちこれ念仏なり。念仏はすなわちこれ南無阿弥陀仏なり。南無阿弥陀仏はすなわちこれ正念なりと知るべしと〔本文〕。
[出典] 教行信証・行　親1-23　真2-8　西聖180　西註146　東聖161
❷称名は、よく衆生の一切の無明を破す、よく衆生の一切の志願を満てたまう。称名はすなわち憶念なり、憶念はすなわち念仏なり、念仏はすなわちこれ南無阿弥陀仏なり〔本文〕。
[出典] 文類聚鈔　親2漢-132　真2-444　西聖606　西註478　東聖403
[解説] 称名念仏のこと。阿弥陀のみ名を称すること。

しょうみょうおう【聖明王】
→せいめいおう【聖明王】

しょうめつ【消滅】
（消に、）きえ、（滅に、）ほろふ〔左訓〕。「七難消滅の誦文には」
[出典] 浄土和讃　親2和讃-59

じょうもう（しょうぼう）【焼亡】
やきほろぼす〔左訓〕。「寺塔を焼亡せしめつつ」
[出典] 聖徳奉讃　親2和讃-245　真2-

539

しょうもうせんだい【生盲闡提】
❶しやうまうはむまるゝよりのめしゐたるをいふ。ふちほふにすてしんなきをせんたいといふなり〔左訓〕。《生盲は生まるるよりの盲（めしい）たるをいう。仏法にすべて信無きを闡提というなり》。「生盲闡提となづけたり」
[出典] 高僧和讃　親2和讃-119
❷（文明本に、）むまれてよりめしゐたるもの。せんたいはほとけになりかたし〔左訓〕。《生まれてより盲たる者。闡提は仏に成り難し》。
[出典] 高僧和讃　親2和讃-119　真2-511　西聖717
❸むまるゝよりめしいたり〔左訓〕。
[出典] 西方指南　親5輯(1)-200
[解説] この和讃では「本願毀滅のともがら」を「生盲闡提」と譬えている。差別的な譬えである。生盲とは生まれつきの盲人の意で、今日的には、差別を助長する言辞であり、注意されたい。

じょうもつ【常没】
（西本願寺本に、）つねにしずめり〔左訓〕。
[出典] 教行信証・信　真2-48　西聖263

じょうもつるてんのぼんぐ【常没流転の凡愚】
つねにしやうしたいかいにしつむとなり。二十五うにまとひあるくをるてんとはいふなり〔左訓〕。《常に生死の大海に沈むとなり。二十五有に惑い歩くを流転とはいうなり》。「常没流転の凡愚は」
[出典] 正像末和讃　親2和讃-166
[解説] 流転輪廻する愚かな凡夫のこと。三界を二十五有に分け、それらの中で迷う有情としての存在。

しょうゆう【接誘】
とる、こしらふ〔左訓〕。

出典 教行信証・証　親1-205　真2-109　西聖399

しょうよう【逍遥】
はるかに、はるかなり〔左訓〕。
出典 教行信証・証　親1-200　真2-106　西聖393

しょうよう【照曜】
てらし、かがやく。つきひのひかりのかゝやくにかく〔左訓〕。《照らし、曜（かかや）く。月日の光の曜くにたとえる》。「慈光世界を照曜し」
出典 浄土和讃　親2和讃-16

しょうよう【称揚】
となへられほめられむという〔左訓〕。《称えられ、ほめられんという》。
出典 唯信鈔　親6写(2)-45　真2-742　西聖1286

じょうらく【常楽】
たのしみつねなり〔左訓〕。「法性常楽証せしむ」
出典 高僧和讃　親2和讃-113

しょうりょう【抄掠】
とられかすめられて〔左訓〕。《取られ掠められて》。
出典 西方指南　親5輯(2)-352

しょうれつ【勝劣】
❶まさり、おとり〔左訓〕。（東本願寺本になし）。
出典 教行信証・化、西方指南　親5輯(1)-39　真2-195
❷まさる、おとる〔左訓〕。
出典 唯信鈔　親6写(2)-51　真2-745　西聖1288

しょうろ【彰露】
あらはれ、あらはす〔左訓〕。
出典 観経疏加点・序　親9加(3)-69

しょうをおうけにうけしめて【生を王家にうけしめて】
わうのことむまるとなり〔左訓〕。《王の子と生まるとなり》。

出典 聖徳奉讃　親2和讃-237　真2-535

しょうをとらむ【証をとらむ】
さとりをひらくなり〔左訓〕。《覚りを開くなり》。
出典 唯信鈔　親6写(2)-39　真2-739　西聖1283

しょき【諸機】
しゆしやう反。はたもの反〔左訓〕。《衆生、機物》。「定散諸機をすゝめけり」
出典 浄土和讃　親2和讃-39

じょきゃく【除却】
のぞくさけるといふ〔左訓〕。
出典 西方指南　親5輯(1)-37

じょよくあくじゃりゅう【濁悪蛇竜】
あくまさりへんひのごとくあくりうのごとくなるべしとなり〔左訓〕。《悪勝り、蛇のごとく、悪竜ごとくなるべしとなり》。「衆生濁悪蛇竜にて」
出典 正像末和讃・草　親2和讃-150

しょげ【所解】
さとるところ〔左訓〕。
出典 西方指南　親5輯(1)-79

じょけん【除遣】
のぞくつかはす〔左訓〕。
出典 教行信証・行　親1-59　真2-28　西聖224

じょご【助護】
まもりたまふとなり〔左訓〕。「仏法を助護したまへり」
出典 聖徳奉讃　親2和讃-234　真2-534

じょごう【助業】
助とは名号を除きて已外の五種これなり〔本文〕。
出典 教行信証・化　親1-290　真2-155　西聖497　西註394　東聖341
解説 五正行、つまり、礼拝・読誦・観察・称名・讃嘆供養のうち、称名正定

業以外を助業とする。四つのうち讃嘆
供養を二つに分けると五種になる。→
しょうぞうにぎょう【正雑二行】

しょじ【諸地】
くわんぎぢなり〔左訓〕。《歓喜地な
り》。
出典 如来二種回向文　親3和文-220
西聖814
解説 ここでは「諸地」と書かれている
が、左訓は菩薩の十地の「初地」であ
る初歓喜地の意になっている。

しょして【書して】
かゝせたまふ〔左訓〕。「御てにて書し
て奏せしむ」
出典 聖徳奉讃　親2和讃-243　真2-
538

しょしゃ【書写】
かきうつしおかむとなり〔左訓〕。《書
き写しおかんとなり》。「数多の経論書
写せしめ」
出典 聖徳奉讃　親2和讃-242

しょじゃごうけ【諸邪業繋】
もろ〳〵のあくこふにさわりなし〔左
訓〕。《諸々の悪業にさわりなし》。「諸
邪業繋さわらねば」
出典 高僧和讃　親2和讃-112

しょしょ【所所】
ところところ〔左訓〕。「くにぐにに所所
をすゝめては」
出典 聖徳奉讃　親2和讃-242　真2-
538
所所に＝ところところ〔左訓〕。「所
所に寺塔を建立せり」
出典 聖徳奉讃　親2和讃-231

しょしょう【諸障】
もろ〳〵のさはり〔左訓〕。《諸々の障
り》。「諸障自然にのぞこりぬ」
出典 高僧和讃　親2和讃-106

**じょしょうならべてしゅする【助正なら
べて修する】**
みたいちふちのことをしゅするをしや
うきやうといふ。よふちよせんをする
をさふきやうといふ〔左訓〕。《弥陀一
仏のことを修するを正行といい、余仏
余善を（修）するを雑行という》。「助
正ならべて修するをば」
出典 高僧和讃　親2和讃-110
解説 助正についていえば、五正行のう
ち称名を正定業、読誦・観察・礼拝・
讃嘆供養を助業とする。和讃の本文は
それを並べて修することを雑修（ざっ
しゅ）と名づくという意。

しょぜん【諸善】
よろづのぜんといふなり〔左訓〕。《万
の善というなり》。
出典 一多文意　親3和文-144　真2-
615　西聖788

**しょぜんりゅうぐうにいりたまふ【諸善
竜宮にいりたまふ】**
しやくそんのみのりはみなりうくへい
りましますとなり〔左訓〕。《釈尊のみ
法は皆竜宮へ入りましますとなり》。
出典 正像末和讃　親2和讃-160

しょそう【諸相】
（文明本に、）しゅしやうなり〔左訓〕。
《衆生なり》。「有量の諸相こと〳〵く」
出典 浄土和讃　親2和讃-8　真2-
486　西聖692

しょたいきょう【処胎経】
ほさちしよたいきやうの二のまきに、
けまんへんちのやうをとかれたるをひ
かれたり〔左訓〕。《『菩薩処胎経』の
二の巻に、懈慢辺地のように説かれた
るを引かれたり》。「処胎経をひらきて
ぞ」
出典 高僧和讃　親2和讃-123
解説『菩薩従兜術天降神母胎説広普経
（ぼさつじゅうとじゅつてんごうじん

もたいせつこうふきょう）」（七巻）。後秦の竺仏念訳。釈尊入滅直前の２月８日の夜、弟子の阿難に対して説かれたとされる。そのなかに極楽の懈慢界（けまんがい）について言及している。

しょち【所知】

しるところ〔左訓〕。

出典 西方指南　親５輯１-79

じよのがん【自余の願】

のこりのぐわんをえらびとることかくのごとしといふことばなり〔左訓〕。《残りの願を選び取ることかくの如しという言葉なり》。

出典 唯信鈔　親６写(2)-43　真２-741　西聖1285

しょぶつ【諸仏】

みたをしよふちとまうす。くわとにんたうのこゝろなり〔左訓〕。《弥陀を諸仏と申す。過度人道（『諸仏阿弥陀三耶三仏薩楼仏檀過度人道経』）の心なり》。「諸仏の大悲ふかければ」

出典 浄土和讃　親２和讃-38

しょぶつさんじょうしゅう【諸仏三乗衆】

しやうもんえんかくほさちこれを三しようといふなり〔左訓〕。《声聞、縁覚、菩薩、これを三乗というなり》。「一切諸仏三乗衆」

出典 浄土和讃　親２和讃-12

しょぶつにょらいういうほうべん【諸仏如来有異方便】

諸仏如来有異方便と言えり、すなわちこれ定散諸善は方便の教たることを顕すなり〔本文〕。

出典 教行信証・化　親１-277　真２-148　西聖482　西註382　東聖332

解説 「化巻」に引かれる『観経』の言葉（西聖114・西註93・東聖95）。親鸞は、この言葉から定散二善が念仏に帰するための方便の教と理解する。

しょぶつのきょうどうききがたし【諸仏の経道きゝがたし】

よろつのほとけのをしへにもあひかたしとなり〔左訓〕。《よろずの仏の教えにも遇い難しとなり》。

出典 浄土和讃　親２和讃-42

しょみん【庶民】

❶もろ〳〵のたみ〔左訓〕。《諸々の民》。「京夷庶民欽仰す」

出典 高僧和讃　親２和讃-131

❷（文明本に、）よろつのたみ〔左訓〕。《よろずの民》。

出典 高僧和讃　親２和讃-131　真２-513　西聖719

しょもん【所聞】

❶ところ、きく。しよもんといふはしんするこゝろといふこゝろなり〔左訓〕。《所、聞く。所聞というは信ずる心と言う心なり》。「おほきに所聞を慶喜せん」

出典 浄土和讃　親２和讃-19

❷（文明本の「所聞を慶喜せん」に、）しんすることをえてよろこふなり〔左訓〕。《信ずることを得て慶ぶなり》。

出典 浄土和讃　親２和讃-19　真２-488　西聖694

しらぎ【新羅】

くにのな、なり〔左訓〕。《国の名なり》。「百済　高麗　任那　新羅」

出典 聖徳奉讃　親２和讃-239

解説 朝鮮半島の古代三国の一つで、朝鮮最初の統一王朝（前57〜935）。「しんら」とも呼ぶ。

じり【自利】

じりはあみだぶちになりたまひたるこゝろ〔左訓〕。《自利は阿弥陀仏になり給いたる心》。

出典 文類聚鈔　親２漢-155

じりき【自力】

自力といふは、わがみをたのみ、わが

こゝろをたのむ、わがちからをはげみ、わがさまゞゝの善根をたのむひとなり〔本文〕。

出典 一多文意　親3和文-142　真2-614　西聖787　西註688　東聖541

じりりたえんまん【自利利他円満】

しりはあみたのほとけになりたまひたるこゝろ。りたはしゆしやうをわうしやうせしむるこゝろ。ゑんはせんあくすべてわかすよきことになしてましますこゝろのみちたるこゝろなり。みつからもほとけになり。しゆしやうもほとけになることをゑんまんすといふなり〔左訓〕。《自利は阿弥陀の仏になり給いたる心。利他は衆生を往生せしむる心。円は善悪すべて分かず善きことに成してまします心の満たたる心なり。自らも仏に成り。衆生も仏に成ることを円満すというなり》。「自利利他円満して」

出典 浄土和讃　親2和讃-25

しる【四流】

四流は、すなわち四暴流なり。また生・老・病・死なり。

出典 教行信証・信　親1-142　真2-74　西聖320　西註255　東聖244

解説 「玄義分」の「横超断四流」の釈。「横さま」に、つまり他力の頓教である選択本願によって四暴流、または生・老・病・死の苦を超えるとの意。

じろ【示路】

みちしるべなり〔左訓〕。

出典 唯信鈔　親6写(2)-53　真2-746　西聖1289

しん【信】

❶信といふは、金剛心なり〔本文〕。

出典 一多文意　親3和文-150　真2-619　西聖791　西註694　東聖545

❷信はうたがひなきこゝろなり。すなわちこれ真実の信心なり〔本文〕。

出典 唯信文意　親3和文-155　真2-621　西聖795　西註699　東聖547

しん【神】

たましひ〔左訓〕。

出典 大経延書　親8加(1)-5

しん【真】

真の言は、仮に対し偽に対す〔本文〕。

出典 愚禿鈔　親2漢-44　真2-475　西聖671　西註536　東聖453

解説 真仏弟子釈の中での釈。→しんのぶつでし【真の仏弟子】

しん【審】

つまびらかなり〔左訓〕。あきらかなり〔左訓〕。(西本願寺本には、)あきらかなり〔左訓〕。

出典 教行信証・信　親1-115・116　真2-59　西聖287

じんいのだいじ【深位の大士】

(深位に、)ふかきくらゐといふ〔左訓〕。

出典 西方指南　親5輯(1)-53

しんいん【真因】

まことのいんなり〔左訓〕。

出典 三経往生　親3和文-21　真2-551　西聖741

しんぎょう【信楽】

❶(楽に、)ねがふ〔左訓〕。「信楽まことにときいたり」

出典 浄土和讃　親2和讃-19

❷しんしちのしんしむをうるひとゝいふなり〔左訓〕。《真実の信心を得る人というなり》。「信楽まことにうるひとは」

出典 正像末和讃・草　親2和讃-148

❸信楽と言うは、信はすなわちこれ真なり、実なり、誠なり、満なり、極なり、成なり、用なり、重なり、審なり、験なり、宣なり、忠なり。楽はすなわちこれ欲なり、願なり、愛なり、悦なり、歓なり、喜なり、賀なり、慶なり

〔本文〕。

出典 教行信証・信　親1-115　真2-59　西聖287　西註230　東聖223

❹信楽はすなわちこれ真実誠満の心なり、極成用重の心なり、審験宣忠の心なり、欲願愛悦の心なり、歓喜賀慶の心なるがゆえに、疑蓋雑（まじ）わることなきなり〔本文〕。

出典 教行信証・信　親1-116　真2-59　西聖287　西註230　東聖224

❺報土の真因は信楽を正とするがゆえなり。ここをもって大経には信楽と言えり。如来の誓願疑蓋雑わることなきがゆえに信と言えるなり〔本文〕。

出典 教行信証・化　親1-288　真2-154　西聖496　西註393　東聖340

❻疑蓋間雑なきがゆえに、これを信楽と名づく。信楽はすなわちこれ一心なり。一心はすなわちこれ真実信心なり。このゆえに論主建に一心と言えるなり〔本文〕。

出典 教行信証・信　親1-116　真2-59　西聖288　西註231　東聖224

❼信楽というは、すなわちこれ如来の満足大悲・円融無碍の信心海なり。このゆえに疑蓋間雑あることなし、かるがゆえに信楽と名づく。すなわち利他回向の至心をもって、信楽の体とするなり〔本文〕。

出典 教行信証・信　親1-120　真2-62　西聖293　西註234　東聖227

❽二つには信楽。信とは真なり、実なり、誠なり、満なり、極なり、成なり、用なり、重なり、審なり、験なり。楽というは、欲なり、願なり、慶なり、喜なり、楽なり。（中略）信楽はすなわちこれ真実誠満の心なり、極成用重の心なり、欲願審験の心なり、慶喜楽の心なり、かるがゆえに疑心あることなし〔本文〕。

出典 文類聚鈔　親2漢-145　真2-450　西聖621　西註489　東聖414

❾二つには信楽、すなわちこれ、真実心をもって信楽の体とす。しかるに具縛の群萌・穢濁の凡愚、清浄の信心なし、真実の信心なし。このゆえに真実の功徳値いがたく、清浄の信楽獲得しがたし〔本文〕。

出典 文類聚鈔　親2漢-147　真2-451　西聖623　西註491　東聖416

❿信楽といふは、如来の本願、真実にましますを、ふたごゝろなくふかく信じてうたがはざれば、信楽とまふす也〔本文〕。

出典 尊号銘文　親3和文-74　真2-577　西聖751　西註643　東聖512

解説 本願の三心（さんしん）、つまり、至心・信楽・欲生の一つ。

しんぎょういかでかさとらまし【心行いかでかさとらまし】

しむおもきやうおもいかてかしらましとなり〔左訓〕。《心おも、行おもいかでか知らまじ（るまいか）となり》。

出典 高僧和讃　親2和讃-91

しんぎょうともにかねたる【信行ともにかねたる】

しんをもとめ、ぎやうかねたるひとなり〔左訓〕。《信を求め、行兼ねたる人なり》。

出典 西方指南　親5輯(1)-187

しんけん【瞋嫌】

いかり、きらふ〔左訓〕。

出典 教行信証・信　親1-111　真2-56　西聖282

しんけん【審験】

❶あきらかなり、しるし〔左訓〕。

出典 教行信証・信　親1-116　真2-59　西聖287

❷（審に、）つまびらかなり〔左訓〕。

出典 教行信証・信　親1-115　真2-

59　西聖287

しんげん【親原】
（西本願寺本に、）したしきとも〔左訓〕。《親しき友》。（原に、）くえんなり〔右訓〕。《げんなり》。
出典 教行信証・行　真2-8　西聖179

じんこうのりそう【神光の離相】
❶ひかりはかたちのなきなり。しんくわうといふはあみた。すへてみたのかたちときあらはしかたしとなり。（離に）はなる反。（相に）かたち反〔左訓〕。《光は相（かたち）のなきなり。神光というは阿弥陀。すべて弥陀の相、説き表わし難しとなり》。「神光の離相をとかざれば」
出典 浄土和讃　親2和讃-13
❷（文明本に、）むけくわうふちのおんかたちをいひ、ひらくことなしとなり〔左訓〕。《無碍光仏の御相を言い、開くことなしとなり》。
出典 浄土和讃　親2和讃-13　真2-487　西聖693

しんごん【真言】
❶まことのみのりなり〔左訓〕。《真のみ法なり》。
出典 文類聚鈔　親2漢-139
❷真言は密教なり〔本文〕。
出典 尊号銘文　親3和文-112　真2-598　西聖771　西註668　東聖529

しんさい【鎮祭】
とこしなにまつりおけり〔左訓〕。《永く祭りおけり》。「青竜鎮祭せしめつつ」
出典 聖徳奉賛　親2和讃-234　真2-534

しんじそうおう【心事相応】
こゝろことこと〔左訓〕。《心と事と》。
出典 西方指南　親5輯1-54

しんじつ【真実】
❶しんといふはいつはりへつらはぬをしんといふ。しちといふはかならすものゝ、みとなるをいふなり〔左訓〕。《真というは偽り諂（へつら）わぬを真という。実といふは必ず物の実と成るを言うなり》。「真実明に帰命せよ」
出典 浄土和讃　親2和讃-8
❷（真に、）まこと。（実に、）みとなる。しんはくゐならす。けならす。くゐはいつはる反。へつらふ反。しんはかりならす。しちはこならす。むなしからす〔左訓〕。《まこと。実となる。真は偽ならず。仮ならす。偽は偽る。諂う。真は仮ならず。実は虚ならず。虚しからず》。「真実信心いたりなば」
出典 浄土和讃　親2和讃-19
❸真実というは、『涅槃経』に言わく、実諦は一道清浄にして二あることなり。真実というは、すなわちこれ如来なり。如来はすなわちこれ真実なり。真実はすなわちこれ虚空なり。虚空はすなわちこれ真実なり。真実はすなわちこれ仏性なり。仏性はすなわちこれ真実なり、と〔本文〕。
出典 教行信証・信　親1-119　真2-61　西聖292　西註234　東聖227
解説 真如、一如、涅槃を指す。虚仮に対する語。

しんじつくどく【真実功徳】
真実功徳とまふすは、名号なり。一実真如の妙理、円満せるがゆへに、大宝海にたとえたまふなり〔本文〕。
出典 一多文意　親3和文-145　真2-615　西聖789　西註690　東聖543

しんじつくどくそう【真実功徳相】
真実功徳相といふは、真実功徳は誓願の尊号なり。相はかたちといふことば也〔本文〕。
出典 尊号銘文　親3和文-88　真2-585　西聖758　西註652　東聖518

しんじつしんじん【真実信心】

ししむしんけうのしんしむはしんなり。しんしちはししむのこゝろなり〔左訓〕。《至心信楽の信心は真なり。真実は至心の心なり》。「真実信心うるひとは」

出典 浄土和讃　親2和讃-38

しんじつのしんじん【真実の信心】

三心すでに疑蓋雑わることなし。かるがゆえに真実の一心なり、これを金剛の真心と名づく。金剛の真心、これを真実の信心と名づく〔本文〕。

出典 教行信証・信　親1-132　真2-68　西聖308　西註245　東聖235

しんじつのり【真実之利】

真実之利とまふすは、弥陀の誓願をまふすなり。しかれば、諸仏のよゝにいでたまふゆへは、弥陀の願力をときて、よろづの衆生をめぐみすくはむとおぼしめすを、本懐とせむとしたまふがゆへに、真実之利とはまふすなり。しかればこれを、諸仏出世の直説とまふすなり〔本文〕。

出典 一多文意　親3和文-144　真2-615　西聖788　西註689　東聖542

しんしゃく【斟酌】

はからうこゝろなり〔左訓〕。

出典 唯信鈔　親6-写(2)-56　真2-748　西聖1291

しんしゅう【真宗】

まことをむねとす。けにたいしてしんといふ。八万四千のほふもんはけもんとす。しやうとゝちしゆをしんもんとす〔左訓〕。《真を宗とす。仮に対して真と言う。八万四千の法門は仮門とす。浄土一宗を真門とす》。「本願真宗にあひぬれば」

出典 高僧和讃　親2和讃-112

解説 浄土の一宗は真（まこと）を宗（むね）とし、他の八万四千の法門は、

すべてそれに帰するための方便仮門とするとの意。

じんじゅう【深重】

ふかくおもき〔左訓〕。《深く重き》。

出典 唯信鈔　親6-写(2)-64　真2-752　西聖1295

しんしゅかいきゅう【進趣階級】

すゝみおもむく、しなわい、しなわい〔左訓〕。

出典 教行信証・証　親1-203　真2-108　西聖397

じんじゅのごとくへんまんす【塵数のごとく遍満す】

❶ほむなうあくこふまさりて、ちりのことくよにみちみつなり〔左訓〕。《煩悩悪業勝りて、塵のごとく世に満ち満つなり》。

出典 正像末和讃　親2和讃-162

❷（文明本に、）ちりのことくしけく〔左訓〕。《塵のごとく繁く》。

出典 正像末和讃　親2和讃-162　真2-517　西聖723

しんじょう【心浄】

こゝろきよく〔左訓〕。

出典 西方指南　親5輯(1)-204

じんじょう【尋常】

❶よのつねといふ〔左訓〕。《世の常という》。

出典 尊号銘文　親3和文-74　真2-578　西聖752

❷つねのときなり〔左訓〕。《常の時なり》。

出典 尊号銘文・唯信鈔　親3和文-56・96・親6写(2)-62　真2-589・751　西聖762・1294

❸つねのとき〔左訓〕。《常の時》。

出典 西方指南　親5輯(2)-284

❹つねなるといふ〔左訓〕。《常なるをいう》。

出典 西方指南　親5輯(2)-271

しんじん【信心】

❶信心は菩提のたねなり。無上涅槃をさとるたねなりとしるべしとなり〔本文〕。

出典 尊号銘文　親3和文-109　真2-597　西聖769　西註667　東聖528

❷信心は如来の御ちかひをきゝて、うたがふこゝろのなきなり〔本文〕。

出典 一多文意　親3和文-126　真2-605　西聖780　西註678　東聖534

❸信心と言うは、すなわち本願力回向の信心なり〔本文〕。

出典 教行信証・信　親1-138　真2-72　西聖315　西註251　東聖240

信心の智慧＝みたのちかひはちゑにてましますゆへにしんするこゝろのいてくるはちゑのおこるとしるへし〔左訓〕。《弥陀の誓は智慧にてましますゆえに信ずる心の出でくるは智慧の起こるとしるべし》。

出典 正像末和讃・草　親2和讃-145

じんしん【深心】

❶ふかくしんずるこゝろといふなり〔左訓〕。《深く信ずる心というなり》。

出典 西方指南　親5輯(2)-241

❷観経には深心と説けり。諸機の浅信に対せるがゆえに深と言えるなり〔本文〕。

出典 教行信証・化　親1-288　真2-154　西聖496　西註393　東聖340

しんじんかんぎ【信心歓喜】

❶信心と言うは、すなわち本願力回向の信心なり。歓喜と言うは、身心の悦予の貌（かほはせ）を形（あらわ）すなり〔本文〕。

出典 教行信証・信　親1-138　真2-72　西聖315　西註251　東聖240

❷信心歓喜乃至一念といふは、信心は如来の御ちかひをきゝて、うたがうこころのなきなり。歓喜といふは、歓

は、みをよろこばしむるなり。喜は、こゝろによろこばしむるなり。うべきことをえてむずと、かねてさきよりよろこぶこゝろなり〔本文〕。

出典 一多文意　親3和文-126　真2-605　西聖780　西註678　東聖534

しんじんかんぎきょうしょもん【信心歓喜慶所聞】

しんしむをかねてよろこふ。えてのちよろこふなり〔左訓〕。《信心をかねて喜ぶ。得て後慶ぶなり》。

出典 浄土和讃　親2和讃-31

しんじんふじゅん【信心不淳】

（文明本に、）しんしむあつからすといふなり〔左訓〕。《信心淳（あ）つからずというなり》。「信心不淳とのべたまふ」→ふじゅん【不淳】

出典 高僧和讃　親2和讃-102　真2-507　西聖713

じんせつ【塵刹】

❶（塵に、）ちり、（刹に、）くに〔左訓〕。（西本願寺本に、塵に、）ちん。（刹に、）くに〔左訓〕。

出典 教行信証・行　親1-86　真2-43　西聖254

❷よのくにといふ〔左訓〕。《余の国という》。

出典 西方指南　親5輯(2)-365

じんそく【迅速】

とし、すみやか也〔左訓〕。

出典 教行信証・行　親1-52　真2-24　西聖215

しんたい【進退】

す、みしりそく〔左訓〕。

出典 教行信証・信　親1-107　真2-54　西聖276

しんたん【晨（震）旦】

くにのななり〔左訓〕。《国の名なり》。「中夏晨旦にあらわれて」「晨旦華漢におはしとは」

出典 聖徳奉讃　親2和讃-232　真2-533

解説 梵語 Cinasthāna の音訳。秦の土地の意。古代中国の別称。震旦とも書く。

じんてんくおんごう【塵点久遠劫】

一大三千界をすみにして、このすみをふてのさきにちとつけて、くにひとつにちとつけ、くにひとつにちとつけて、つけつくして、このちりのかすをかそへつもりたるをちんてんくおんこふといふなり〔左訓〕。《一大三千界を墨にして、この墨を筆の先にちと付けて、国一つにちと付け、国一つにちと付けて、付け尽くして、この塵の数を数えつもりたるを塵点久遠劫というなり》。「塵点久遠劫よりも」

出典 浄土和讃　親2和讃-36

しんど【真土】

真土と言うは、大経には無量光明土（『平等覚経』）と言えり。あるいは諸智土（『如来会』）と言えり〔本文〕。

出典 教行信証・真　親1-265　真2-141　西聖470　西註372　東聖323

しんに【瞋恚】

（瞋に、）おもいかり。（恚に、）こゝろのいかり〔左訓〕。

出典 唯信鈔　親6-写(2)-45　真2-742　西聖1286

しんにしゅうじして【心に執持して】

（文明本に、）こゝろにとりたもつといふ〔左訓〕。《心に執り持（たも）つという》。「恭敬の心に執持して」

出典 高僧和讃　親2和讃-78　真2-502　西聖708

しんにぞうしつ【瞋恚憎嫉】

おもてにいかり、こゝろにいかり、そねみねたむなり〔左訓〕。《おもてに瞋り、心に瞋り、嫉み妬むなり》。

出典 弥陀名号徳　親3和文-228　真2-

735　西聖820

しんにょのもんにてんにゅうする【真如の門に転入する】

ほふしんのさとりをひらくみとうつりいるとまうすなり〔左訓〕。《法身の覚りを開く身と移り入ると申すなり》。

→てんにゅう【転入】

出典 浄土和讃　親2和讃-41

しんぬ【親友】

（西本願寺本に、）したしきともなり〔左訓〕。

出典 教行信証・信　真2-75　西聖323

解説 『大経』の「見敬得大慶　則我善親友」（西聖60・西註47・東聖50）の釈。「親友」とは、真実信心を得た人、信心まことなる人で諸仏に等しい。

しんぬ【瞋怒】

❶いかり、いかる。おもてにいかるをしんといふ。こゝろにいかるをぬといふ〔左訓〕。《瞋り、怒る。表に瞋るを瞋という。心に怒るを怒という》。「阿闍世王は瞋怒して」

出典 浄土和讃　親2和讃-47

❷（文明本に、）おもてのいかり。こゝろのいかり〔左訓〕。《表の瞋り。心の怒り》。

出典 浄土和讃　親2和讃-47　真2-494　西聖700

しんねい【真影】

しやうにんのおむかたちなり〔左訓〕。《上人の御影（かたち）なり》。

出典 教行信証・化　真2-202

しんねんあみだ【心念阿弥陀】

心念阿弥陀といふ。心に阿弥陀を念ずべしとなり。念ずれば、応時為現身とのたまへり〔本文〕。

出典 尊号銘文　親3和文-85　真2-583　西聖757　西註650　東聖517

解説 『尊号真像銘文』に引かれた龍樹の『十住毘婆沙論』の文。心に阿弥陀

を念ぜよとの意。→おうじげんしん
【応時為現身】

しんのいちねん・ぎょうのいちねん【信の一念・行の一念】

信の一念、行の一念、ふたつなれども、信をはなれたる行もなし、行の一念をはなれたる信の一念もなし。そのゆへは、行とまふすは、本願の名号をひとこゑとなへて往生すとまふすことをききて、ひとこゑをもとなへ、もしは十念をもせんは行なり。この御ちかいをききてうたがうこゝろのすこしもなきを信の一念とまふすなり。信と行とふたつときけども、行をひとこゑするとききてうたがはねば、行をはなれたる信はなしときゝて候。また、信はなれたる行なしとおぼしめすべし。これみな、弥陀の御ちかひとまふすことをこゝろべし。行と信とは御ちかひをまふすなり〔本文〕。

出典 末灯鈔　親3書簡-86　真2-672　西聖838　西註749　東聖579

しんのぶつでし【真の仏弟子】

この信心のひとを釈迦如来は、わがしたしきともなりとよろこびまします。この信心の人を真の仏弟子といへり。このひとを正念に住するひとゝす。このひとは、摂取してすてたまはざれに、金剛心をえたるひとゝまふすなり。このひとを上上人とも、好人とも、妙好人とも、最勝人とも、希有人ともまふすなり。このひとは正定聚のくらゐにさだまれるなりとしるべし。しかれば、弥勒仏とひとしきひとゝのたまへり。これは真実信心をえたるゆへに、かならず真実の報土に往生するなりとしるべし〔本文〕。

出典 末灯鈔　親3書簡-66　真2-660　西聖837　西註748　東聖595

解説 『教行信証』「信巻」には、「真の

言は偽に対し、仮に対す。仮は聖道の諸機、浄土の定散の機。偽とは六十二見、九十五種の邪道」〔取意〕と釈す。
→しん【真】、→しんぶつでし【真仏弟子】

しんのほうぶつど【真の報仏土】

謹んで真仏土を案ずれば、仏はすなはちこれ不可思議光如来なり、土はまたこれ無量光明土なり。しかればすなはち大悲の誓願に酬報するがゆえに、真の報仏土と曰うなり〔本文〕。

出典 教行信証・真　親1-227　真2-120　西聖425　西註337　東聖300

しんはがんよりしょうずれば【信は願より生ずれば】

われらしゆしやうのしんは、みたのくわんよりおこるなり〔左訓〕。《我ら衆生の信は、弥陀の願より起こるなり》。

出典 高僧和讃　親2和讃-118

しんふだん【心不断】

❶ほたいしむのたえぬによりてふたんといふ〔左訓〕。《菩提心の絶えぬによりて不断という》。「心不断にて往生す」

出典 浄土和讃　親2和讃-12

❷（文明本に、）みたのせいくわんをしんせるこゝろたへすしてわうしやうすとなり〔左訓〕。《弥陀の誓願を信ぜる心絶えずして往生すとなり》。

出典 浄土和讃　親2和讃-12　真2-487　西聖693

しんぶつ【真仏】

真仏と言うは、大経には無辺光仏・無碍光仏と言えり。また諸仏中の王なり、光明中の極尊なり（『大阿弥陀経』）と言えり〔本文〕。

出典 教行信証・真　親1-265　真2-141　西聖470　西註372　東聖323

しんぶつでし【真仏弟子】

真仏弟子と言うは、真の言は偽に対し、

仮に対するなり。弟子とは釈迦・諸仏の弟子なり、金剛心の行人なり。この信・行に由って、必ず大涅槃を超証すべきがゆえに、真仏弟子と曰う〔本文〕。

出典 教行信証・信　親1-144　真2-75　西聖322　西註256　東聖245

解説 『教行信証』「信巻」には「真の言は偽に対し、仮に対す。仮は聖道の諸機、浄土の定散の機。偽とは六十二見、九十五種の邪道」（取意）と釈す。→しん【真】、→しんのぶつでし【真の仏弟子】

じんぽう【深法】
ふかきみのり〔左訓〕。
出典 三経往生　親3和文-31　真2-556　西聖745

しんもん【真門】
いま方便真門の誓願について、行あり信あり、また真実あり、方便あり。願とは、すなわち植諸徳本の願これなり。行とは、これに二種あり。一つには善本、二つには徳本なり。信とは、すなわち至心回向欲生の心これなり。機について定あり散あり。往生とは、これ難思往生これなり。仏とは、すなわち化身なり。土とは、すなわち疑城胎宮これなり〔本文〕。
出典 教行信証・化　親1-292　真2-156　西聖500　西註397　東聖344
解説 真門とは第二十願の法門。第十九願要門、第十八願弘願に対す。

しんら【新羅】
→しらぎ【新羅】

しんらい【迅雷】
とし、いかつち〔左訓〕。
出典 教行信証・化　親1-370　真2-197　西聖588

しんらん【神鸞】
ほめまいらするこゝろなり。すべてめ

てたうまします	といふこゝろなり〔左訓〕。《讃めまいらするこころなり。すべて目出とうましますという心なり》。「神鸞とこそまうしけれ」
出典 高僧和讃　親2和讃-89
解説 魏帝が曇鸞を尊んで神鸞と号し、鸞公厳と名付けたとつたえる。

じんりきむごく【神力無極】
たましひ、しんつしさいにましますことのきはまりなきなり〔左訓〕。《魂。神通自在にましますこと極まり無きなり》。「神力無極の阿弥陀は」
出典 浄土和讃　親2和讃--22

しんりょう【秦陵】
❶さとのな。つかのな〔左訓〕。《邑（さと）の名。陵（つか）の名。》。「汾州汾西秦陵の」
出典 高僧和讃　親2和讃-91
❷（文明本に、）さとのななり〔左訓〕。《邑の名なり》。
出典 高僧和讃　親2和讃-91　真2-504　西聖710

す

ずいえん【随縁】

随縁は衆生のおの〳〵の縁にしたがひて、おの〳〵のこゝろにまかせて、もろ〳〵の善を修するを極楽に回向するなり。すなわち八万四千の法門なり〔本文〕。

出典 唯信文意　親3和文-172　真2-631　西聖803　西註710　東聖554

すいけん【推験】

おしあきらむ〔左訓〕。

出典 観経疏加点・散　親9加(3)-177

すいさん【推竿】

おしてかぞう〔左訓〕。《推して数う》。

出典 教行信証・真　親1-229　真2-121　西聖427

ずいじゅう【随従】

したかひしたかへり。たいしの御みにそへりとなり〔左訓〕。《随い従えり。太子の御身に添えりとなり》。「かげのごとく随従せり」

出典 聖徳奉讃　親2和讃-245　真2-539

ずいしんくぶつ【随心供物】

こゝろにしたがひてほとけはくやうすといふ〔左訓〕。《心に随って仏は供養すという》。

出典 唯信鈔　親6-写(2)-49　西聖1287

すいふのうけん【雖不能見】

雖不能見といふは、煩悩のまなこにて仏をみたてまつることあたはずといゑどもといふ也〔本文〕。

出典 尊号銘文　親3和文-102　真2-593　西聖766　西註662　東聖525

解説『尊号真像銘文』に引かれる『往生要集』の文。

すいへん【衰変】

をとろうること、かはること〔左訓〕。《衰えること、変わること》。

出典 往生礼讃加点　親9加(4)-200

すいみんぞう【睡眠増】

→すいめんぞう【睡眠増】

すいめんぞう【睡眠増】

ねぶるという〔左訓〕。《眠るという》。

出典 唯信鈔　親6写(2)-52　真2-746　西聖1289

ずが【図画】

（西本願寺本に、）うつしかく〔左訓〕。

出典 教行信証・化　真2-202　西聖599

すしょ【洲渚】

あつまるといふ〔左訓〕。（高田本に、）みずあつまるといふ〔左訓〕。《水集まるという》。

出典 教行信証・信　真2-74　西聖321

すだい【数大】

（文明本に、）かすおほく〔左訓〕。《数多く》。「数大の仏像造置せむ」

出典 聖徳奉讃　親2和讃-242

すはい【数輩】

かすのともがら〔左訓〕。《数の輩》。

出典 教行信証・化　親1-380　真2-201　西聖598

ずほくめんさい【頭北面西】

（文明本に、）かうへをきたにし、おもてをにしにす〔左訓〕。《頭を北にし、面を西にす》。「頭北面西右脇にて」

出典 高僧和讃　親2和讃-136　真2-514　西聖720

解説 釈尊の涅槃の姿。

せ

せ【施】

❶ほとこしあたふ〔左訓〕。
出典 教行信証・行　真2−5　西聖174
❷ほとこす。はっすとも〔左訓〕。
出典 教行信証・信　親1−102　真2−
52　西聖271

せいき【製記】

❶つくりしるせり〔左訓〕。「大乗の義
疏を製記せり」。つくりしるす〔左訓〕。
「義疏を製記したまひて」
出典 聖徳奉讃　親2和讃−237・238

せいし【勢至】

勢至を宝吉祥菩薩となづけて月天子と
あらわる。生死の長夜をてらして智慧
をひらかしめむとなり〔本文〕。
出典 唯信文意　親3和文−158　真2−
623　西聖796　西註701　東聖548
解説 梵語Mahā-sthāma-prāptaの訳。
大勢至菩薩の略。智慧の光をもってあ
まねくいっさいを照らし、無上の力を
得させるという菩薩。阿弥陀三尊の一
つで、阿弥陀仏の右の脇侍。親鸞は法
然を勢至菩薩の化身と仰いだ。

せいしぎゃくねんぶつえんずう【勢至獲念仏円通】

勢至獲念仏円通といふは、勢至菩薩念
仏をえたまふとまふすことなり。獲と
いふは、うるということばなり。うる
といふは、すなわち因位のとき、さと
りをうるといふ。念仏を勢至菩薩とか
りうるとまふすなり〔本文〕。
出典 尊号銘文　親3和文−81　真2−
581　西聖755　西註648　東聖515
解説 『尊号真像銘文』に引かれる『首
楞厳経』の文。勢至菩薩が念仏を覚り
獲（え）たとの意。

せいして【製して】

つくりたまふ〔左訓〕。「憲法製して十
七条」
出典 聖徳奉讃　親2和讃−243

せいだい【聖代】

このわうのみよといふこゝろなり〔左
訓〕。《この皇（おう）の御代という心
なり》。「桓武天皇の聖代の」
出典 聖徳奉讃　親2和讃−231　真2−
533

せいめいおう【聖明王】

❶しやうみやう〔左訓〕。「百済国の聖
明王」
出典 聖徳奉讃　親2和讃−236
❷聖明王といふは、百済国に太子のわ
たらせたまひたりけるときのそのくに
の王の名也〔本文〕。
出典 尊号銘文　親3和文−99　真2−
591　西聖764　西註660　東聖524
解説 聖明王は百済国第26代の王。在位
523～554年。仏像・経典を最初に日本
に伝えたという。

せおう【世雄】

よにすぐれたりと〔左訓〕。《世に勝れ
たりと》。
出典 教行信証・教　親1−11　真2−3
西聖168
解説 仏の尊称の一つ。世間において
雄々しく一切の煩悩に打ち勝った優れ
た人の意。

ぜこがきみょう【是故我帰命】

是故我帰命というは、龍樹菩薩のつね
に阿弥陀如来を帰命したてまつるとな
り〔本文〕。
出典 尊号銘文　親3和文−85　真2−
583　西聖757　西註650　東聖517
解説 『尊号真像銘文』に引かれる龍樹
の『十住毘婆沙論』の文。

ぜこがじょうねん【是故我常念】

是故我常念といふは、われつねに念ず

るなり〔本文〕。

出典 尊号銘文　親3和文-84　真2-583　西聖757　西註650　東聖517

解説 『尊号真像銘文』に引かれる龍樹の『十住毘婆沙論』の文。

せしんぼさつ【世親菩薩】

てんじんともいふ。ばそばんづともいふ。せしんともいふ。むぢやくともいふ。ろんじゆともいふなり〔左訓〕。《天親ともいう。婆藪般豆（パソバンズ）ともいう。世親ともいう。無著ともいう。論主ともいうなり》。

出典 弥陀名号徳　親3和文-231　真2-736　西聖821

解説 仏滅後900年（4世紀ごろ）にプルシャプラ（現在のパキスタンのペシャーワル）で生まれた。『浄土論』一巻を著す。唯識思想の大成者。真宗七高僧の第二祖。兄はアサンガで、一般に兄を無著と呼ぶ。→ばそばんずぼさつ【婆藪豆菩薩】

せぞくのひとびと【世俗のひとびと】

よのなかのひとといふ〔左訓〕。《世の中の人という》。「世俗のひとびとあひつたへ」

出典 高僧和讃　親2和讃-130

せそんがいっしん【世尊我一心】

世尊我一心といふは、世尊は釈迦如来なり。我とまふすは、世親菩薩のわがみとのたまへる也。一心といふは、教主世尊の御ことのりをふたごゝろなくうたがひなしとなり。すなわちこれまことの信心也〔本文〕。

出典 尊号銘文　親3和文-86　真2-584　西聖757　西註651　東聖518

解説 『尊号真像銘文』に引かれる天親の『浄土論』の「願生偈」冒頭の文（東聖135）。

せつがとくぶつ【設我得仏】

設我得仏といふは、もしわれ仏をえた

らむときという御ことばなり〔本文〕。

出典 尊号銘文　親3和文-73　真2-577　西聖751　西註643　東聖512

解説 『尊号真像銘文』に引かれる『大経』第十八願文の語（西聖22・西註18・東聖18）。仏になる誓いの言葉。

せつがんげそうじ【説願偈総持】

説願偈総持といふは、本願のこゝろをあらわすことばを偈といふなり。総持といふは智慧なり。無碍光の智慧を総持とまふすなり〔本文〕。

出典 尊号銘文　親3和文-88　真2-585　西聖758　西註652　東聖518

解説 『尊号真像銘文』に引かれる天親の『浄土論』の文。本願の心を表わす言葉を説くという意味。

せっけい【捷径】

❶（捷に、）とし反、（径に、）すくちなり〔左訓〕。

出典 教行信証・教　親1-5　真2-1　西聖163

❷（捷に、）とき、（径に、）すち〔左訓〕。（西本願寺本に、）すゝち〔左訓〕。

出典 教行信証・行　親1-57　真2-27　西聖221

❸（西本願寺本には、径に）すくちなり。

出典 教行信証・信　真2-48　西聖263

解説 「すぐち」はまっすぐな道の意。「すち」は筋。

せっけずいえん【摂化随縁】

おさめ、えんにしたがふてくゑすること〔左訓〕。《摂め、縁に随って化（け）すること》。

出典 浄土和讃　親2和讃-30

せっしゅ【摂取】

❶おさめとる。ひとたひとりてなかくすてぬなり。せふはものゝにくるをおわえとるなり。せふはおさめとる。しゆはむかへとる〔左訓〕。《摂（おさ）

め取る。一たび取りて長く捨てぬなり。摂はものの逃ぐるを追えとるなり。摂はおさめとる。取は迎えとる》。「摂取してすてざれば」

出典 浄土和讃　親2和讃-51

❷（文明本に、）おさめとりたまふとなり〔左訓〕。《摂め取りたもうとなり》。

出典 浄土和讃　親2和讃-51　真2-495　西聖701

❸おさめとりたまふとなり〔左訓〕。《摂め取りたもうとなり》。「信心のひとを摂取して」

出典 正像末和讃・草　親2和讃-149

❹おさめとりたまふとなり〔左訓〕。《摂め取りたもうとなり》。

出典 一多文意　親3和文-127　真2-605　西聖780

❺おさめとる〔左訓〕。《摂め取る》。

出典 一多文意　親3和文-135　真2-610　西聖784

❻みだによらいおさめとられまいらせたりとしるべし〔左訓〕。《弥陀如来に摂め取られまいらせたりと知るべし》。

出典 一多文意　親3和文-136　真2-610　西聖784

❼摂は、おさめたまふ、取は、むかへとると、まふすなり。おさめとりたまふとき。すなわち、日おもへだてず、正定聚のくらゐにつきさだまるを往生をうとはのたまへるなり〔本文〕。

出典 一多文意　親3和文-127　真2-605　西聖780　西註679　東聖535

❽おさめとりたまふとなり〔左訓〕。《摂め取りたもうとなり》。

出典 唯信文意　親3和文-174　西聖804

摂取不捨の利益＝しんしむのひとをみだによらいおさめとりたまふとまふすなり〔左訓〕。《信心の人を弥陀如来

に摂め取りたもうともうすなり》。

出典 正像末和讃・草　親2和讃-148

解説 摂取不捨と熟し、阿弥陀仏の利益を示す。阿弥陀のはたらき、つまり、他力そのものを指す。『観経』第九真身観に出ずる。

せっしゅうなんば【摂州難波】

つのくになにはのみやこなり〔左訓〕。《津の国難波の都なり》。「摂州難波の皇都なり」

出典 聖徳奉讃　親2和讃-230　真2-532

せっしゅしんこうじょうしょうご【摂取心光常照護】

摂取心光常照護といふは、信心をえたる人おば無碍光仏の心光つねにてらし、まもりたまふゆへに、無明のやみはれ、生死のながきよ、すでにあかつきになりぬとしるべしと也〔本文〕。

出典 尊号銘文　親3和文-118　真2-601　西聖774　西註672　東聖532

解説 『尊号真像銘文』に引かれる「正信偈」の文。信心の人は摂取不捨の救いの光に照らされ守られているとの意。

→せっしゅ【摂取】

せっしょう【摂生】

摂生は十方衆生を誓願におさめとらせたまふとまふすこゝろ也〔本文〕。

出典 尊号銘文　親3和文-94　真2-589　西聖761　西註656　東聖521

せにゅう【施入】

てらにおかむとなり〔左訓〕。《寺に置かんとなり》。「資財田園施入せむ」

出典 聖徳奉讃　親2和讃-242　真2-538

ぜにん【是人】

❶是人は信心をえたる人なり〔本文〕。

出典 尊号銘文　親3和文-98　真2-591　西聖763　西註659　東聖523

❷是人といふは、是は非に対すること

ばなり。真実信楽のひとおば是人とま
ふす。虚仮疑惑のものおば非人といふ。
非人といふは、ひとにあらずときらひ、
わるきものといふなり。是人は、よき
ひととまふす〔本文〕。

出典 一多文意 親3和文-134 真2-
609西聖783 西註683 東聖538

ぜみょうしょうじょうしごう じゅんぴ ぶつがんこ【是名正定之業 順彼仏願故】

是名正定之業 順彼仏願故といふは、
弘誓を信ずるを報土の業因とさだまる
を、正定の業となづくといふ。仏の願
にしたがふがゆへにと、まふす文なり
〔本文〕。

出典 一多文意 親3和文-141 真2-
613 西聖787 西註688 東聖541

解説 『一念多念文意』に引かれる『観
経疏』「散善義」の文。

せよ【施与】

ほどこしあたふ〔左訓〕。

出典 教行信証・信 真2-69 西聖310

せん【専】

❶専はもはらといふ。一といふなり。
もはらといふは、余善他仏にうつる
こゝろなきをいふなり〔本文〕。

出典 一多文意 親3和文-140 真2-
613 西聖786 西註687 東聖541

❷専復専といふは、はじめの専は、一
行を修すべしとなり。復はまたといふ、
かさぬといふ。しかれば、また専とい
ふは、一心なれとなり。一行一心をも
はらなれとなり。専は一ということば
なり。もはらといふは、ふたごゝろな
かれとなり。ともかくもうつるこゝろ
なきを専といふなり〔本文〕。

出典 唯信文意 親3和文-173 真2-
632 西聖804 西註711 東聖555

せんいち【染悪痴】

(染に、)つく。(悪に、)いかる。(痴
に、)おろかなり〔左訓〕。

出典 教行信証・信 親1-117 真2-
60 西聖289

ぜんう【善友】

❶よきともといふ〔左訓〕。

出典 唯信鈔 親6写(2)-70 西聖1298

❷よきともとならむとなり〔左訓〕。

出典 親2-756

せんぎょう【専行】

専行とは、専ら一善を修す、かるがゆ
えに専行と曰う〔本文〕。

出典 教行信証・化 親1-290 真2-
155 西聖498 西註395 東聖342

せんごう【瞻仰】

❶みたてまつる。おほせをあおく〔左
訓〕。《見奉る。仰せを仰ぐ》。「世尊の
威光を瞻仰し」

出典 浄土和讃 親2和讃-34

❷まほりあをく〔左訓〕。《見つめ仰
ぐ》。

出典 観経疏加点・定 親9加(3)-120

解説 「まほり」は、「守り」の転で、
「じっと見つめる」の意。古語。

ぜんこうにん【染香人】

❶かうはしきかみにそめるかことしと
いふ〔左訓〕。《香ばしき香身に染める
がごとしという》。「染香人のそのみに
は」

出典 浄土和讃 親2和讃-70

❷かうばしきかみにそめるがごとしと
いふ〔左訓〕。《香ばしき髪に染めるが
ごとしという》。→こうこうしょうご
ん【香光荘厳】

出典 尊号銘文 親3和文-83 真2-
582 西聖756

せんじゃくせっしゅ【選択摂取】

えらみ反。えらふ反。きらふ反。せふ
はことにえらひとるこゝろなり。しゆ
はきらひとるこゝろなり〔左訓〕。《選
ぶ。嫌う。選は殊に選び取る心なり。
取は嫌い取る心なり》。「本願選択摂取

する」

[出典] 浄土和讃　親2和讃-36

せんじゃくほんがんねんぶつしゅう【選択本願念仏集】

『選択本願念仏集』といふは、聖人の御製作なり〔本文〕。

[出典] 尊号銘文　親3和文-107　真2-595　西聖768　西註665　東聖527

[解説] 建久9（1198）年、関白九条兼実の請いによって、法然が著す。十六章からなり、念仏の要義を記す。

せんじゅ【専修】

専修は本願のみなを、ふたごゝろなく、もはら修するなり。修はこゝろのさだまらぬをつくろいなほし、おこなふなり。専は、もはらといふ、一といふなり。もはらといふは、余善・他仏にうつるこゝろなきをいふなり〔本文〕。

[出典] 一多文意　親3和文-140　真2-613　西聖786　西註687　東聖541

せんしょう【専精】

❶もはら、よく。「専精にこゝろをかけしめて」

[出典] 高僧和讃　親2和讃-106

❷（文明本に、）もはらこのみてといふ〔左訓〕。《専ら好みてという》。

[出典] 高僧和讃　親2和讃-106　真2-508　西聖714

せんしん【専心】

❶専心と云えるは、すなわち一心なり、二心なきことを形すなり〔本文〕。

[出典] 教行信証・行　親1-70　真2-34　西聖235　西註189　東聖192

❷専心と云えるは、すなわちこれ一心なり〔本文〕。

[出典] 教行信証・信　親1-139　真2-72　西聖316　西註252　東聖241

❸専心とは、回向を専らにするがゆえに専心と曰えり〔本文〕。

[出典] 教行信証・化　親1-291　真2-155　西聖498　西註395　東聖342

❹専心とは、五正行を専らにして二心なきがゆえに、専心と曰う〔本文〕。

[出典] 教行信証・化　親1-291　真2-155　西聖499　西註396　東聖343

せんじん【浅深】

あさき、ふかき〔左訓〕。

[出典] 西方指南　親5輯(1)-21・99

せんそうさいし【占相祭祀】

うら、さう、まつり、はらへなり〔左訓〕。《占、相、祭、祓へなり》。

[出典] 一多文意　親3和文-141　真2-613　西聖787

せんそく【戦息】

たゝかふ、やむ〔左訓〕。

[出典] 教行信証・化　親1-374　真2-198　西聖591

せんだい【闡提】

ひらく、ふくのことはなり〔左訓〕。

[出典] 教行信証・信　真2-81　西聖335

ぜんち【染治】

そめ、をさめ〔左訓〕。

[出典] 大経延書　親8加(1)-33

せんちゅうむいち【千中無一】

せんかなかにひとりもむまれずとなり。ゑかんせんしのしやくにはまんふゐちしやうとしやくせられたり〔左訓〕。《千が中に一人も生まれずとなり。懐感禅師の釈には万不一生と釈せられたり》。「千中無一ときらはるゝ」

[出典] 高僧和讃　親2和讃-110

[解説]「懐感禅師の釈」とは『群疑論』七巻を指す。特に報化二土について詳述。

せんと【瞻覩】

みたてまつら（る）〔左訓〕。

[出典] 教行信証・教　親1-11　真2-3　西聖168

ぜんどうだいししょうをこい【善導大師証をこい】

十方しよふちにまうしたまはく。この
くわんきやうきをつくりさふらうにし
ようにんになりたまへと、いのらせた
まひたり〔左訓〕。《十方諸仏に申し給
わく。この『観経義（疏）』を造り候
うに証人になり給えと、祈らせた給ひ
たり。→じゅっぽうしょぶつにしょう
をこふ【十方諸仏に証をこふ】

出典 高僧和讃　親2和讃-111

ぜんとん【漸頓】

漸は、やうやく仏道を修して、三祇・
百大劫をへて仏になるなり。頓は、こ
の娑婆世界にして、このみにてたちま
ちに仏になるとまふす也。これすなわ
ち仏心・真言・法華・華厳等のさとり
をひらくなり〔本文〕。

出典 尊号銘文　親3和文-111　真2-
597　西聖770　西註668　東聖528

せんねん【専念】

❶専念と云えるは、すなわち一行なり、
二行なきことを形（あらわ）すなり
〔本文〕。

出典 教行信証・行　親1-70　真2-35
西聖235　西註189　東聖192

❷専念と云えるは、すなわちこれ一行
なり〔本文〕。

出典 教行信証・信　親1-139　真2-
72　西聖316　西註252　東聖241

せんはく【尠薄】

すくなくうすし〔左訓〕。

出典 観経疏加点・序　親9加(3)-78

せんばつ【船筏】

ふね、いかたなり〔左訓〕。「生死大海
の船筏なり」

出典 正像末和讃・草　親2和讃-149

せんひょう【戦慄】

おの〻く、おそる〔左訓〕。

出典 教行信証・信　親1-163　真2-

86　西聖348

ぜんぽん【善本】

❶みだのめやうがう〔左訓〕。《弥陀の
名号》。

出典 三経往生　親3和文-36　真2-
558　西聖747

❷善本とは如来の嘉名なり。この嘉名
は万善円備せり、一切善法の本なり。
かるがゆえに善本と曰うなり〔本文〕。

出典 教行信証・化　親1-295　真2-
158　西聖503　西註399　東聖347

解説 阿弥陀のみ名。善法の本となる。

ぜんぽんとくほん【善本徳本】

いんゐをせんほんといふ。くわゐのを
とくほんといふ〔左訓〕。《因位を善本
という。果位のを徳本という》。「釈迦
は善本徳本を」

出典 浄土和讃　親2和讃-41

せんむいっしつ【千無一失】

❶せんにひとつもとかなしとなり〔左
訓〕。《千に一つも過（とが）なしとな
り》。「千無一失とおしえたり」

出典 高僧和讃　親2和讃-123

❷（文明本に、）せんにひとつのとか
なしとなり〔左訓〕。《千に一つの過な
しとなり》。

出典 高僧和讃　親2和讃-123　真2-
512　西聖718

せんよく【洗浴】

あらいあらふ、よく。

出典 法事讃加点　親9加(4)-5

ぜんわ【染汚】

そめけがすとなり〔左訓〕。《染め汚す
となり》。

出典 西方指南　親5輯(2)-342

そ

そう【総】
総はふさねてといふ、すべて、みなと
いふこゝろなり〔本文〕。
出典 唯信文意　親3和文-164　真2-
626　西聖799　西註705　東聖551

ぞう【雑】
雑の言は、人天・菩薩等の解行雑せる
がゆえに雑と曰えり。本より往生の因
種にあらず、回心回向の善なり、かる
がゆえに浄土の雑行と曰うなり〔本
文〕。→ぞうぎょう【雑行】
出典 教行信証・化　親1-290　真2-
155西聖498　西註395　東聖342

ぞうあくこのむわがでし【造悪このむわ
が弟子】
しゃくそんのてしのわるくなりゆくと
なり〔左訓〕。《釈尊の弟子の悪くなり
行くとなる》。「造悪このむわが弟子
の」
出典 正像末和讃　親2和讃-178

そうい【相違】
あひたがふ〔左訓〕。
出典 三経往生　親3和文-13

ぞうえん【雑縁】
❶ましえみたる〔左訓〕。《雑（まじ）
え乱る》。「外の雑縁さらになし」
出典 高僧和讃　親2和讃-116
❷みだりおごかすなり〔左訓〕。《乱り
動かすなり》。
出典 西方指南　親5輯(2)-249

そうおう【蕭王】
せう反。こくわうのおむななり〔左
訓〕。《国王の御名なり》。「梁の天子蕭
王は」
出典 高僧和讃　親2和讃-103
解説 蕭王（464-549）は南朝梁の初代
皇帝、武帝のこと。名は蕭衍（しょう

えん）。502年、南斉の和帝の禅譲によ
って帝位に就き、梁を興した。仏教を
深く信奉。

ぞうが【造画】
つくりかくなり〔左訓〕。
出典 西方指南　親5輯(1)-10

ぞうきせざれ【雑起せざれ】
まじへおこさず〔左訓〕。
出典 西方指南　親5輯(2)-353

ぞうきまっぽう【像季末法】
❶さうほふのすゑ〔左訓〕。《像法の
末》。「像季末法の衆生の」
出典 正像末和讃・草　親2和讃-144
❷さうほふのすゑなり〔左訓〕。《像法
の末なり》。「像季末法のこのよには」
出典 正像末和讃・草　親2和讃-151
❸さうほふのすゑ〔左訓〕。《像法の
末》。「像季末法のこのよには」
出典 正像末和讃　親2和讃-160
解説 一般に正法とは、仏滅後五百年ま
で、像法とは、その後千年、末法とは、
その後一万年をいう。諸説あり。

ぞうぎょう【雑行】
雑行とは正助を除きて已外をことごと
く雑行と名づく。これすなわち横出・
漸教、定散・三福、三輩・九品、自力
仮門なり〔本文〕。
出典 教行信証・化　親1-290　真2-
155　西聖497　西註394　東聖341
解説 五正行以外のすべての自力行。こ
れらは、いずれも自力無功を信知した
者にとっては、他力への方便仮門とな
る。

ぞうぎょう・ざっしん【雑行・雑心】
雑行・雑心とは、諸善兼行するがゆえ
に雑行と曰う、定散心雑するがゆえに
雑心と曰うなり〔本文〕。
出典 教行信証・化　親1-291　真2-
155　西聖498　西註395　東聖342

ぞうぎょうざっしゅ【雑行雑修】
さふきやうはよろつのきやう。さふし

ゆはけんせをいのり、助業をしゆする
をいふなり〔左訓〕。《「雑行」はよろ
ずの行。「雑修」は現世をいのり、助
業（読誦・観察・礼拝・讃嘆供養）を
修するを言うなり》。「雑行雑修これに
たり」

[出典] 高僧和讃　親2和讃-111

そうこう【蕭后】

わうなり、きさきなり〔左訓〕。《王な
り。后なり》。

[出典] 教行信証・化　親1-371　真2-
197　西聖589

[解説] 南斉の太祖高帝（蕭道成）の后。
蕭后は法華を写し、般若を誦して、仏
像の鋳造に一度で成功したと伝える。

そうごうこんぜん【相好金山】

さうはおほかたち、かうはこかたち
〔左訓〕。《相は大形、好は小形》。「相
好金山のごとくなり」

[出典] 浄土和讃　親2和讃-28

そうごうらい【総迎来】

❶総迎来といふは、総はふさねてとい
ふ、すべてみなといふこゝろなり。迎
はむかふるといふ、まつといふ、他力
をあらわすこゝろなり。来はかへると
いふ。きたらしむといふ。法性のみや
こへむかへゐてきたらしめ、かへらし
むといふ。法性のみやこより衆生利益
のために、この娑婆界にきたるゆへに
来をきたるといふなり。法性のさとり
をひらくゆへに来をかへるといふなり
〔本文〕。

[出典] 唯信文意　親3和文-164　真2-
626　西聖799　西註705　東聖551

❷総迎来は、すべてみな浄土へむかへ
かへらしむといへるなり〔本文〕。

[出典] 唯信文意　親3和文-167　真2-
628　西聖801　西註707　東聖552

[解説]『唯信鈔文意』に引かれる法照の
『五会法事讃』の文。親鸞は、これを

すべて浄土へきたらしむ者を阿弥陀が
迎えると摂取不捨の意に解釈する。

ぞうこん【造建】

つくりはじめたまふ〔左訓〕。「造建せ
むとて山城の」

[出典] 聖徳奉讃　親2和讃-229　真2-
532

そうじ【総持】

❶ふさねてといふ。すべてといふ〔左
訓〕。

[出典] 尊号銘文・略　親3和文-49

❷総持といふは智慧なり。無碍光の智
慧を総持とまふすなり〔本文〕。

[出典] 尊号銘文　親3和文-49・88　真
2-585　西聖758　西註652　東聖518

ぞうしゃ【造写】

つくりうつす〔左訓〕。「寺塔仏像造写
せし」

[出典] 聖徳奉讃　親2和讃-237　真2-
535

そうじゅりんげおうじょう【双樹林下往生】

❶二に双樹林下往生は『観経』の宗な
り〔本文〕。

[出典] 愚禿鈔　親2漢-8　真2-457
西聖637　西註505　東聖427

❷観経往生といふは、修諸功徳の願に
より、至心発願のちかいにいりて、万
善諸行の自善を回向して、浄土を欣慕
せしむるなり。しかれば、『無量寿仏
観経』には、定善・散善・三福・九品
の諸善、あるいは自力の称名念仏をと
きて九品往生をすゝめたまへり。これ
は他力の中に自力を宗致としたまへり。
このゆへに観経往生ともふすは、これ
みな方便化土の往生なり。これを双樹
林下往生とまふすなり〔本文〕。

[出典] 三経往生　親3和文-28　真2-
554　西聖744　西註630　東聖471

[解説] 第十九願の往生。『観経』に説か

れる自力の臨終来迎往生。

ぞうじょう【憎盛】
　そねむこゝろ〔左訓〕。
　出典 西方指南　親5輯(1)-38

ぞうじょうえん【増上縁】
　❶まさる。よろつのせんにまされるによりて、そうしやうえんといふなり〔左訓〕。《増（まさ）る。万の善に増（まさ）れるによりて、増上縁というなり》。「増上縁となづけたり」
　出典 高僧和讃　親2和讃-112
　❷すぐれたるがうえんとなり〔左訓〕。《増れたる強縁となり》。
　出典 一多文意　親3和文-135　真2-610　西聖784
　❸増上縁はすぐれたる強縁となり〔本文〕。
　出典 尊号銘文　親3和文-98　真2-591　西聖763　西註659　東聖523
　❹本願業力は信心のひとの強縁なるがゆへに、増上縁とまふすなり〔本文〕。
　出典 一多文意　親3和文-135　真2-610　西聖784　西註684　東聖538
　解説 三縁（親縁・近縁・増上縁）の一つ。

そうす【奏す】
　まうす反〔左訓〕。「不宜住此と奏してぞ」
　出典 浄土和讃　親2和讃-47

そうぞく【相続】
　❶あいつかす〔左訓〕。《相続かず》。「三者信心相続せず」
　出典 高僧和讃　親2和讃-100
　❷（文明本に、）あひつかす〔左訓〕。
　出典 高僧和讃　親2和讃-100　真2-507　西聖713
　❸あひつぐ（と）なり〔左訓〕。
　出典 西方指南　親5輯(1)-190・輯(2)-283
　解説 ❶❷は「相続せず」の左訓なの

で、否定の表現になっている。

そうぞくむけん【相続無間】
　あひつぎてひまなくしてといふ〔左訓〕。
　出典 西方指南　親5輯(2)-306

ぞうち【造置】
　つくりおけり〔左訓〕。「四大天王造置して」
　出典 聖徳奉讃　親2和讃-234　真2-534

ぞうちょう【増長】
　ましますとなり〔左訓〕。
　出典 西方指南　親5輯(2)-337

そうばらびんだらじごく【曽婆羅頻陀落地獄】
　むけんちこくのしゆしやうをみてはあらたのしけやとみるなり。ふちはふをそしりたるものこのちこくにおちてはちまんこふちゆすたいくなうをうく〔左訓〕。《無間地獄の衆生を見ては、あら楽しげやと見るなり。仏法を謗りたる者、この地獄に堕ちて八万劫住す大苦悩を受く》。「曽婆羅頻陀落地獄にて」
　出典 浄土和讃　親2和讃-58
　解説 『無量寿仏名号利益大事因縁経』に出る。謗法の大罪を犯した者がここに堕ち、八万劫の間住し、間断なく大苦悩を受ける。『大乗荘厳宝王経』には、「曽婆羅」は梵語 sambarak の音写で大阿鼻地獄。「頻陀落」は梵語 vitala の音写で底深い地獄の意とされる。

ぞうまつごじょくのよ【像末五濁のよ】
　さうほふのよまちほふのよとなりにたりとしるへしとなり〔左訓〕。《像法の世、末法の世となりにたりとしるべしとなり》。「像末五濁のよとなりて」
　出典 正像末和讃・草　親2和讃-144

そうみょう【相貌】
　そうみょう。（貌に、）かたち〔左訓〕。

出典 教行信証・行　親1-42　真2-19
西聖203

ぞうらん【雑乱】

ましはりみたる〔左訓〕。

出典 観経疏加点・定　親9加(3)-142

ぞうり【蔵吏】

くにのかみなり〔左訓〕。

出典 教行信証・化　親1-363　真2-
194　西聖581

ぞうりゅう【造隆】

つくりたつとなり〔左訓〕。「数大の御
てらを造隆し」

出典 聖徳奉讃　親2和讃-230

そうりんこくし【叢林棘刺】

❶しけきくさむらはやしのことし、む
はらからたちのこと也〔左訓〕。《茂き
叢（くさむら）林のごとし。棘（茨、
いばら）枳殻（からたち）の如なり》。
「見濁叢林棘刺のごとし」

出典 正像末和讃・草　親2和讃-150

❷くさむら、はやしのことく、むはら、
からたちのことくほむなう、あくまさ
るへしと也〔左訓〕。《叢、林のごとく、
棘（茨）、枳殻のごとく煩悩、悪勝る
べしと也》。「叢林棘刺のごとくなり」

出典 正像末和讃　親2和讃-162

❸（文明本に、）くさむら、はやし、
うはら、からたちのことくあくの心し
けきなり〔左訓〕。《叢、林、棘（茨）、
枳殻のごとく悪の心茂きなり》。

出典 正像末和讃　親2和讃-162　真2-
517　西聖723

解説 煩悩悪心は激しく盛んで、その勢
いは繁茂する草木にも、棘（茨）の刺
（とげ）にも似ているとの意。

そかい【素懐】

❶もと、おもひ〔左訓〕。

出典 教行信証・化　親1-276　真2-
147　西聖481

❷（素に、）もとの。（懐に、）おもひ

反。こ、ろ反〔左訓〕。「厭離の素懐を
あらわして」

出典 高僧和讃　親2和讃-129

❸（文明本に、）もとのこ、ろという
〔左訓〕。《素の心という》。

出典 高僧和讃　親2和讃-129　真2-
513　西聖719

❹もとのおむこ、ろざしなり〔左訓〕。
《素の御志なり》。

出典 一多文意　親3和文-139　真2-
612　西聖786

そく【即】

❶即の言は、願力を聞くに由って、報
土の真因決定する時剋の極促を光闡せ
るなり〔本文〕。

出典 教行信証・行　親1-49　真2-22
西聖212　西註170　東聖178

❷即はすなわちといふ、信をうる人は、
ときをへず、日をへだてずして正定聚
のくらゐにさだまるを即といふ也〔本
文〕。

出典 尊号銘文　親3和文-120　真2-
602　西聖774　西註673　東聖532

❸即は、すなわちといふ、ときをへず、
日おもへだてぬなり。また即は、つく
といふ。そのくらゐにさだまりつくと
いふことばなり〔本文〕。

出典 一多文意　親3和文-127　真2-
605　西聖780　西註678　東聖535

❹即はすなわちといふ。ときをへず、
日をへだてず、正定聚のくらゐにさだ
まるを即生といふなり。生はむまると
いふ、これを念即生とまふすなり。ま
た、即はつくといふ。つくといふは、
くらゐにかならずのぼるべきみといふ
なり。世俗のならひにも、くにの王の
くらいにのぼるをば、即位といふ。位
といふは、くらゐといふ。これを東宮
のくらゐにゐるひとは、かならず王の
くらゐにつくがごとく、正定聚のくら

ゐにつくは、東宮のくらゐのごとし。王にのぼるは、即位といふ。これはすなわち無上大涅槃にいたるをまふすなり。信心のひとは正定聚にいたりて、かならず滅度にいたると、ちかひたまへるなり〔本文〕。

出典 一多文意　親3和文-148　真2-617　西聖790　西註692　東聖544

❺即はすなわちといふ。すなわちといふはときをへず、日をへだてぬをいふなり〔本文〕。

出典 唯信文意　親3和文-161　真2-625　西聖798　西註703　東聖550

❻即はすなわちといふ〔本文〕。

出典 唯信文意　親3和文-178　真2-634　西聖806　西註714　東聖557

解説「即」には、即時、即位の意味がある。親鸞は、この解釈から「即得往生」に現生正定聚の根拠を見出す。

そく【則】

則といふは、すなわちといふ、のりとまふすことばなり。如来の本願を信じて一念するに、かならずもとめざるに、無上の功徳をえしめ、しらざるに広大の利益をうるなり。自然に、さまざまのさとりを、すなわちひらく法則なり。法則といふは、はじめて行者のはからひにあらず。もとより不可思議の利益にあずかること、自然のありさまとまふすことをしらしむるを、法則とはいふなり。一念信心をうるひとのありさまの自然なることをあらわすを、法則とはまふすなり〔本文〕。

出典 一多文意　親3和文-137　真2-611　西聖785　西註685　東聖539

解説 親鸞は「則」を「のり」「法則」の意に解し、自然と理解する。

そくおうあんらく【即応安楽】

すなわちあんらくにゆくと〔左訓〕。

出典 唯信鈔　親6写(2)-51　西聖1289

そくおうじょう【即往生】

❶即往生とは、すなわちこれ報土化生なり〔本文〕。

出典 教行信証・化　親1-288　真2-154　西聖495　西註393　東聖339

❷即往生とは、これすなわち難思議往生、真の報土なり〔本文〕。

出典 愚禿鈔　親2漢-51　真2-478　西聖676　西註541　東聖458

解説「便往生」に対する語。親鸞は『観経』上品上生の「即便往生」の言を、即往生と便往生に分け、前者を第十八願の難思議往生、後者を第十九願成就文の「便於七宝華中」と見て、双樹林下往生を指すと解釈した。→べんおうじょう【便往生】

そくおうちょうぜつごあくしゅ【即横超截五悪趣】

即横超截五悪趣といふは、信心をえつればすなわち横に五悪趣をきるなりとしるべしと也。即横超は、即はすなわちといふ、信をうる人は、ときをへず、日をへだてずして正定聚のくらゐにさだまるを即といふ也。横はよこさまといふ、如来の願力なり。他力をまふすなり。超はこえてといふ。生死の大海をやすくよこさまにこえて、無上大涅槃のさとりをひらく也〔本文〕。

出典 尊号銘文　親3和文-119　真2-602　西聖774　西註673　東聖532

解説『尊号真像銘文』に引かれる『大経』の文（西聖68・西註54・東聖57）。親鸞は、横超、つまり、他力によって即時に往生を得るという浄土真宗の証果の根拠をここに見る。

そくさいえんめい【息災延命】

（文明本に、）しちなんをとゝ、めいのちをのべたまふなり〔左訓〕。《七難を止め、命を延べ給うなり》。「息災延命のためにとて」

出典 浄土和讃　親2和讃-59　真2-
497　西聖703

ぞくさんおう【粟散王】

粟散王とまふすは、このくにはきわめ
て小国なりといふ。粟散といふは、あ
わつぶをちらせるがごとくちひさきく
にの王と聖徳太子のならせたまひたる
とまふしける也と〔左訓〕。《粟散王と
申すは、この国は極めて小国なりとい
う。粟散というは、粟粒を散らせるが
ごとく小さき国の王と聖徳太子のなら
せ給いたると申しまける也と》。

出典 尊号銘文　親3和文-101　真2-
592　西聖765　西註661　東聖524

大日本国粟散王＝しやうとくたいし
をほめたてまつるなり〔左訓〕。《聖徳
太子を讃めたてまつるなり》。

出典 和讃拾遺　親2和讃-284

解説 粟粒をまき散らしたような島国で
世界の片隅にある日本国の王との意。

ぞくさんへんしゅう【粟散片州】

❶あわをちらせるかことくなるくにな
り〔左訓〕。《粟を散らせるか如くなる
国なり》。「粟散片州誕生して」

出典 高僧和讃　親2和讃-134

❷（文明本に、）このにちほんこくな
り〔左訓〕。《この日本国なり》。

出典 高僧和讃　親2和讃-134　真2-
514　西聖720

そくしつ【速疾】

すみやかにとく〔左訓〕。

出典 教行信証・真　真2-122　西聖
428

そくじにゅうひつじょう【即時入必定】

即時入必定といふは、信ずればすなわ
ちのとき必定にいるとなり。必定にい
るといふはまことに念ずればかならず
正定聚のくらゐにさだまるとなり〔本
文〕。

出典 尊号銘文　親3和文-84　真2-

583　西聖756　西註650　東聖517

解説 『尊号真像銘文』に引かれる龍樹
の「易行品」の文。親鸞は、この文を
根拠に「即得往生」の「即」を即時と
解釈する。

そくじゅうざき ちょうらいぶつそくにびゃくぶつごん【即従座起 頂礼仏足 而白仏言】

即従座起 頂礼仏足 而白仏言とまふす
は、すなわち座よりたち、仏の御あし
を礼して仏にまふしてまふさくとなり
〔本文〕。

出典 尊号銘文　親3和文-81　真2-
581　西聖755　西註648　東聖515

解説 『尊号真像銘文』に引かれる『首
楞厳経』の文。

そくしょう【即生】

❶すなわちうまる〔左訓〕。

出典 一多文意　親3和文-148　真2-
617　西聖790

❷すなわちわうじやうすと〔左訓〕。
《即ち往生すと》。

出典 西方指南　親5輯(1)-6

そくしょう【速証】

とくさとりをひらくという〔左訓〕。
《疾く覚りを開くをいう》。

出典 唯信鈔　親6写(2)-40　真2-740
西聖1283

そくしんのしょう【即身の証】

このみにてさとりをひらくなり〔左
訓〕。《この身にて覚りを開くなり》。

出典 唯信鈔　親6写2-40　真2-739
西聖1283

そくぜごぎょう【即是其行】

❶即是其行と言うは、すなわち選択本
願これなり〔本文〕。

出典 教行信証・行　親1-48　真2-22
西聖211　西註170　東聖178

❷即是其行はこれすなわち法蔵菩薩の
選択本願也としるべしとなり、安養浄

土の正定の業因なりとのたまへるこゝろ也〔本文〕。

出典 尊号銘文　親3和文-93　真2-588　西聖761　西註656　東聖521

そくとくおうじょう【即得往生】

❶即得往生といふは、即は、すなわちといふ、ときをへず、日もおもへだてぬなり。また即は、つくといふ。そのくらゐにさだまりつくといふことばなり。得は、うべきことをえたりといふ。真実信心をうれば、すなわち、無碍光仏の御こゝろのうちに摂取して、すてたまはざるなり。摂は、おさめたまふ、取は、むかへとると、まふすなり。おさめとりたまふとき、すなわち、とき・日おもへだてず、正定聚のくらゐにつきさだまるを、往生をうとのたまへるなり〔本文〕。

出典 一多文意　親3和文-127　真2-605　西聖780　西註678　東聖535

❷即得往生は、信心をうればすなわち往生すといふ。すなわち往生すといふは、不退転に住するをいふ。不退転に住すといふは、すなわち正定聚のくらゐにさだまるとのたまふ御のりなり。これを即得往生とはまふすなり。即はすなわちといふ。すなわちといふはときをへず、日をへだてぬをいふなり〔本文〕。

出典 唯信文意　親3和文-161　真2-625　西聖798　西註703　東聖549

解説 『大経』第十八願成就文の文。親鸞は、この文を現生正定聚論の根拠とする。

そくりょう【測量】

→しきりょう【測量】

そくりょぎょうしん【息慮凝心】

やめて、おもんはかり、こらす〔左訓〕。《息（や）めて、慮り、凝らす》。

出典 教行信証・化　親1-289　真2-

154　西聖496

解説 慮（おもんぱか）りを息めて心を凝らす。『観経』に説かれる定善十三観のこと。

そしゅん【初春】

しやうくわちなり〔左訓〕。《正月なり》。「初春下旬第五日」

出典 高僧和讃　親2和讃-136

そぞう【疎雑】

うとくまじわると〔左訓〕。

出典 西方指南　親5輯(2)-248

そみょう【麁妙】

あらし〔左訓〕。（麁に、）あらくわるきなり〔左訓〕。（妙に、）たえによきこと〔左訓〕。

出典 唯信鈔　親6-写(2)-43　西聖1285

そんぎょう【尊敬】

たうとみうやまふ〔左訓〕。《尊び敬う》。「堅牢地祇は尊敬す」

出典 浄土和讃　親2和讃-62

そんげん【損減】

ほろふ、すくなし〔左訓〕。

出典 教行信証・信　親1-114　真2-58　西聖286

そんごう【尊号】

尊号とまふすは、南無阿弥陀仏なり。尊はたふとくすぐれたるとなり。号は仏になりたまふてのちの御なをまふす。名はいまだ仏になりたまはぬときの御なをまふすなり〔本文〕。

出典 唯信文意　親3和文-156　真2-621　西聖795　西註699　東聖547

解説 阿弥陀の尊号、南無阿弥陀仏のこと。→あみだ【阿弥陀】

そんちう【尊重】

たふとくおもくすべし〔左訓〕。「恭敬尊重せしむべし」

出典 聖徳奉讃　親2和讃-231

そんちょう【尊重】

→そんちう【尊重】

た

た【多】

多は大のこゝろなり。勝のこゝろなり。増上のこゝろなり。大はおほきなり。勝はすぐれたり。よろづの善にまされるとなり。増上はよろづのことにすぐれたるなり〔本文〕。

出典 唯信文意　親3和文-167　真2-628　西聖801　西註707　東聖552

だいあんゐ【大安慰】

たいあんゐはみたのみなゝり。一さいしゆしやうのよろつのなけきうれえわるきことをみなうしなふてやすくやすからしむ〔左訓〕。《大安慰は弥陀のみ名なり。一切衆生の万の嘆き、憂え、悪きことを皆失うて安く安からしむ》。「大安慰に帰命せよ」

出典 浄土和讃　親2和讃-11
解説 阿弥陀仏の三十七号の一。仏が衆生に大いなる安らぎとなぐさめを与えることからこの名が付いた。

たいい【大意】

おほごゝろ（なり）〔左訓〕。
出典 西方指南　親5輯(2)-284・288

だいえしゅう【大会衆】

しやうぢやうじゆのくらゐなり〔左訓〕。《正定聚の位なり》。
出典 文類聚鈔　親2漢-142
解説 不退転の位と解す。→だいえしゅもん【大会衆門】

だいえしゅもん【大会衆門】

いかんが讃嘆する、口業をして讃じたまいき。名義に随順して仏名を称せしむ。如来の光明智相に依って、実のごとく修し相応せしめんと欲すがゆえに。すなわちこれ無碍光如来の、摂取・選択の本願なるがゆえに。これを名づけて第二門に入るとす。すなわち大会衆の数に入ることを獲るなり〔本文〕。

出典 入出二門　親2漢-115　真2-481　西聖683　西註546　東聖462
解説 五功徳門の第二門。天親の『浄土論』に説かれる。

だいおうぐ【大応供】

❶（応に、）かなふ反、こたふ。一さいしゆしやうのくやうをうけましますにこたへたまふによりてたいおうくといふ。〔左訓〕。《叶う、応う。一切衆生の供養を受けましますに応え給うによって大応供という》。「大応供に帰命せよ」

出典 浄土和讃　親2和讃-10
❷（文明本に、）みたによらいなり〔左訓〕。《弥陀如来なり》。
出典 浄土和讃　親2和讃-10　真2-487　西聖693
解説 『大経』に説かれる仏の十号の一つ。衆生の供養をうけるにふさわしい仏という意。

だいかくのくらゐ【大覚のくらゐ】

だいにちにょらいとなるなり〔左訓〕。《大日如来となるなり》。
出典 唯信鈔　親6-写(2)-39　真2-739　西聖1283

たいかん【退官】

しりそき、つかさ〔左訓〕。
出典 教行信証・化　親1-362　真2-194　西聖581

だいがんじ【大巌寺】

（巌に）いわや。（寺に、）てら。とんらんのつくらせたまひたるおむてらなり〔左訓〕。《曇鸞の造らせ給いたる御寺なり》。「大巌寺にこそおはしけれ」
出典 高僧和讃　親2和讃-89
解説 6世紀ごろ、中国の魏の時代に幷州（太原）にあった曇鸞の建てた寺院。

たいかんひこくじょうごうじょうしゃ【諦観彼国浄業成者】

諦観彼国浄業成者と言えり、本願成就の尽十方無碍光如来を観知すべしとなり〔本文〕。

出典 教行信証・化 親1-276 真2-147 西聖482 西註382 東聖331

解説 『観経』の文（西聖113・西註91・東聖94）。親鸞の『観経』理解では顕説、つまり表からの理解では、浄土の依報二報を観ずることを示し、隠説、つまり裏からの理解では、本願成就の阿弥陀如来を観知することを示す。

だいきょう【大慶】

大慶はおほきにうへきことをえてのちによろこふといふ也〔本文〕。

出典 尊号銘義 親3和文-119 真2-602 西聖774 西註673 東聖532

だいぎょう【大行】

❶大行とは、すなわち無碍光如来の名を称するなり。この行は、すなわちこれもろもろの善法を摂し、もろもろの徳本を具せり。極速円満す、真如一実の功徳宝海なり。かるがゆえに大行と名づく〔本文〕。

出典 教行信証・行 親1-17 真2-5 西聖173 西註141 東聖157

❷大行とは、すなわち無碍光如来の名を称するなり。この行、あまねく一切の行を摂す、極促円満せり、かるがゆえに大行と名づく〔本文〕。

出典 文類聚鈔 親2漢-132 真2-444 西聖606 西註478 東聖403

❸大行といふは無碍光仏の御名を称するなり。この行あまねく一切の行を摂す。極速円満せり。かるかゆへに大行となつく〔本文〕。（『親鸞全』になし）。

出典 弥陀名号徳 西聖822

解説 自力の行に対し、他力の行、つまり、本願のはたらきをたまわる行を大

行という。

だいきょうおうじょう【大経往生】

大経往生といふは、如来選択の本願、不可思議の願海、これを他力とまふすなり。これすなわち念仏往生の願因によりて、必至滅度の願果をうるなり。現生に正定聚のくらゐに住して、かならず真実報土にいたる。これは阿弥陀如来の往相回向の真因なるがゆへに、無上涅槃のさとりをひらく。これを『大経』の宗致とす。このゆへに大経往生とまふす。また難思議往生とまふすなり〔本文〕。

出典 三経往生 親3和文-21 真2-551 西聖741 西註625 東聖468

解説 第十八願、念仏往生の願による往生。第十九願の観経往生、第二十願の弥陀経往生に対す。

たいぐ【胎宮】

はらまるゝなり〔左訓〕。《孕まるるなり》。

出典 三経往生 親3和文-34 真2-557 西聖746

解説 疑城胎宮。阿弥陀仏の浄土のうち、本願を疑う第十九願、二十願の疑心自力の行者がとどまる世界。せっかく浄土に生れても蓮華の中に包まれて、あたかも母の胎内にあるがごとく、五百年の間、仏に遇わず、法を聞かず、聖衆（しょうじゅ）を見ることができないからこのようにいわれる。

たいくつ【退屈】

しりぞきかゞまる〔左訓〕。《退き屈まる》。

出典 唯信鈔 親6写2-40 真2-739 西聖1283

だいさんじゅうさんがん【第三十三願】

このぐわんは十ぱうのしゆじやうみだのひかりにてらされてみもこゝろもよろづのひと、てん（に）すぐれてほと

けにならむとおもふこゝろありとなり
〔冠註〕。《この願は十方の衆生弥陀の
光に照らされて身も心も万の人、天に
勝れて仏に成らむと思う心ありとな
り》。

出典 九願文　親 2 漢-180

解説 触光柔軟の願。「信巻」には「真
仏弟子釈」の根拠として挙げられる。

だいじ【大士】

おほきなるひとゝいふなり〔左訓〕。
《大きなる士（ひと）というなり》。
「龍樹大士よにいでゝ」

出典 高僧和讃　親 2 和讃-77

解説 菩薩の異名。

たいしほうぎょのそのひ【太子崩御のその日】

たいしのこにふめちのひなり〔左訓〕。
《太子の御入滅の日なり》。「太子崩御
のその日にぞ」

出典 太子奉讃　親 2 和讃-272

たいしめつご【太子滅後】

はくさいこくにてたいしのこにふめち
ののちとまふすなり〔左訓〕。《百済国
にて太子の御入滅の後と申すなり》。
「太子滅後のそののちに」

出典 聖徳奉讃　親 2 和讃-236　真 2-
535

だいじゃくじょう【大寂定】

しつかにしつかにましますこと、こと
にひころにすくれましたまふゆへ
はたゝあみたのみやうかうをときたま
はむとてよにいてましますことことに
すくれめてたくましますおむかたちな
り〔左訓〕。《静かに静かにましますこ
と、ことに日頃に勝れましたまう
ゆえは、ただ阿弥陀の名号を説きたま
わんとて世に出でましますこと、こと
に勝れめでたくましますおん相（かた
ち）なり》。「大寂定にいりたまひ」

出典 浄土和讃　親 2 和讃-35

だいじゅういちがん【第十一願】

このぐわんはほうどにむまれてむじや
うだいねちはんにいたるべきなり〔冠
註〕。《この願は報土に生まれて無上大
涅槃に至るべきなり》。

出典 九願文　親 2 漢-177

解説 必至滅度の願。「証巻」の巻頭に
標挙される。

だいじゅうくがん【第十九願】

このぐわんはよろずのぜんをしゆして
りんじゆのらいがうにあづかるぐわん
なり〔冠註〕。《この願は万の善を修し
て臨終の来迎にあづかる願なり》。

出典 九願文　親 2 漢-178

解説 至心発願の願、修諸功徳の願、臨
終来迎の願。「化巻」巻頭に標挙され
る。

だいじゅうさんがん【第十三願】

このぐわんによりてむりやうじゆによ
らいとまふすなり〔冠註〕。《この願に
よって無量寿如来と申すなり》。

出典 九願文　親 2 漢-177

解説 寿命無量の願。「真仏土巻」の巻
頭に標挙される。

だいじゅうにがん【第十二願】

このぐわんによりてじん十ぽうむげく
わうによらい（と）まふすなり〔冠
註〕。《この願によって尽十方無碍光如
来と申すなり》。

出典 九願文　親 2 漢-177

解説 光明無量の願。「真仏土巻」の巻
頭に標挙される。

だいしょう【大聖】

❶（文明本に、）しやか仏なり〔左訓〕。
《釈迦仏なり》。「大聖易往をときたま
ふ」

出典 浄土和讃　親 2 和讃-55　真 2-
496　西聖702

❷しやかによらいなり〔左訓〕。《釈迦
如来なり》。

出典 唯信鈔　親6写(2)-41　真2-740
西聖1284

❸しやか仏なり〔左訓〕。《釈迦仏なり》。

出典 西方指南　親5輯(2)-356

解説 世尊。釈尊の異名。

だいしょうしょうにん【大小聖人】

たいしようのしようにん、せうしようのしやうにん〔左訓〕。《大乗の聖人、小乗の聖人》。「大小聖人みなながら」

出典 高僧和讃　親2和讃-113

だいじん【大神】

もりやかうちかみなり〔左訓〕。《守屋が氏神なり》。「物部の府都の大神の」

出典 太子奉讃　親2和讃-260

だいしんかい【大心海】

仏のおむこ、ろひろくふかくきは、ほとりなきゆへにあみたおはたいしむかいといふなり〔左訓〕。《仏の御心広く深く際、辺なきゆえに阿弥陀おば大心海といふなり》。「大心海に帰命せよ」

出典 浄土和讃　親2和讃-15

だいしんじん【大信心】

❶われらかみたのほんくわんたりきをしんしたるをたいしんしむといふ。むしやうほたいにいたるをたいしんといふなり〔左訓〕。《我らが弥陀の本願他力を信じたるを大信心という。無上菩提に至るを大信というなり》。「大信心は仏性なり」

出典 浄土和讃　親2和讃-57

❷大信心はすなわちこれ、長生不死の神方、欣浄厭穢の妙術、選択回向の直心、利他深広の信楽、金剛不壊の真心、易往無人の浄信、心光摂護の一心、希有最勝の大信、世間難信の捷径、証大涅槃の真因、極速円融の白道、真如一実の信海なり〔本文〕。

出典 教行信証・信　親1-96　真2-48　西聖263　西註211　東聖211

だいせいしほうおうじ　よごどうりん【大勢至法王子　与其同倫】

大勢至法王子　与其同倫といふは、五十二菩薩と勢至とおなじきともとまふす。法王子とその菩薩とおなじきとともとまふすを、与其同倫といふなり〔本文〕。

出典 尊号銘文　親3和文-81　真2-581　西聖755　西註648　東聖515

解説 『尊号真像銘文』に引かれる『首楞厳経』の文。

たいたい【待対】

まつ、むかう〔左訓〕。

出典 教行信証・信　親1-108　真2-55　西聖277

だいつうけちえん【大通結縁】

ほふくゑしゆのこ、ろ〔左訓〕。《法華宗の心》。

出典 西方指南　親5輯2-311

解説 ここでは法華宗とは比叡山の天台宗を指す。

だいにじゅうがん【第二十願】

このぐわんはじりきの念仏のものついにむまれしめんとなり。けねむぢやうしやうのぐわんといふ〔冠註〕。《この願は自力の念仏の者、遂に生まれしめんとなり。係念定生の願という》。

出典 九願文　親2漢-179

解説 至心回向の願、還相回向の願。「化巻」巻頭に標挙される。植諸徳本の願。不果遂者の願。

だいにじゅうにがん【第二十二願】

このぐわんはぐえんさうのえかうのぐわんなり。一しやうふしよのぐわんとまふすなり〔冠註〕。《この願は還相回向の願なり。一生補処の願と申すなり》。

出典 九願文　親2漢-179

解説 必至補処の願、還相回向の願。「証巻」に詳述される。

だいねはん【大涅槃】

まことのほとけなり〔左訓〕。《真の仏なり》。

出典 一多文意　親3和文-129　真2-606　西聖781

だいはつねはんをさとる【大般涅槃をさとる】

みたによらいとひとしくさとりをうるをまふすなり〔左訓〕。《弥陀如来と等しく覚りを得るを申すなり》。「大般涅槃をさとるなり」

出典 正像末和讃・草　親2和讃-147

だいひしんおばじょうじゅせり【大悲心おば成就せり】

みたのたいしたいひしむをえたまへりとしるへしとなり〔左訓〕。《弥陀の大慈・大悲心を得給えりと知るべしとなり》。

出典 正像末和讃・草　親2和讃-151

だいひしんとぞてんず【大悲心とぞ転ず】

さま〴〵のみつのうみにいりてすなわちしほとなるかのことく、せんあくのこゝろのみつみなたいひのしむになるなり〔左訓〕。《さまざまの水の海に入りてすなわち潮となるかの如く、善悪の心の水、みな大悲の心になるなり》。「大悲心とぞ転ずるなる」

出典 正像末和讃　親2和讃-178

だいひむけん【大悲無倦】

大悲無倦といふは、大慈大悲の御めぐみものうきことましまさずとまふすなり〔本文〕。

出典 尊号銘文　親3和文-102　真2-593　西聖766　西註662　東聖525

解説『尊号真像銘文』に引かれる『往生要集』の文。

だいほうかい【大宝海】

大宝海はよろづの善根功徳みちきわまるを海にたとへたまふ。この功徳をよく信ずるひとのこゝろのうちに、すみやかにとくみちたりぬとしらしめむとなり。しかれば、金剛心のひとは、しらずもとめざるに、功徳の大宝そのみにみちみつがゆへに、大宝海とたとえるなり〔本文〕。

出典 一多文意　親3和文-147　真2-617　西聖790　西註692　東聖544

だいぼだいしん【大菩提心】

よろつのしゆしやうをほとけになさむとおもふこゝろなり〔左訓〕。《万の衆生を仏に成さんと思う心なり》。「浄土の大菩提心は」

出典 正像末和讃・草　親2和讃-147

だいむりょうじゅきょうごん【大無量寿経言】

大無量寿経言といふは、如来の四十八願をときたまへる経也〔本文〕。

出典 尊号銘文　親3和文-73　真2-577　西聖751　西註643　東聖512

たいもつ【退没】

❶しりぞきおつるなり。いるともいう〔左訓〕。《退き落ちるなり。居るともいう》。

出典 西方指南　親5輯(2)-321

❷しりぞきしづむ〔左訓〕。《退き沈む》。

出典 西方指南　親5輯(2)-351

たいや【大夜】

おほきなるやみのよ〔左訓〕。《大きなる闇の夜》。「無明の大夜をあはれみて」

出典 浄土和讃　親2和讃-54

だいり【大利】

❶ねちはんにいるをたいりといふなり〔左訓〕。《涅槃に入るを大利というなり》。「一念大利無上なり」

出典 浄土和讃　親2和讃-21

❷ねはんのさとり〔左訓〕。《涅槃の覚り》。

出典 三経往生　親3和文-37　真2-
559　西聖747

❸大利と言うは、小利に対せるの言な
り。無上と言うは有上に対せるの言な
り。信（まこと）に知りぬ。大利無上
は一乗真実の利益なり〔本文〕。

出典 教行信証・行　親1-69　真2-34
西聖235　西註188　東聖192

たきょう【他経】
ことよのきやう〔左訓〕。《異（こと）、
余の経》。

出典 唯信鈔　親6写(2)-52　西聖1289

たくもん【宅門】
いかんが作願する、心に常に願じたま
いき。一心に専念して彼に生まれんと
願ぜしむ。蓮華蔵世界に入ることを得。
実のごとく奢摩他を修せしめんと欲す
なり。これを名づけて第三門に入ると
す。またこれを名づけて宅門に入ると
す〔本文〕。

出典 入出二門　親2漢-116　真2-481
西聖683　西註546　東聖462

解説 五功徳門の第三門。天親の『浄土
論』に説かれる。

たくらく【卓犖】
すぐれたること〔左訓〕。

出典 論註加点　親8加(2)-32

だざい【堕在】
おちゐるとなり〔左訓〕。「阿鼻地獄に
堕在して」

出典 正像末和讃　親2和讃-179

だじょ【断除】
（断に、）たち反、（除に、）のぞく〔左
訓〕。

出典 文類聚鈔　親2漢-154

たしょう【多少】
おほくもすくなくも〔左訓〕。

出典 観経疏加点・散　親9加(3)-211

たしょう【多生】
おほくたび〰むまる〔左訓〕。《多く

度々生まる》。

出典 唯信鈔　親6写(2)-40　真2-739
西聖1283

たそうけんぞう【他想間雑】
よの、おもひ、へたて、ましふ〔左
訓〕。

出典 教行信証・行　真2-14　西聖193

たた【多々】
（文明本に、）ち〻をいふなり〔左訓〕。
《父を言うなり》。「多々のごとくすて
ずして」

出典 正像末和讃　親2和讃-202　真2-
526　西聖732

ただちに【直に】
直の言は、回に対し迂に対するなり。
また、直の言は方便仮門を捨てて如来
大願の他力に帰するなり、諸仏出世の
直説を顕さしめんと欲してなり〔本
文〕。

出典 愚禿鈔　親2漢-46　真2-477
西聖673　西註538　東聖456

たちばなのみやこ【橘のみやこ】
やまとのくににうつれりし〔左訓〕。
《大和の国に移れりし》。「橘のみやこ
にうつりてぞ」

出典 聖徳奉讃　親2和讃-230　真2-
532

たのほうべんさらになし【他の方便さらに
なし】
よのせん、よのふちほさちのはうへん
にてはしやうしいてかたしとなり〔左
訓〕。《余の善、余の仏・菩薩の方便に
ては生死出で難しとなり》。

出典 高僧和讃　親2和讃-126

たぶつ【他仏】
ことはとけ〔左訓〕。《異仏》。

出典 唯信鈔　親6写2-52　西聖1289

たもん【多聞】
多聞は聖教をひろくおおき〻、信ず
るなり〔本文〕。

た

出典 唯信文意　親3和文-165　真2-
627　西聖800　西註706　東聖551

たりき【他力】

❶いかにいわんや十方群生海、この行
信に帰命すれば摂取して捨てたまわず。
かるがゆえに阿弥陀仏と名づけたてま
つると。これを他力と曰う〔本文〕。

出典 教行信証・行　親1-68　真2-33
西聖233　西註187　東聖190

❷他力と言うは、如来の本願力なり
〔本文〕。

出典 教行信証・行　親1-71　真2-35
西聖237　東聖193

❸また他力とまふすは、仏智不思議に
（て）さふらふなるときに、煩悩具足
の凡夫の無上覚のさとりをえさふらふ
なることをば、仏と仏とのみ御はから
ひなり。さらに行者のはからひにあら
ずさふらふ。しかれば、義なきを義と
すとさふらふなり。義とまふすことは、
自力のひとのはからひをまふすなり。
他力にはしかれば、義なきを義とすと
さふらふなり〔本文〕。

出典 御消息集・広　親3書簡-156　真
2-712　西聖858　西註776　東聖581

❹このゆへに他力と申すは、行者のは
からいのちりばかりもいらぬなり。か
るがゆへに、義なきを義とすと申すな
り。このほかにまたまふすべきことな
し。ただ仏にまかせまいらせ給へと、
大師聖人のみことにて候へ〔本文〕。

出典 御消息集・善　親3書簡-163　真
2-715　西聖876　西註797　東聖593

❺他力と申すことは、義なきを義とす
と申すなり。義と申すことは、行者の
おの〳〵のはからう事を義とは申すな
り。如来の誓願は不可思議にましきます
ゆへに、仏と仏との御はからいなり。
凡夫のはからいにあらず〔本文〕。

出典 御消息集・善　親3書簡-25　真

2-667　西聖860　西註779　東聖589

❻また他力とまふすことは、弥陀如来
の御ちかひのなかに、選択摂取したま
へる第十八の念仏往生の本願を信楽す
るを他力とまふすなり。如来の御ちか
ひなれば、他力には義なきを義とすと、
聖人のおほせごとにてありき。義とい
ふことは、はからふことばなり。行者
のはからひは自力なれば、義といふな
り。他力は本願を信楽して往生必定な
るゆへに、さらに義なしとなり〔本
文〕。

出典 末灯鈔　親3書簡-64　真2-658
西聖836　西註746　東聖594

❼他力には義なきを義とはまふし候う
なり〔本文〕。

出典 末灯鈔　親3書簡-84　真2-670
西聖862　西註781　東聖605

❽他力とまふし候は、とかくのはから
ひなきをまふし候なり〔本文〕。

出典 末灯鈔　親3書簡-86　真2-671
西聖863　西註783　東聖606

解説 他力とは、本願力、仏力。自力に
対する語。阿弥陀の摂取不捨のはたら
き。

たりきのしんすい【他力の信水】

❶しんしちのしんしむをみつにたとへ
たるなり〔左訓〕。《真実の信心を水に
たとえるなり》。「他力の信水いりぬれ
ば」

出典 正像末和讃・草　親2和讃-148

❷まことのしんしむをみつにたとへた
るなり〔左訓〕。《真の信心を水に譬え
たるなり》。「他力の信水いりぬれば」

出典 正像末和讃　親2和讃-169

たん【嘆】

（文明本に、）ほむるなり〔左訓〕。「諸
仏は往生嘆じつつ」。ほめたまふなり
〔左訓〕。「諸仏の嘆ずるところなり」
「釈迦嘆じてなをつきず」

出典 浄土和讃　親2和讃-13・14　真
2-487　西聖693

だん【断】

断と言うは、往相の一心を発起するが
ゆえに、生として当に受くべき生なし。
趣としてまた到るべき趣なし。すでに
六趣・四生、因亡じ果滅す。かるがゆ
えにすなわち頓に三有の生死を断絶す。
かるがゆえに断と曰うなり〔本文〕。

出典 教行信証・信　親1-142　真2-
74　西聖320　西註255　東聖244

たんうしょうみょうかいとくおう【但有称名皆得往】

但有称名皆得往といふは、但有は、ひ
とへに御なをとなふる人のみ、みな往
生すとのたまへるなり。かるがゆへに
称名皆得往といふなり〔本文〕。

出典 唯信文意　親3和文-157　真2-
622　西聖796　西註701　東聖548

解説『唯信鈔文意』に引かれる『五会
法事讃』の文。称名念仏を勧める文。

たんうせんねんあみだぶつしゅじょう【但有専念阿弥陀仏衆生】

但有専念阿弥陀仏衆生といふは、ひと
すぢに弥陀仏を信じたてまつるとまふ
す御ことなり〔本文〕。

出典 一多文意　親3和文-133　真2-
608　西聖783　西註682　東聖537

たんごん【端厳】

うるはし、いつくし〔左訓〕。

出典 観経疏加点・定　親9加(3)-144

たんざ【端座】

（端に、）なをし〔右訓〕。うるわし〔左
訓〕。

出典 教行信証・行　親1-52　真2-24
西聖215

たんじょう【端正】

たゝし、いつくしとも〔左訓〕。

出典 教行信証・化　親1-359　真2-
192　西聖578

たんじょう【誕生】

❶むまると〔左訓〕。「粟散片州に誕生
して」

出典 高僧和讃　親2和讃-134

❷（文明本に、）むまれたまふとなり
〔左訓〕。《生まれたもうとなり》。

出典 高僧和讃　親2和讃-134　真2-
514　西聖720

たんすい【耽酔】

（西本願寺本に、）ふける、えふ〔左
訓〕。《耽（ふけ）る、酔う》。

出典 教行信証・信　真2-90　西聖358

たんずる【噉ずる】

なむる、くらう〔左訓〕。

出典 教行信証・行　親1-38　真2-17
西聖198

たんねん【坦然】

あきらかなり〔左訓〕。

出典 観経疏加点・散　親9加(3)-191

たんはく【恬怕】

しつかなり〔左訓〕。《恬（しずか）な
り》。

出典 観経疏加点・定　親9加(3)-117

たんよ【嘆誉】

❶ほめ、ほむ〔左訓〕。「ともに嘆誉し
たまへり」

出典 教行信証・真　浄土和讃　親1-
228・親2和讃-12　真2-121　西聖
426

❷（文明本に、）ほめほむるなり〔左
訓〕。

出典 浄土和讃　親2和讃-12　真2-
487　西聖693

た

ち

ち【知】

知といふは、しるといふ、煩悩悪業の衆生をみちびきたまふとしるなり。また知といふは、観なり。こゝろにうかべおもふを観というふ。こゝろにうかべしるを知といふなり〔本文〕。

出典 一多文意　親3和文-150　真2-619　西聖791　西註694　東聖545

ち【致】

❶致はむねとすといふ。むねとすといふは、これを本とすといふことばなり。いたるといふ。いたるといふは、実報土にいたるとなり〔本文〕。

出典 一多文意　親3和文-148　真2-617　西聖790　西註692　東聖544

❷これを致とすといふ。むねとすとまふすは、涅槃のさとりをひらくをむねとすとなり〔本文〕。

出典 一多文意　親3和文-149　真2-618　西聖791　西註693　東聖544

❸致といふはいたるといふ、むねとすといふ、如来の本願のみなを信ずる人は自然に不退のくらゐにいたらしむるをむねとすべしとおもへと也〔本文〕。

出典 尊号銘文　親3和文-76　真2-579　西聖753　西註645　東聖513

ち【智】

しるとなり〔左訓〕。

出典 尊号銘文・略　親3和文-55

ち【痴】

おろかなり〔左訓〕。

出典 教行信証・信　親1-117　真2-60　西聖289

ちあん【痴闇】

❶（痴に、）おろかなり〔左訓〕。

出典 教行信証・行　親1-83　真2-42　西聖251

❷ぐちのやみにまどえるなり〔左訓〕。《愚痴の闇に惑えるなり》。

出典 唯信鈔　親6-写(2)-66　真2-754　西聖1296

ちいにいらざれば【地位にいらざれば】

❶ふたいのくらゐにいたらすとなり〔左訓〕。《不退の位に至らずとなり》。「いまだ地位にいらざれば」

出典 高僧和讃　親2和讃-88

❷（文明本に、）ふたいのくらゐにいたらすとなり〔左訓〕。

出典 高僧和讃　親2和讃-88　真2-504　西聖710

ちえ【智慧】

ちはあれはあれ これはこれと ふんへちしておもひはからふによりてしゆいになつく。ゑはこのおもひのさたまりてともかくも はたらかぬによりてふとうになつく。ふとうさむまいなり〔左訓〕。《智はあれはあれ、これはこれと、分別して思いはからうによりて思惟に名づく。慧はこの思いの定まりてともかくも、はたらかぬによりて普等に名づく。普等三昧なり》。「智慧の光明はかりなし」

出典 浄土和讃　親2和讃-8

解説 普等三昧とは一切の諸仏を同時に等しく見る禅定（ぜんじょう）の境地。

ちえい【智栄】

→ちよう【智栄】

ちえこう【智慧光】

智慧光とまふすは、これは無痴の善根をもてえたまへるひかり也。無痴の善根といふは、一切有情、智慧をならひまなびて無上菩提にいたらむとおもふこゝろをおこさしめむがためにえたまへるなり。念仏を信ずるこゝろをえしむるなり。念仏を信ずるは、すなわちすでに智慧を得て仏になるべきみとなるは、これを愚痴をはなゝることゝし

るべきなり。このゆへに智慧光仏とまふすなり〔本文〕。

出典 弥陀名号徳　親3和文-228　真2-735　西聖820

解説 阿弥陀の徳を示す十二光の一つ。愚痴を照らす光。

ちえこうぶつ【智慧光仏】

❶一さいのしよふちのちゑをあつめたまへるゆへにちゑくわうとまうす。いちさいしよふちの仏になりたまふことはこのあみたのちゑにてなりたまふなり〔左訓〕。《一切の諸仏の智慧を集め給えるゆえに智慧光と申す。一切諸仏の仏になり給うことはこの阿弥陀の智慧にて成り給うなり》。「智慧光仏となづけたり」

出典 浄土和讃　親2和讃-12

❷みだによらいなり。むげくわうによらいなり〔左訓〕。《弥陀如来なり。無碍光如来なり》。

出典 一多文意　親3和文-135　真2-609　西聖784

解説 阿弥陀の徳を示す十二光仏の一つ。

ちえのねんぶつ【智慧の念仏】

みたのちかひをもてほとけになるゆへにちゑのねむふちとまふすなり〔左訓〕。《弥陀の誓いをもて仏に成るゆえに智慧の念仏と申すなり》。「智慧の念仏うることは」

出典 正像末和讃・草　親2和讃-145

ちぎょうのしとく【智行の至徳】

（文明本に、）ちゑもきやうもいたりたまふひとなりといふ〔左訓〕。《智慧も行も至り給う人なりという》。「源空智行の至徳には」

出典 高僧和讃　親2和讃-129　真2-513　西聖719

ちぐう【値遇】

あふ、あふ〔左訓〕。

出典 教行信証・信　親1-121　真2-

62　西聖293

ちげん【智眼】

ちゑのまなこなり〔左訓〕。《智慧の眼なり》。「智眼くらしとかなしむな」

出典 正像末和讃・草、正像末和讃　親2和讃-149・176

ちじょく【恥辱】

はち、はつ〔左訓〕。

出典 論註加点　親8加(2)-32

ちせむがため【治せむがため】

（治に、）おさむ反、しやす反。たすくるこゝろなり。しやすといふはけちうしなふこゝろなり〔左訓〕。《助くる心なり。救すというは消し失う心なり》。「治せんがためとのべたまふ」

出典 高僧和讃　親2和讃-98

解説 虚仮（こけ）不実の三業を対治せんかため、治療せんがための意。つまり、それが、仏の助け救す心によるものであるとされる。

ちちよう【馳騁】

はしる、はしる〔左訓〕。

出典 西方指南　親5輯(2)-320

ちてんか【治天下】

わうのみよといふなり〔左訓〕。《皇の御代というなり》。「欽明天皇治天下」。わうのみよとまふすなり〔左訓〕。《皇（おう）の御代と申すなり》。「敏達天皇治天下」

出典 聖徳奉讃　親2和讃-237　真2-535

ちゃく【著】

❶くるわさる〔左訓〕。《狂わさる》。

出典 唯信鈔　親6写(2)-55　真2-747　西聖1290

❷つく、くるおすとも〔左訓〕。

出典 教行信証・化　親1-360　真2-192　西聖579

❸あらはすしるすとも〔左訓〕。《著す記すとも》。

出典 教行信証・行 親1-56 真2-27 西聖220

解説 『唯信鈔』では「名利に著しながら…」との文脈で「著」に「くるわさる」と左訓が付されている。

ちゃくえつ【適悦】

すなわち、まさにとも、たま〳〵とも〔左訓〕。《即ち、当にとも。偶々とも。》（西本願寺本は、悦に、）よろこぶ〔左訓〕。

出典 教行信証・化 親1-360 真2-193 西聖579

ちゃくぶく【著服】

もとのことくたいしのきさせおはしますとまふすなり〔左訓〕。《元の如く太子の着せおはしますと申すなり》。「著服しておはします」

出典 太子奉讃 親2和讃-270

ちゅうか【中夏】

❶（西本願寺本に、）しんたんこく〔左訓〕。《晨旦国》。

出典 教行信証・行 真2-44 西聖256

❷よのななり〔左訓〕。《世の名なり》。「中夏晨旦にあらわれて」

出典 聖徳奉讃 親2和讃-232

解説 中国のこと。夏は中国の古代の国名。後に中華思想により「華」の字に改める。

ちゅうがい【中害】

あたる、そこなう〔左訓〕。

出典 教行信証・化 親1-358 真2-191 西聖576

ちゅうげ【註解】

つうしるす〔左訓〕。

出典 教行信証・行 親1-89 真2-45 西聖257

ちゅうごく【中国】

しむたんこくなり〔左訓〕。《晨旦国なり》。

出典 西方指南 親5輯(1)-26

ちゅうぜんほうとうたてむとて【忠禅宝塔たてむとて】

ほふりうしのちうそうにてありけるひとのたうをたてむとて〔左訓〕。《法隆寺の住僧にてありける人の塔を建てんとて》。

出典 聖徳奉讃 親2和讃-244 真2-538

ちゅうばつ【討伐】

うたれしなり〔左訓〕。「守屋の逆臣討伐せし」

出典 聖徳奉讃 親2和讃-246 真2-539

ちょう【超】

❶こうるなり〔左訓〕。《超えるなり》。

出典 尊号銘文・略 親3和文-45

❷超は迂に対し回に対するの言なり〔本文〕。

出典 教行信証・信 親1-141 真2-73 西聖318 西註254 東聖243

❸超はこえてといふ〔本文〕。

出典 尊号銘文 親3和文-77 真2-579 西聖753 西註646 東聖514

❹超は迂に対することは也〔本文〕。

出典 尊号銘文 親3和文-78 真2-580 西聖753 西註646 東聖514

❺超はこえてといふ、生死の大海をやすくよこさまにこえて無上大涅槃のさとりをひらく也〔本文〕。

出典 尊号銘文 親3和文-120 真2-602 西聖774 西註673 東聖532

❻超はこえてといふ、よろづの法にすぐれて、すみやかにとく生死海をこえて、仏果にいたるがゆへに超とまふすなり。これすなわち大悲誓願力なるがゆへなり〔本文〕。

出典 唯信文意 親3和文-174 真2-632 西聖804 西註711 東聖555

ちよう【智栄】

智栄ともうすは晨旦の聖人なり〔本

文〕。

|出典| 尊号銘文　親3和文-92　真2-
587　西聖760　西註655　東聖520

|解説| 智栄は、中国唐代の人で善導の流れを汲む。『僧伝俳韻』巻二十三、嘉泰『普灯録』巻二十四にその伝記が載っている。

ちょうじ【長時】
つねにといふなり〔左訓〕。《恒にというなり》。「長時に慈恩を報ずべし」

|出典| 高僧和讃　親2和讃-120

ちょうぜつ【超絶】
超はこえてといふ。絶はたちすてはなるといふ〔本文〕。

|出典| 尊号銘文　親3和文-77　真2-579
西聖753　西註646　東聖514

ちょうだい【頂戴】
❶いた丶き、いた丶く〔左訓〕。

|出典| 教行信証・行、観経疏加点・散
親1-84・親9加(3)-218　真2-42　西聖252

❷いた丶きにあみたほとけをいた丶きたてまつる〔左訓〕。《頂に阿弥陀仏を戴き奉る》。

|出典| 往生礼讃加点　親9加(4)-183

ちょうにちがっこう【超日月光】
超といふは、この弥陀の光明は、日月の光にすぐれたまふゆへに、超とまふすなり。超は余のひかりにすぐれこえたまへりとしらせむとて、超日月光とまふすなり〔本文〕。

|出典| 弥陀名号徳　親3和文-230　真2-
736　西聖821

|解説| 阿弥陀の徳を示す十二光の一つ。阿弥陀の光明は日月を超えて常に照らしていることを表す。

ちょうねん【輒然】
たやすし、しからしむ〔左訓〕。

|出典| 教行信証・信　親1-131　真2-
68　西聖307

ちょうぶく【調伏】
と丶、のふ、したがふ〔左訓〕。

|出典| 教行信証・信　親1-179　真2-
95　西聖368

ちょうめ【打罵】
❶うつ、のる〔左訓〕。(西本願寺本に、)うち、のる〔左訓〕。

|出典| 教行信証・信　親1-192　真2-
102　西聖384

❷うち、のる〔左訓〕。

|出典| 教行信証・化　親1-324　真2-
174　西聖539

ちょうもん【聴聞】
❶(西本願寺本に、聴に、)ゆるされてきく、(聞に、)しんしてきく〔左訓〕。《許されて聴く、信じて聞く》。

|出典| 教行信証・行　真2-8　西聖179

❷(聴に、)ゆりてきく〔左訓〕。(聞に、)信じてきく〔左訓〕。

|出典| 教行信証・化　親1-297　真2-
159　西聖505

|解説|「ゆりて」は、許されて、打ち解けての意。

ちょうや【長夜】
ながきよといふ〔左訓〕。

|出典| 唯信文意　親3和文-158　西聖796

ちょうりん【稠林】
しけき、はやし〔左訓〕。

|出典| 教行信証・信　真2-66　西聖304

ちょくし【勅使】
せんしのつかいなり〔左訓〕。《宣旨の使いなり》。「阿佐太子を勅使にて」

|出典| 聖徳奉讃　親2和讃-239　真2-
536

ちょくべん【直弁】
まさしく、わきまう〔左訓〕。

|出典| 教行信証・行　親1-81　真2-41
西聖249

ちょくめい【勅命】

❶おほせ〔左訓〕。

出典 教行信証・行　親1-48　真2-22
西聖211

❷おほせことをいふ〔左訓〕。《仰せごとをいう》。「太子の勅命帰敬して」

出典 聖徳奉讃　親2和讃-231

解説 王、天皇の命。仏国の王である仏の命。

ちょくん【儲君】

❶とうくのくらゐなり〔左訓〕。《東宮の位なり》。「儲君に奏聞たしめてぞ」

出典 太子奉讃　親2和讃-259

❷とうくのくらゐ。たいしのつかさなり。〔左訓〕《東宮の位、太子の官なり》。(「眉間より」に、)おむまゆのあひたよりのひかりなり〔左訓〕。《御眉の間よりの光也》。「儲君そのとき眉間より」

出典 太子奉讃　親2和讃-261

❸とうくのくらゐとまふすなり〔左訓〕。《東宮の位と申すなり》。「儲君とあがめまし〰き」

出典 太子奉讃　親2和讃-274

儲君のくらいをさづけしに = とうくのくらゐをまうすことはなり〔左訓〕。《東宮の位を申す言葉なり》。「儲君のくらいをさづけしに」

出典 聖徳奉讃　親2和讃-243　真2-538

ちょうろくちく【猪羊六畜】

(猪羊に、)ゐのしし、ひつじ、(六畜に、)むま、うし、さう、いぬ、ねこ、にはとり。

出典 般舟讃　親9加点(4)-245

ちりょ【遅慮】

おそく、おもはかり〔左訓〕。

出典 教行信証・教　親1-7　真2-1
西聖164

ちんざい【珍財】

めずらしきたから〔左訓〕。

出典 西方指南　親5輯(2)-353

ちんめい【沈迷】

しつみ、まとふ〔左訓〕。

出典 教行信証・信　親1-120　真2-62　西聖293

ちんもつ【沈没】

(西本願寺本に、) しつむ、しつむ〔左訓〕。

出典 教行信証・信　真2-58　西聖286

ちんりん【沈淪】

(西本願寺本に、) しつむ、しつむ〔左訓〕。

出典 教行信証・行　真2-26　西聖218

つ

つうしょう【痛焼】
　いたむ、やく〔左訓〕。
　出典 教行信証・化　親1 -313　真2 -168　西聖527

つうにゅう【通入】
　（通に、）かよふ反。みとち反〔左訓〕。
　「通入せむとねがふべし」
　出典 浄土和讃　親2 和讃-50

つうべつ【通別】
　かよう、わかつ〔左訓〕。
　出典 教行信証・行　親1 -81　真2 -41　西聖249

て

ていげのつみびと【底下のつみびと】
　そこ、われらはたいかいのそこにしつめるとなり〔左訓〕。《底、我らは大海の底に沈めりとなり》。「凡愚底下のつみびとを」
　出典 浄土和讃　親2 和讃-49

ていげのぼんぐ【底下の凡愚】
　❶ほむなうぐそくのわれらなりといふなり〔左訓〕。《煩悩具足の我らなりというなりという》。「底下の凡愚となれるみは」
　出典 正像末和讃・草　親2 和讃-146
　❷ほむなうのそこにしつめるほむふといふなり〔左訓〕。《煩悩の底に沈める凡夫というなり》。「底下の凡愚となれるみは」
　出典 正像末和讃　親2 和讃-165
　❸（文明本に、）ほむなうあくの人、ほむふをていけといふなり〔左訓〕。《煩悩悪の人、凡夫を底下というなり》。
　出典 正像末和讃　親2 和讃-165　真2 -518　西聖724

ていこく【涕哭】
　なく、なき〔左訓〕
　出典 観経疏加点・序　親9 加(3)-81

でいり【泥梨】
　→ないり【泥梨】

てっかんりき【徹鑑力】
　とをり、かヽむ〔左訓〕。
　出典 教行信証・行　親1 -60　真2 -29　西聖224

てっき【鉄機】
　くろかねのはたもの〔左訓〕。
　出典 法事讃加点　親9 加(4)-32

てっちせん【鉄囲山】
　くろがねのめぐれるやま〔左訓〕。《鉄（くろがね）の回れる山》。

出典 弥陀名号徳　親3和文-226　真2-734

解説 古代インドの世界観で、須弥山（しゅみせん）を中心に取り囲む九山（くせん）八海のうち一番外側にある鉄（くろがね）でできた山。また、三千世界のそれぞれを取り囲む山ともいう。

てっとう【徹到】

❶とほり、いたる〔左訓〕。

出典 教行信証・化　親1-285　真2-152　西聖491

❷とをり、いたり〔左訓〕。

出典 観経疏加点・序　親9加(3)-84

❸とほり、いたる。すいにいたりとおる〔左訓〕。《徹。到。髄に到り徹る》。「真心徹到するひとは」

出典 高僧和讃　親2和讃-114

てんおう【諂誑】

へつらふ、くるう〔左訓〕。

出典 教行信証・化　親1-378　真2-200　西聖596

でんおん【田園】

た、その、を〔左訓〕。「資財田園施入せむ」

出典 聖徳奉讃　親2和讃-242　真2-538

てんきょ【典拠】

ふみ、よる〔左訓〕。

出典 教行信証・化　親1-361　真2-193　西聖580

でんこうちょうろ【電光朝露】

いなびかり、あしたのつゆ〔左訓〕。

出典 唯信鈔　親6写(2)-49　真2-744　西聖1287

てんし【天子】

❶すべてこくわうをはてんしとまうすなり〔左訓〕。《すべて国王は天子と申すなり》。「魏の天子たふとみて」

出典 高僧和讃　親2和讃-89

❷こくわうなり〔左訓〕。《国王なり》。「梁の天子蕭王は」

出典 高僧和讃　親2和讃-103

てんじょう【天上】

かみさむがいてんなり〔左訓〕。《上三界天なり》。

出典 唯信鈔　親6写(2)-40　西聖1283

てんず【転ず】

❶（文明本に、）あくの心せんとなるをてんするなりといふなり〔左訓〕。《悪の心善と成るを転ずるなりというなり》。「大悲心とぞ転ずなる」

出典 正像末和讃　親2和讃-178　真2-520　西聖726

❷転ずといふは、善とかへなすをいふなり〔本文〕。

出典 唯信文意　親3和文-159　西聖797　西註701　東聖548

❸転ずといふは、つみをけしうしなはずして、善になすなり。よろづのみづの大海にいればすなはちうしほとなるがごとし〔本文・『真宗法要』所収本〕。

出典 唯信文意　真2-623

解説 『教行信証』総序には「転悪成徳」といい、「信巻」には「転悪成善」という。→だいひしんとそてんず【大悲心とぞ転ず】

てんでんそうじょう【展転相成】

❶（展に、）のふ〔左訓〕。（西本願寺本に、）のぶ、かわる、うつるこゝろなり〔左訓〕。

出典 教行信証・信　親1-100　真2-50　西聖268

❷（展に、）かへ反。（転に、）かはる反。（相に、）あひ。（成に、）しやうす反〔左訓〕。「三信展転相成す」

出典 高僧和讃　親2和讃-101

❷（文明本は、「相成」に、）あひしやうするなり〔左訓〕。《相成ずるなり》。

出典 高僧和讃　親2和讃-101　真2-

507　西聖713

てんどう【顛倒】

たふれ、たふる〔左訓〕。

出典 教行信証・証、真　親1-218・245　真2-116・130　西聖416・445

てんにゅう【転入】

（文明本に、）うつりいるといふ〔左訓〕。《移り入るという》。「真如の門に転入する」

出典 浄土和讃　親2和讃-41　真2-493　西聖699

解説「化巻」には、「選択の願海に転入す」とある。→しんにょのもんにてんにゅうする【真如の門に転入する】

と

どう【幢】

はたほこ〔左訓〕。

出典 教行信証・行　親1-82　真2-42　西聖250

どう【道】

❶ひろき〔左訓〕。

出典 教行信証・信　真2-67　西聖306

❷道の言は、路に対せるなり。道は、すなわちこれ本願一実の直道、大般涅槃無上の大道なり。路は、すなわちこれ二乗・三乗・万善諸行の小路なり〔本文〕。→どうろ【道路】

出典 教行信証・信　親1-130　真2-67　西聖306　西註244　東聖234

どうく【銅狗】

あかかねのいぬ〔左訓〕。

出典 法事讃加点　親9加(4)-32

とうこ【灯炬】

ともしひ。おほきなるともしひなり〔左訓〕。《灯。大きなる灯なり》。「無明長夜の灯炬なり」

出典 正像末和讃・草　親2和讃-149

どうこうみょうろうちょうぜつ【道光明朗超絶】

❶（朗に、）ほがらかなり反。（超絶に、）たえたり反。たえたりといふはすくれたるによりてまふすなり。たうくわうみやうらうてうせちといふはあみたによらいなり〔左訓〕。《朗は朗らかなり。超絶は絶えたり。絶えたりというは勝れたるによりて申すなり。道光明朗超絶というは阿弥陀如来なり》。「道光明朗超絶せり」

出典 浄土和讃　親2和讃-11

❷（文明本に、）みたのひかりあきらかにすくれたりとなり〔左訓〕。《弥陀の光明らかに勝れたりとなり》。

［出典］浄土和讃　親2和讃-11　真2-487　西聖693

どうしゃくぜんじ【道綽禅師】

たうしやくはねちはんしゆをかくせさせたまひけるをさしおいてひとえにしやうとにくゑしたまひたり〔左訓〕。《道綽は涅槃宗を学せさせ給いけるを差し置いて偏に浄土に帰し給いたり》。「本師道綽禅師は」

［出典］高僧和讃　親2和讃-104

［解説］道綽（562〜645）は中国、初唐の僧。当初『涅槃経』を学んでいたが、玄中寺の曇鸞の碑文を読んで、浄土教を学ぶ。『安楽集』（二巻）を著す。真宗七高僧の第四祖。

とうじょう【闘諍】

た、かふ、あらそふ〔左訓〕。→とうじょうけんご【闘諍堅固】

［出典］教行信証・化　親1-316　真2-170　西聖530

とうしょうがく【等正覚】

❶しやうちやうしゆのくらゐをいふなり。みろくをとうしやうかくとまふすなり〔左訓〕。《正定聚の位をいうなり。弥勒を等正覚と申すなり》。「等正覚にいたる人」

［出典］正像末和讃・草　親2和讃-143

❷しやうちやうしゆのくらゐなり〔左訓〕。《正定聚の位なり》。「等正覚にいたるゆへ」

［出典］正像末和讃・草　親2和讃-148

❸しやうちやうしゆのくらゐにいたるとしるへしとなり〔左訓〕。《正定聚の位に至ると知るべしとなり》。「等正覚にはいたるなり」

［出典］正像末和讃・草　親2和讃-148

❹しやうちやうしゆのくらゐなり。〔左訓〕。《正定聚の位なり》。「等正覚にいたるゆへ」

［出典］正像末和讃　親2和讃-170

❺（文明本に、）しやうちやうしゆのくらゐなり〔左訓〕。「等正覚にいたるゆへ」

［出典］正像末和讃　親2和讃-170　真2-519　西聖725

❻しやうちやうしゆのくらゐなり〔左訓〕。「等正覚にいたる人」

［出典］正像末和讃　親2和讃-171

❼まことのほとけになるべきみとなれるなり〔左訓〕。《真の仏に成るべき身と成れるなり》。

［出典］一多文意　親3和文-129　真2-606　西聖781

❽ほとけになるべきみとさだまれるをいふなり〔左訓〕。《仏になるべき身と定まれるをいうなり》。

［出典］一多文意　親3和文-129　真2-606　西聖781

❾この正定聚に住するを等正覚をなるとものたまへるなり。等正覚とまふすは、すなわち補処（ふしょ）の弥勒菩薩とおなじくらゐとなるとときたまへり。しかれば、『大経』には次如弥勒とのたまへり〔本文〕。

［出典］三経往生　親3和文-25　真2-553　西聖742　西註628　東聖469

［解説］等正覚とは正覚（仏）に等しいとの意。まことの信心の人、つまり、正定聚に住した人は弥勒菩薩と同じく、正覚（仏）に等しい。

とうじょうけんご【闘諍堅固】

❶た、かふ、あらそふこと。さかりなりといふなり〔左訓〕。《闘う、諍うこと。盛りなりというなり》。「闘諍堅固なるゆへに」

［出典］正像末和讃・草　親2和讃-146

❷た、かい、あらそい、かたくさかりなり〔左訓〕。《闘い、諍い、堅く盛りなり》。「闘諍堅固なるゆへに」→とうじょう【闘諍】

出典 正像末和讃　親2和讃-160

どうぞく【道俗】

道俗は道にふたりあり。俗にふたりあり。道のふたりは、一には僧、二には比丘尼なり。俗にふたり、一には仏法を信じ行ずる男也、二には仏法を信じ行ずる女也〔本文〕。

出典 尊号銘文　親3和文-104　真2-594　西聖767　西註663　東聖525

とうたつ【洞達】

❶（洞に、）ほからかなり。あきらかなり。（達に、）さとる〔左訓〕。《朗らかなり。明らかなり。覚る》。

出典 教行信証・証　親1-196　真2-104　西聖388

❷あきらかにさとる〔左訓〕。《明らかに達（さと）る》。

出典 教行信証・証　親1-199　西聖392

とうちしにん【当知此人】

当知此人といふは、信心のひとをあらわす御のりなり〔本文〕。

出典 一多文意　親3和文-137　真2-611　西聖785　西註685　東聖539

とうちしにん ぜにんちゅう ふんだりけ【当知此人 是人中 分陀利華】

当知此人 是人中 分陀利華といふは、まさにこのひとはこれ人中の分陀利華なりとしるべしとなり。これは如来のみことに、分陀利華を念仏のひとにたとへたまへるなり〔本文〕。

出典 一多文意　親3和文-132　真2-608　西聖783　西註682　東聖537

解説 『一念多念文意』に引かれる『観経』の文（西聖145・西註117・東聖122）。信心を獲た人を分陀利華、つまり白蓮華に譬える。

どうてつ【銅鉄】

あかゝね、くろかね〔左訓〕。

出典 教行信証・化　親1-318・322

真2-171　西聖533・537

とうばつ【討伐】

→ちゅうばつ【討伐】

どうぼく【僮僕】

❶（西本願寺本に、）つかわる、つかふ〔左訓〕。

出典 教行信証・信　真2-88　西聖353

❷つぶね、やつこをいふ〔左訓〕。

出典 西方指南　親5輯(2)-302

解説 「つぶね」も「やっこ」も「奴」。「僮僕」は召使の少年の意。

どうよう【動揺】

おこく、うこく〔左訓〕。

出典 教行信証・証　親1-207　真2-110　西聖402

どうらんはえ【動乱破壊】

（乱に、）みだる〔左訓〕。（破壊に、）われやふる〔左訓〕。

出典 教行信証・信　親1-107　真2-54　西聖276

とうりょう【棟梁】

むねとすといふなり〔左訓〕。《棟とすというなり》。「万国たすけの棟梁なり」

出典 聖徳奉讃　親2和讃-247　真2-540

どうろ【道路】

❶（文明本に、道に、）ひろきみち。（路に、）せはきみち〔左訓〕。「畢竟成仏の道路にて」

出典 高僧和讃　親2和讃-97　真2-506　西聖712

❷（道に、）ひろきみち。（路に、）せはきみち〔左訓〕。→どう【道】、→ろ【路】

出典 西方指南　親5輯(1)-15

とく【禿】

かふろなり〔左訓〕。《かむろなり》。

出典 教行信証・化　親1-381　真2-201　西聖598

とく【得】

❶得はえたりといふ〔本文〕。

出典 尊号銘文　親3和文-77　真2-579　西聖753　西註646　東聖514

❷得は、うべきことをえたりといふ〔本文〕。

出典 一多文意　親3和文-127　真2-605　西聖780　西註679　東聖535

どくじゅ【読誦】

❶よみ、よむ〔左訓〕。

出典 教行信証・化　親1-305　真2-163　西聖516

❷きやうをよむをいふなり〔左訓〕。《経を読むをいうなり》。

出典 唯信鈔　親6写(2)-44　真2-742　西聖1285

とくどう【得道】

❶ねちはんのさとりなり〔左訓〕。《涅槃の覚りなり》。

出典 西方指南　親5輯(2)-289

❷ねちはんのさとりをじやうどにしてひらくなり〔左訓〕。《涅槃の覚りを浄土にして開くなり》。

出典 西方指南　親5輯(2)-289

とくほん【徳本】

徳本とは如来の徳号なり。この徳号は、一声称念するに、至徳成満し、衆禍みな転ず、十方三世の徳号の本なり。かるがゆえに徳本と曰ふなり〔本文〕。

出典 教行信証・化　親1-295　真2-158　西聖503　西註399　東聖347

解説 名号。如来の果位の名。この徳号は万徳円備し、徳の本であることからこう呼ばれる。→ぜんぽん【善本】、→ぜんぽんとくほん【善本徳本】

どくやくたい【毒薬対】

毒とは善悪雑心なり、薬とは純一専心なり〔本文〕。

出典 愚禿鈔　親2漢-48　真2-478　西聖675　西註540　東聖457

とこのげるい【屠沽の下類】

屠はよろづのいきたるものをころし、ほふるものなり。これはれうしといふものなり。沽はよろづのものをうりかうものなり。これはあき人なり。これらを下類といふなり〔本文〕。

出典 唯信文意　親3和文-168　真2-629　西聖801　西註708　東聖553

解説 猟師や商人を下類と言うのは鎌倉時代の価値観によるものであり、現代では職業差別になりかねない。使用には注意すべきである。

どしゅじょうしん【度衆生心】

❶（文明本に、）しゆしやうをわたすこゝろなり〔左訓〕。《衆生を渡す心なり》。「度衆生心のこゝろなり」

出典 高僧和讃　親2和讃-84　真2-503　西聖709

❷よろつのうしやうをほとけになさむとおもふこゝろなりとしるへし〔左訓〕。《万の衆生を仏に成さんと思う心なりと知るべし》。「度衆生心といふことは」

出典 正像末和讃・草　親2和讃-147

❸たりきのほたいしむとまふすなり〔左訓〕。《他力の菩提心と申すなり》。

出典 正像末和讃・草　親2和讃-147

❹このこゝろはうしやうをほとけになさむとするこゝろなり〔左訓〕。《この心は有情を仏に成さんとする心なり》。「度衆生心となづけたり」

出典 正像末和讃　親2和讃-168

❺しやうとのたいほたいしむなり〔左訓〕。《浄土の大菩提心なり》。「度衆生心ということは」

出典 正像末和讃　親2和讃-168

❻（文明本に、）よろつのしゆしやうほとけになさんとなり〔左訓〕。《万の衆生、仏に成さんとなり》。「度衆生心ということは」

[出典] 正像末和讃　親2和讃-168　真2-518　西聖724

❼この度衆生心とまふすは、すなわち衆生をして生死の大海をわたすこゝろなり。この信楽は衆生をして無上涅槃にいたらしむる心なり。この心すなわち大菩提心なり、大慈大悲心なり。この信心すなわち仏性なり、すなわち如来なり〔本文〕。

[出典] 唯信文意　親3和文-174　真2-632　西聖805　西註712　東聖555

[解説]「願作仏心」のこと。『浄土論註』による。→がんさぶっしん【願作仏心】

どだつ【度脱】
（度に、）わたり反。（脱に、）まぬかる反〔左訓〕。「罪障を滅し度脱せし」

[出典] 高僧和讃　親2和讃-80

とねん【徒然】
❶いたつら、しからしむ〔左訓〕。

[出典] 教行信証・行　親1-79　真2-40　西聖247

❷いたづらに〔左訓〕。

[出典] 教行信証・真　親1-254　真2-135　西聖456

とん【頓】
とし、にわかに〔左訓〕。

[出典] 教行信証・行　親1-61　真2-30　西聖226

[解説] 即得往生、即身成仏、即身是仏など、即時に仏果を得ること。頓教を指す。

とんげ【貪計】
むさぼり、はかる〔左訓〕。

[出典] 四十八大願　親2漢-163

とんじん【貪瞋】
とむはめをあいし、おとこをあいし。しんはいかりはらたつ〔左訓〕。《貪は女を愛し、男を愛し。瞋は瞋り腹立つ》。「貪瞋二河の譬喩をとき」

[出典] 高僧和讃　親2和讃-111

とんじんじゃぎ【貪瞋邪偽】
（貪に、）むさほる、（瞋に、）いかる、（偽に、）いつわる〔左訓〕。

[出典] 教行信証・信　親1-102　真2-51　西聖270

とんぜん【頓漸】
たちまち、ようやく〔左訓〕。

[出典] 教行信証・行　親1-80　真2-41　西聖248

とんちく【貪畜】
むさほり、たくわう〔左訓〕。

[出典] 教行信証・化　親1-322　真2-173　西聖537

とんないしんぞうしうんむ じょうふしんじつしんじてん【貪愛瞋憎之雲霧常覆真実信心天】
貪愛瞋憎之雲霧　常覆真実信心天といふは、われらが貪愛瞋憎をくも・きりにたとへて、つねに信心の天におほえるなりとしるべし〔本文〕。

[出典] 尊号銘文　親3和文-119　真2-602　西聖774　西註673　東聖532

[解説]『尊号真像銘文』に引かれる「正信偈」の文。煩悩の雲霧が信心の天を覆うが、その下は明るく闇無きが如しとの意。

とんよく【貪欲】
むさぼるこゝろなり〔左訓〕。《貪る心なり》。

[出典] 弥陀名号徳　親3和文-227　真2-734

[解説] 三毒（貪欲・瞋志・愚痴）の煩悩の一つ。

どんらんほうし【曇鸞法師】
曇鸞法師は幷州の汶水県の人也。幷州はくにのなゝり。汶水県はところのなゝり。(中略)この『浄土論』をくわしふ釈したまふを、『註論』ともうす論をつくりたまえる也〔本文〕。

出典 尊号銘文　親3和文-90　真2-
586　西聖759　西註653　東聖519
解説 曇鸞（476〜542）は中国、南北朝
時代・北魏の浄土教の僧。『浄土論註』
（二巻）を著す。真宗七高僧の第三祖。

とんろう【貪狼】

とむよくのこゝろみだりかわしとなり
〔左訓〕。《貪欲の心猥（みだ）りがわ
しとなり》。「貪狼のこころさかりな
り」。
出典 聖徳奉讃　親2和讃-239　真2-
536

な

な【名】

名は御なとまふすなり。如来のちかひ
の名号なり〔本文〕。
出典 唯信文意　親3和文-164　真2-
626　西聖799　西註705　東聖551

ないがい【乃曁】

（乃に、）いまし。（曁に、）およふまて
〔左訓〕。「乃曁一念至心者」
出典 浄土和讃　親2和讃-31

ないげみょうあん【内外明闇】

内外とは、内はすなわちこれ出世なり、
外はすなわちこれ世間なり。明闇とは、
明はすなわちこれ出世なり、闇はすな
わちこれ世間なり。また明はすなわち
智明なり、闇はすなわち無明なり〔本
文〕。
出典 教行信証・信　親1-120　真2-
61　西聖292　西註234　東聖227

ないし【乃至】

❶またものをいはむとおもふときいふ
ことばなり〔左訓〕。《またものを言わ
んと思うとき言う言葉なり》。
出典 唯信鈔　親6写(2)-41　真2-740
西聖1284
❷乃至とは、一多包容の言なり〔本
文〕。
出典 教行信証・行　親1-69　真2-34
西聖235　西註188　東聖191
❸乃至と言うは、多少を摂するの言な
り〔本文〕。
出典 教行信証・信　親1-138　真2-
72　西聖315　西註251　東聖240
❹乃至と言うは、上下を兼ぬるなり、
中を略するの言なり〔本文〕。
出典 文類聚鈔　親2漢-134　真2-444
西聖608　西註479　東聖404
❺乃至は、おほきをも、すくなきをも、

ひさしきおも、ちかきおも、さきおも、のちおも、みな、かねおさむることばなり〔本文〕。

出典 一多文意　親3和文-126　真2-605　西聖780　西註678　東聖535

❻乃至とちかひたまへり、称名の遍数さだまらずといふことを〔本文〕。

出典 一多文意　親3和文-139　真2-612　西聖786　西註686　東聖540

❼乃至はかみ・しもと、おおき・すくなき、ちかき・とおき、ひさしきおも、みなおさむることばなり〔本文〕。

出典 唯信文意　親3和文-180　真2-636　西聖807　西註716　東聖558

ないし・げし【乃至・下至】

乃、下その言異なりといえども、その意、これ一なり〔本文〕。

出典 教行信証・行　親1-69　真2-34　西聖235　西註188　東聖191

ないしいちねん【乃至一念】

❶乃至は称名の遍数のさだまりなきことをあらわす。一念は功徳のきわまり、一念に万徳ことごとくそなわる、よろづの善、みなおさまるなり〔本文〕。

出典 一多文意　親3和文-137　真2-611　西聖785　西註685　東聖539

❷乃至一念とは、これ更に観想・功徳・遍数等の一念を言うにはあらず、往生の心行を獲得する時節の延促につきて、乃至一念と言うなり〔本文〕。

出典 文類聚鈔　親2漢-134　真2-444　西聖608　西註480　東聖405

解説 『大経』第十八願成就文中の語。願文には「乃至十念」とあり、一念か十（多）念かと問われることになった。

ないしじゅうねん【乃至十念】

乃至十念とまふすは、如来のちかひの名号をとなえむことをすゝめたまふに、遍数のさだまりなきほどをあらはし、時節をさだめざることを衆生にしらせ

むとおぼしめして、乃至のみことを十念のみなにそえてちかひたまへるなり〔本文〕。

出典 尊号銘文　親3和文-74　真2-577　西聖751　西註644　東聖512

解説 『大経』第十八願文中の語。成就文には「乃至一念」とあり、一念か十（多）念かと問われることになった。

ないり【泥梨】

かくゐなり〔左訓〕。（餓鬼なり）。ていり〔右訓〕。（「でいり」とも読む）。

出典 教行信証・信　親1-232　真2-123　西聖430

解説 「泥梨」は梵語 niraya の音写。奈利、奈落で、地獄と訳す。ここの左訓では餓鬼となっている。

ながおか【長岡】

やましろのくに、かつらかはのにしのをいふなり〔左訓〕。《山城の国、桂川の西野をいうなり》。「長岡にうつりたまひけり」

出典 聖徳奉讃　親2和讃-231　真2-533

なむ【南無】

❶南無の言は帰命なり〔本文〕。

出典 教行信証・行　親1-48　真2-22　西聖211　西註170　東聖177

❷なむはちゑなり〔左訓〕。《南無は智慧なり》。

出典 弥陀名号徳　親3和文-232　真2-737　西聖823

解説 梵語 namas の音訳。敬礼の意で「帰命」などと訳す。仏や三宝などに帰依することを表わす。→きみょう【帰命】

なむあみだぶつ おうじょうしごう ねんぶついほん【南無阿弥陀仏 往生之業 念仏為本】

南無阿弥陀仏 往生之業 念仏為本といふは、安養浄土の往生の正因は念仏を

本とす、とまふす御こと也としるべし。
正因といふは、浄土にむまれて仏にか
ならずなるたねとまふすなり〔本文〕。
[出典] 尊号銘文　親3和文-107　真2-
595　西聖768　西註665　東聖527
[解説]『選択集』の巻頭に掲げられる文。
「念仏為本」はもともと『往生要集』
に記される文。

なむふかしぎこうぶつ【南無不可思議光仏】

（南無に、）なむはちゑなり。（不可思
議に、）ふかしぎはりなり。（光仏に、）
くわうぶちはきやうなりとしるべし
〔左訓〕。《南無は智慧なり。不可思議
は理なり。光仏は行なりと知るべし》。
[出典] 弥陀名号徳　親3和文-232　真2-
737　西聖823

ならのみやこ【奈良のみやこ】

やまとのくになり〔左訓〕。《大和の国
なり》。「奈良のみやこにうつれりし」
[出典] 聖徳奉讃　親2和讃-230

なんい【難易】

❶かたし、やすし、なんはしやうたう
もん。いはしやうともんなり〔左訓〕。
《難し、易し。難は聖道門、易は浄土
門なり》。「難易ふたつのみちをとき」
[出典] 高僧和讃　親2和讃-77

❷難は聖道門、自力の行也。易は浄土
門、他力の行なり〔本文〕。
[出典] 尊号銘文　親3和文-111　真2-
598　西聖770　西註668　東聖529

難易対＝難とは三業修善不真実の心
なり、易とは如来願力回向の心なり
〔本文〕。
[出典] 愚禿鈔　親2漢-48　真2-477
西聖674　西註539　東聖457

なんじ【汝】

汝の言は行者なり、これすなわち必定
の菩薩と名づく〔本文〕。
[出典] 愚禿鈔　親2漢-46　真2-476

西聖673　西註538　東聖455

なんしおうじょう【難思往生】

❶じりきのねむぶちしやなり〔左訓〕。
《自力の念仏者なり》。
[出典] 三経往生　親3和文-34　真2-
557

❷三に難思往生は弥陀経の宗なり〔本
文〕。
[出典] 愚禿鈔　親2漢-8　真2-457
西聖637　西註505　東聖427

❸弥陀経往生といふは、植諸徳本の誓
願によりて不果遂者の真門にいり、善
本・徳本の名号をえらびて、万善諸行
の少善をさしおく。しかりといゑども、
定散自力の行人は、不可思議の仏智を
疑惑して信受せず、如来の尊号をおの
れが善根として、みずから浄土に回向
して、果遂のちかひをたのむ。不可思
議の名号を称念しながら、不可称不可
説不可思議の大悲の誓願をうたがふ。
そのつみ、ふかくおもくして、七宝の
牢獄にいましめられて、いのち五百歳
のあいだ、自在なることあたわず、三
宝をみたてまつらず、つかへたてまつ
ることなしと、如来はときたまへり。
しかれども、如来の尊号を称念するゆ
へに、胎宮にとどまる。徳号によるが
ゆへに、難思往生とまふすなり。不可
思議の誓願、疑惑するつみによりて難
思議往生とはまふさずとしるべきなり
〔本文〕。
[出典] 三経往生　親3和文-33　真2-
557　西聖746　西註635　東聖473
[解説] 第二十願に誓われた往生。『阿弥
陀経』に説かれる往生。自力の念仏者、
つまり、仏智を疑っている者の方便の
往生。第十八願の難思議往生、第十九
願の双樹林下往生に対する。

なんしぎ【難思議】

❶（議に、）はからう〔左訓〕。

出典 教行信証・行　親1-84　真2-43　西聖253

❷こゝろのおよはぬによりてなんしきといふ〔左訓〕。《心の及ばぬによりて難思議という》。「難思議を帰命せよ」出典 浄土和讃　親2和讃-9

なんしぎおうじょう【難思議往生】

❶ほんぐわんたりきのわうじやうとまふす〔左訓〕。《本願他力の往生と申す》。

出典 三経往生　親3和文-34　真2-558　西聖746

❷一に難思議往生は大経の宗なり〔本文〕。

出典 愚禿鈔　親2漢-8　真2-457　西聖637　西註505　東聖427

❸大経往生といふは、如来選択の本願、不可思議の願海、これを他力とまふすなり。これすなわち念仏往生の願因によりて、必至滅度の願果をうるなり。現生に正定聚のくらゐに住して、かならず真実報土にいたる。これは阿弥陀如来の往相回向の真因なるがゆへに、無上涅槃のさとりをひらく。これを『大経』の宗致とす。このゆへに大経往生とまふす。また難思議往生とまふすなり〔本文〕。

出典 三経往生　親3和文-21　真2-551　西聖741　西註625　東聖468

解説 第十八願、念仏往生の願に誓われた往生。『大経』に説かれる他力の念仏者の往生。第十九願の双樹林下往生、第二十願の難思往生に対する。

なんしこうぶつ【難思光仏】

❶すへてこゝろのおよはぬにてなんしくわうふちといふなり〔左訓〕。《すべて心の及ばぬにて難思光仏というなり》。「難思光仏となづけたり」出典 浄土和讃　親2和讃-13

❷難思光仏とまふすは、この弥陀如来のひかりの徳おば、釈迦如来も御こゝろおよばずとときたまへり。こゝろのおよばぬゆゑに難思光仏といふなり〔本文〕。

出典 弥陀名号徳　親3和文-231　真2-736　西聖822

解説 阿弥陀の徳を示す十二光仏の一つ。阿弥陀の徳は、衆生の心が及ばず、思いを超えていることを表す。

なんちなんけん【難値難見】

❶まうあひかたくみたてまつりかたし〔左訓〕。《値（もうあ）い難く、見たてまつり難し》。「難値難見とときたまひ」出典 浄土和讃　親2和讃-35

❷（文明本に、）まうあひかたくみたてまつりかたしとなり〔左訓〕。《値（もうあ）い難く、見たてまつり難しとなり》。

出典 浄土和讃　親2和讃-35　真2-492　西聖698

なんちのき【難治の機】

それ仏、難治の機を説きて、『涅槃経』（「現病品」）に言わく、迦葉、世に三人あり、その病治しがたし。一つには謗大乗、二つには五逆罪、三つには一闡提なり。かくのごときの三病、世の中に極重なり。ことごとく声聞・縁覚・菩薩のよく治するところにあらず〔本文〕。

出典 教行信証・信　親1-153　真2-81　西聖335　西註266　東聖251

解説 『涅槃経』に救われがたい謗大乗・五逆罪・一闡提を病気に譬えて、難治の三病に譬える。

なんちゅうしなん【難中之難】

❶（文明本に、）かたきがなかにかたしとなり〔左訓〕。《難きが中に難しとなり》。「難中之難とときたまひ」出典 浄土和讃　親2和讃-43　真2-494　西聖700

❷（西本願寺本に、）かたきがなかに

かたし〔左訓〕。《難きが中に難し》。

出典 教行信証・行　真2-44　西聖255

なんてんじくにびくあらむ【南天竺に比丘あらむ】

これよりみなみうみのなかにりようかさんのぬしたいくゐわうあり。たいしようのほふをあいするによりてしやかによらいわたらせたまひてほふをときてきかせたまふ。ついてにわれにふめちののちにいくいくらありて、りりしゆよにいてゝくゐたうをふくすへしとかねてときたまふ〔左訓〕。《これより南、海の中に楞伽山の主大鬼王あり。大乗の法を愛するによりて釈迦如来わたらせたまいて法を説いて聞かせ給う。ついでに我入滅の後にいくいくらありて龍樹世に出て外道を伏くすべしとかねて説き給う》。→りゅうじゅぼさつ【龍樹菩薩】

出典 高僧和讃　親2和讃-76

なんにょのしん【男女の身】

おとこおむなのみ〔左訓〕。《男女の身》。「男女の身とむまれしめ」

出典 聖徳奉讃　親2和讃-232　真2-533

に

にしん【二心】

ふたごゝろ〔左訓〕。

出典 唯信鈔　親6写(2)-51　真2-745　西聖1288

にぞう【二蔵】

しやうもんざう・ぼさちざうなり〔左訓〕。《声聞蔵・菩薩蔵なり》。

出典 親5輯(2)-289

にそん【二尊】

みだしゃかの〔左訓〕。《弥陀釈迦の》。

出典 西方指南　親5輯(2)-231

にちえんまんどうびょうどう【二智円満道平等】

にちゑんはこのしやはせかいのちゑ。ふちたうのちゑみなさとりたまふことひやうとうなり。(平に、)ひとしく反。ひとしと反。たいらかなりと反〔左訓〕。《二智円(満)はこの娑婆世界の智慧、仏道の智慧みな覚り給うこと平等なり。等しく、等しと、平らかなりと》。

出典 浄土和讃　親2和讃-30

にちら【日羅】

ひしりなり〔左訓〕。《聖なり》。「新羅の日羅まうしけり」

出典 聖徳奉讃　親2和讃-240

解説 6世紀の日系の百済官人。九州の地方豪族、火葦北国造（ひのあしきたのくにのみやつこ）阿利斯登（ありしと）の子。百済の威徳王代（554～597）に達率（だっそつ）の官位に任ぜられる。敏達12（583）年に新羅に滅ぼされた任那の復興を図る。天皇の召によって百済使と共に来日、河内（大阪府）阿斗（あと）の桑市に滞在して天皇の諮問に答えた。

にまんざい【二万歳】

ひとのいのちにまんさいといふよりは〔左訓〕。《人の命二万歳というよりは》。「二万歳にいたりては」

出典 正像末和讃　親2和讃-161

にゃくうがっしゃみょういそそう【若有合者名為麁想】

若有合者名為麁想と言えり、これ定観成じがたきことを顕すなり〔本文〕。

出典 教行信証・化　親1-277　真2-148　西聖482　西註382　東聖332

解説 「化巻」に引かれる『観経』の文（西聖125・西註101・東聖104）。『観経』の表からの理解、つまり顕説では、第八像想観において、観察する境地が経説に合すれば麁想に極楽世界を見たとするとの意。裏からの理解、つまり隠説では、定善（慮りを息（や）めて心を凝らすこと）が成じ難いことを示す。

にゃくがじょうぶつ【若我成仏】

若我成仏とまふすは、法蔵菩薩ちかひたまわく、もしわれ仏をえたらむにと、ときたまふ〔本文〕。

出典 尊号銘文　親3和文-94　真2-589　西聖761　西註657　東聖521

解説 『尊号真像銘文』に引かれる『観念法門』の文。「もし、我仏と成らんに」の意。

にゃくしゅじょうしん　おくぶつねんぶつ【若衆生心　憶仏念仏】

若衆生心　憶仏念仏といふは、もし衆生心に仏を憶し、仏を念ずれば〔本文〕。

出典 尊号銘文　親3和文-82　真2-582　西聖755　西註649　東聖516

解説 『尊号真像銘文』に引かれる『首楞厳経』の文。衆生が心に仏を憶い、念ずればとの意。

にゃくしょういっしん【若少一心】

若少一心といふは、若はもしといふ、ごとしといふ。少はかくるといふ。すくなしといふ。一心かけぬればむまれずといふなり。一心かくるといふは、信心のかくるなり。信心かくといふは、本願真実の三信のかくるなり。『観経』の三心をえてのちに、『大経』の三信心をうるを一心をうるとはまふすなり。このゆへに『大経』の三信心をえざるおば、一心かくるとまふすなり。この一心かけぬれば、真の報土にうまれずというなり〔本文〕。

出典 唯信文意　親3和文-177　真2-634　西聖806　西註713　東聖556

解説 『唯信鈔文意』に引かれる善導の『往生礼讃』の文。本来、『観経』所説の三心の内、一心が少（か）ければとの意であったが、ここでは、『大経』所説の一心（三心）が少（か）ければとの意に解釈されている。

にゃくしょういっしん　そくふとくしょう【若少一心　即不得生】

もししんじむかけぬればすなわちむまれずといふなり〔左訓〕。《もし信心少（か）けぬれば即ち生まれずというなり》。

出典 唯信鈔　親6写(2)-54　西聖1290

にゃくぞんにゃくもう【若存若亡】

❶（若に、）ことし。（若存若亡に、）いきたるかことし。しにたるがことし。そんせるかことし。もうせるかことし。あるときにはわうしやうしてむすとおもひ、あるときはわうしやうは、えせしとおもふをにやくそんにやくまうといふなり〔左訓〕。《生きたるがごとし。死にたるがごとし。存せるがごとし。亡ぜるがごとし。ある時には往生すると思い、ある時は往生しないだろうと思うを若存若亡というなり》。「若存若

亡するゆへに」

[出典] 高僧和讃　親2和讃-100

❷（文明本に、）あるときはさもとおもふ。あるときはかなふましとおもふなり〔左訓〕。《ある時はそうだと思う。ある時は適うまじと思うなり》。

[出典] 高僧和讃　親2和讃-100　真2-506　西聖712

にゃくなんにゃくにょ【若男若女】

わかきおとこ、わかきおむな〔左訓〕。

[出典] 唯信鈔　親6写(2)-46　真2-743　西聖1286

にゃくにんがんさぶつ【若人願作仏】

若人願作仏といふは、もし人仏にならんと願ぜば、心念阿弥陀といふ。心に阿弥陀を念ずべしとなり〔本文〕。

[出典] 尊号銘文　親3和文-84　真2-583　西聖757　西註650　東聖517

[解説]『尊号真像銘文』に引かれる龍樹の『十住毘婆沙論』の文。

にゃくねんぶつしゃ【若念仏者】

若念仏者とまふすは、もし念仏せむひと、まふすなり〔本文〕。

[出典] 一多文意　親3和文-132　真2-608　西聖783　西註682　東聖537

にゃくふしょうじゃ【若不生者】

❶（文明本に、）もしむまれすは、ほとけにならしとちかひたまへるなり〔左訓〕。《もし生まれずば、仏にならじと誓い給えるなり》。「若不生者とちかひけり」

[出典] 高僧和讃　親2和讃-107　真2-508　西聖714

❷若不生者は、もしむまれずは、といふみこと也。不取不覚は仏にならじとちかひたまへる也〔本文〕。

[出典] 尊号銘文　親3和文-75　真2-578　西聖752　西註644　東聖513

にゃくふしょうじゃのちかい【若不生者のちかい】

❶わかちかひをしんせんもの、もしむまれすはほとけにならしといふこゝろなり〔左訓〕。《我が誓を信ぜん者、もし生まれずば仏にならじという心なり》。「若不生者のちかひゆへ」

[出典] 浄土和讃　親2和讃-19

❷（文明本に、）もしむまれすはとちかひたまへるなり〔左訓〕。《もし生まれずばと誓いたまえるなり》。

[出典] 浄土和讃　親2和讃-19　真2-489　西聖695

にゃくふしょうじゃ ふしゅしょうがく【若不生者 不取正覚】

若不生者 不取正覚といふは、ちかひを信じたる人、もし本願の実報土にむまれずは、仏にならじとちかひたまへるみのり也〔本文〕。

[出典] 尊号銘文　親3和文-95　真2-589　西聖762　西註657　東聖522

[解説]『大経』第十八願文中の文（西聖22・西註18・東聖18）。衆生を救うという法蔵菩薩の誓いを表す。

にゃくぶつめつごしょしゅじょうとう【若仏滅後諸衆生等】

若仏滅後諸衆生等と言えり、すなわちこれ未来の衆生、往生の正機たることを顕すなり〔本文〕。

[出典] 教行信証・化　親1-277　真2-148　西聖482　西註382　東聖332

[解説]「化巻」に引かれる『観経』の文（西聖114・西註93・東聖95）。『観経』の表からの解釈、つまり顕説では、韋提希が未来の衆生のために安楽浄土を観ずる法を教えたまえとの意であるが、裏からの解釈、つまり隠説では、未来の衆生が往生の正機なることを示す。

にゅうしゅつもん【入出門】

自利利他の功徳を成じたまう、すなわ

ちこれを名づけて入出門とすとのたまえり〔本文〕。
[出典]入出二門　親2漢-120　真2-482　西聖685　西註548　東聖464

にゅうなん【柔軟】
やはらかなり〔左訓〕。
[出典]観経疏加点・定　親9加(3)-130

にゅうむしょうにん【入無生忍】
入無生忍といふは、無生忍にいるとなり〔本文〕。
[出典]尊号銘文　親3和文-83　真2-583　西聖756　西註649　東聖516
[解説]『尊号真像銘文』に引かれる『首楞厳経』の文。親鸞は「無生忍」を不退の位に解す。→むしょうにん【無生忍】

にょじつしゅぎょうそうおう【如実修行相応】
❶（文類本に、）おしへのことくしむするこゝろなり〔左訓〕。《教えの如く信ずる心なり》。「如実修行相応は」
[出典]高僧和讃　親2和讃-102　真2-507　西聖713
❷一心、これを如実修行相応と名づく。すなわちこれ正教なり、これ正義なり、これ正行なり、これ正解なり、これ正業なり、これ正智なり。三心すなわち一心なり、一心すなわち金剛真心の義、答え竟（おわ）りぬ〔本文〕。
[出典]教行信証・信　親1-140　真2-73　西聖318　西註253　東聖242
❸この心すなわちこれ大菩提心なり、大菩提心はすなわちこれ真実の信心なり、真実の信心はすなわちこれ願作仏心なり、願作仏心はすなわちこれ度衆生心なり、度衆生心はすなわちこれ衆生を摂取して安楽浄土に生ぜしむる心なり。この心すなわちこれ畢竟平等心なり、この心すなわちこれ大悲心なり、この心作仏す、この心これ仏なり。こ

れを如実修行相応と名づくるなり〔本文〕。
[出典]文類聚鈔　親2漢-150　真2-453　西聖626　西註494　東聖419
[解説]『浄土論註』に説かれる言葉。「不如実修行相応」に対する語。真如の理にしたがって修行し、その信じるところ、修するところが真如にかなうこと。また、阿弥陀仏の本願に相応し、教のごとくに行じて法に違わないこと。

にょしゅうしいにゅうかいいちみ【如衆水入海一味】
小聖・凡夫・五逆・謗法・無戒・闡提みな回心して真実信心海に帰入しぬれば、衆水の海にいりてひとつあぢわいとなるがごとしとたとえたるなり〔本文〕。
[出典]尊号銘文　親3和文-118　真2-601　西聖774　西註672　東聖532

にょぜ【如是】
❶経の始めに如是と称することは、信を彰して能入とす〔本文〕。
[出典]教行信証・信　親1-127　真2-65　西聖302　西註241　東聖232
❷如是の義はすなわち善く信ずる相なり〔本文〕。
[出典]教行信証・化　親1-294　真2-157　西聖502　西註398　東聖346
❸三経の大綱、隠顕ありといえども、一心を能入とす。かるがゆえに、経の始めに如是と称す。論主建（はじ）めに一心と言えり。すなわちこれ如是の義を彰すなり〔本文〕。
[出典]文類聚鈔　親2漢-151　真2-454　西聖628　西註496　東聖420
如是之義＝かくのこときのき、いかなるおむこととといたてまつるとなり〔左訓〕。《是の如くの義、如何なる御事と問いたてまつるとなり》。「如是之義ととえりりしに」

[出典] 浄土和讃　親2和讃-34

[解説] 経の冒頭の言葉で「かくのごとく」「このように」の意。信心をあらわす語。六成就の内の信成就。

にょぜぼんぶしんそうるいれつ【汝是凡夫心想羸劣】

汝是凡夫心想羸劣と言えり、すなわちこれ悪人往生の機たることを彰すなり〔本文〕。

[出典] 教行信証・化　親1-277　真2-147　西聖482　西註382　東聖332

[解説] 汝は心が散り乱れている凡夫であるとの意。「化巻」に引かれる『観経』の文（西聖114・西註93・東聖95）。釈尊が韋提希に対して言った言葉。諸師が韋提希を菩薩の化身と見たのに対し、善導はこの言葉から、韋提希を実業の凡夫と見た。

にょぜんこうにん しんうこうけ【如染香人 身有香気】

如染香人 身有香気といふは、こうばしき気、みにある人のごとく、念仏のこゝろ、もてる人に勢至のこゝろをこうばしき人にたとえまふす也〔本文〕。

[出典] 尊号銘文　親3和文-83　真2-582　西聖756　西註649　東聖516

[解説] 『尊号真像銘文』に引かれる『首楞厳経』の文。念仏者を香りたかき人に譬える。→ぜんこうにん【染香人】

にょらい【如来】

❶如来とまふすは諸仏とまふす也〔本文〕。

[出典] 尊号銘文　親3和文-117　真2-601　西聖773　西註671　東聖531

❷如来とまふすは、諸仏とまふすなり〔本文〕。

[出典] 一多文意　親3和文-143　真2-615　西聖788　西註689　東聖542

❸如来とまふすは無碍光如来なり〔本文〕。

[出典] 唯信文意　親3和文-156　真2-621　西聖795　西註699　東聖547

[解説] 仏。如（真如、一如）より来生するとの意。『無量寿経』には、「従如来生解法如如」（西聖64・西註51・東聖54）と説く。

にょらいさがん【如来の作願】

みたによらいのひくわんをおこしたまひしことをまふすなり〔左訓〕。《弥陀如来の悲願を起こし給ひしことを申すなり》。「如来の作願をたづぬれば」

[出典] 正像末和讃・草　親2和讃-151

にょらいしょいこうしゅっせ【如来所以興出世】

如来所以興出世といふは、諸仏の世にいでたまふゆへはとまふすみのり也〔本文〕。

[出典] 尊号銘文　親3和文-116　真2-600　西聖773　西註671　東聖531

[解説] 『尊号真像銘文』に引かれる「正信偈」の文。もともと『大経』による文で、釈尊の出世は阿弥陀の本願を説くためであることを示す。

にょらいそんごうじんぶんみょう【如来尊号甚分明】

如来尊号甚分明、このこゝろは、如来とまふすは、無碍光如来なり。尊号とまふすは、南無阿弥陀仏なり。尊はたふとくすぐれたるとなり。号は仏になりたまふてのちの御なをまふす。名はいまだ仏になりたまはぬときの御なをまふすなり。この如来の尊号は不可称・不可説・不可思議にましまして、一切衆生をして無上大般涅槃にいたらしめたまふ大慈大悲のちかひの御ななり。この仏の御なはよろづの如来の名号にすぐれたまへり。これすなわち誓願なるがゆへなり。甚分明といふは、甚ははなはだといふ、すぐれたりといふこゝろなり。分はわかつといふ、よ

ろづの衆生ごとにとわかつこゝろなり。明はあきらかなりといふ、十方一切衆生を、ことごゝくたすけみちびきたまふことあきらかにわかちすぐれたまへりとなり〔本文〕。

出典 唯信文意　親3和文-156　真2-621　西聖795　西註699　東聖547

解説『唯信鈔文意』に引かれる法照の『五会法事讃』の文。如来の尊号、つまり念仏によって救われることが明らかとの意。

にょらいちがん【如来智願】

みたによらいのひくわんをまふすなり〔左訓〕。《弥陀如来の悲願を申すなり》。「如来智願の回向なり」

出典 正像末和讃・草　親2和讃-147

にょらいにしゅのえこう【如来二種の回向】

みたによらいのほんくわんのゑかうにわうさうのゑかう、くゑんさうのゑかうとまふしてふたつのゑかうのあるなり〔左訓〕。《弥陀如来の本願の回向に往相の回向、還相の回向と申して二つの回向あるなり》。「如来二種の回向を」

出典 正像末和讃・草　親2和讃-148

にょらいのえこう【如来の回向】

みたのほんくわんをわれらにあたえたまひたるをゑかうとまふすなり。これをにょらいのゑかうとまふすなり〔左訓〕。《弥陀の本願を我らに与え給いたるを回向と申すなり。これを如来の回向と申すなり》。「如来の回向に帰入して」→えこう【回向】

出典 正像末和讃・草　親2和讃-147

にょらいのこうずいけうにして【如来の光瑞希有にして】

❶によらいのおむひかりことによきおむかたちけうにましますとなり〔左訓〕。《如来の御光殊に良き御貌（かた

ち）希有にましますとなり》。

出典 浄土讃　親2和讃-34

❷（文明本には、光瑞希有に、）ひかりありかたしとなり〔左訓〕。《光有り難しとなり》。

出典 浄土和讃　親2和讃-34　真2-492　西聖698

にょらいのゆいきょうぐこうしき【如来の遺教弘興しき】

しやかによらいののこりのみのりひろめたまふとなり〔左訓〕。《釈迦如来の遺りの御法広め給うとなり》。→ゆいきょう【遺教】、→ゆいほう【遺法】

出典 聖徳奉讃　親2和讃-232

にん【忍】

ふたいのくらゐ〔左訓〕。《不退の位》。

出典 教行信証・信　真2-78　西聖329

解説 忍は忍許の意でさとりを意味する。親鸞は不退転の位と理解している。→むしょうにん【無生忍】

にんうん【任運】

まかせ、はこふ〔左訓〕。

出典 教行信証・化　親1-284　真2-151　西聖490

にんげん【人間】

ひとゝむまるゝをいふ〔左訓〕。《人と生まるるをいう》。

出典 唯信鈔　親6写(2)-40　真2-739　西聖1283

にんしんさい【壬申歳】

みつのえさるのとし〔左訓〕。「建暦第二壬申歳」

出典 高僧和讃　親2和讃-136

にんな【任那】

→みまな【任那】

にんにく【忍辱】

❶しのびはづるをいふ〔左訓〕。《忍び辱じるをいう》。

出典 唯信鈔　親6写(2)-41　真2-740　西聖1284

❷しのぶるこゝろなり〔左訓〕。

出典 唯信鈔　親6写(2)-45　真2-742
西聖1286

にんのうねんぜぶつむりょうりきくどく【人能念是仏無量力功徳】

人能念是仏無量力功徳といふは、ひと
よくこの仏の無量の功徳を念ずべしと
なり〔本文〕。

出典 尊号銘文　親3和文-84　真2-
583　西聖756　西註650　東聖517

解説『尊号真像銘文』に引かれる龍樹
の『十住毘婆沙論』の文。仏の無量の
徳を念ずることを勧める。

ぬ

ぬ【奴】

おとこしふしゃ〔左訓〕。《男従者》。
(西本願寺本には、)おとこしゅしゃ
〔左訓〕。→ひ【婢】

出典 教行信証・化　親1-316　真2-
169　西聖529

ぬるで【白膠木】

ぬるてのきなり〔左訓〕。《白膠木(ぬ
るで)の木なり》。「白膠木をとらしめ
て」

出典 太子奉讃　親2和讃-259

解説 ウルシ科の落葉小高木。山野に自
生。夏、枝頂に白色の小花を円錐状に
多数つける。果実は扁球形で赤く熟す
る。葉は紅葉が美しい。

ね

ねはん【涅槃】

❶まことのほとけになるをまふすなり〔左訓〕。《真の仏に成るを申すなり》。「いかでか涅槃をさとらまし」

出典 正像末和讃・草　親2和讃-145

❷涅槃をば、滅度といふ、無為といふ、安楽といふ、常楽といふ、実相といふ、法身といふ、法性といふ、真如といふ、一如といふ、仏性といふ。仏性すなわち如来なり〔本文〕。

出典 唯信文意　親3和文-170　真2-630　西聖803　西註709　東聖554

ねはんがい【涅槃界】

涅槃界といふは無明のまどいをひるがへして、無上涅槃のさとりをひらくなり。界はさかいといふ。さとりをひらくさかいなり。大涅槃ともうすに、その名無量なり〔本文〕。

出典 唯信文意　親3和文-170　真2-630　西聖802　西註709　東聖553

ねはんじじょう【涅槃之城】

涅槃之城とまふすは、安養浄刹をいふ也。これを涅槃のみやことはまふすなり〔本文〕。

出典 尊号銘文　親3和文-109　真2-597　西聖769　西註666　東聖528

ねん【念】

❶念は如来の御ちかひをふたごゝろなく信ずるをいふなり〔本文〕。

出典 一多文意　親3和文-148　真2-617　西聖790　西註692　東聖544

❷念は心におもひさだめて、ともかくもはたらかぬこゝろなり〔本文〕。

出典 唯信文意　親3和文-173　真2-632　西聖804　西註711　東聖555

❸念と声とはひとつこゝろなりとしるべしとなり、念をはなれたる声なし、声をはなれたる念なしとなり〔本文〕。

出典 唯信文意　親3和文-182　真2-637　西聖808　西註717　東聖559

ねんが【念我】

念我とまふすは、ちかひのみなを憶念せよとなり。諸仏称名の悲願にあらわせり。憶念は、信心をえたるひとは、うたがいなきゆえに、本願をつねにおもいいずるこころのたえぬをいうなり〔本文〕。

出典 唯信文意　親3和文-164　真2-626　西聖799　西註705　東聖551

ねんじゅ【念珠】

ずずなり〔左訓〕。

出典 唯信鈔　親6写(2)-52　真2-746　西聖1289

ねんどう【念道】

念道の言は、他力白道を念ぜよとなり〔本文〕。

出典 愚禿鈔　親2漢-47　真2-477　西聖674　西註539　東聖456

ねんぶつ【念仏】

念仏はすなわちこれ南無阿弥陀仏なり。南無阿弥陀仏はすなわちこれ正念なり〔本文〕。

出典 教行信証・行　親1-23　真2-8　西聖180　西註146　東聖161

念仏衆生＝念仏衆生は、金剛の信心をえたる人なり〔本文〕。

出典 一多文意　親3和文-132　真2-608　西聖782　西註681　東聖537

ねんりきひとしくおよばれず【念力ひとしくおよばれず】

（念力に、）おもふ、ちから。（ひとしくおよばれずに、）よのしやうとにはかなはすとなり〔左訓〕。《念う、力。余の浄土には適わずとなり》。「念力ひとしくおよばれず」

出典 高僧和讃　親2和讃-88

ぬ
ね

の

のう【能】
能の言は、不堪に対するなり、疑心の人なり〔本文〕。
出典 愚禿鈔　親2漢-47　真2-477　西聖673　西註539　東聖456

のうしょうしょうじょうがんおうじょうしん【能生清浄願往生心】
能生清浄願往生心と言うは、無上の信心・金剛の真心を発起するなり、これは如来回向の信楽なり〔本文〕。
出典 愚禿鈔　親2漢-46　真2-476　西聖672　西註537　東聖454
解説 善導の『観経疏』「散善義」の文。二河譬喩（親9加点(3)-185）に出る。

のうしょうしょうじょうがんしん【能生清浄願心】
能生清浄願心と言うは、金剛の真心を獲得するなり。本願力回向の大信心海なるがゆえに、破壊すべからず。これを金剛のごとしと喩うるなり〔本文〕。
出典 教行信証・信　親1-131　真2-67　西聖306　西註244　東聖235

のうだくじんじゅ【悩濁塵数】
ほむなうおほくしてちりのことくかすおほかるべしとなり〔左訓〕。《煩悩多くして塵の如く数多かるべしとなり》。「悩濁塵数のごとくなり」
出典 正像末和讃・草　親2和讃-150

のうねん【能念】
能念はよく名号を念ずと也。よく念ずとまふすはふかく信ずる也〔本文〕。
出典 尊号銘文　親3和文-104　真2-594　西聖767　西註663　東聖526

のうほついちねんきあいしん【能発一念喜愛心】
能発一念喜愛心といふは、能はよくといふ、発はおこすといふ、ひらくといふ。一念喜愛心は、一念慶喜の真実信心よくひらけ、かならず本願の実報土にむまるとしるべし。慶喜といふは、信をえてのちよろこぶこゝろをいふ也〔本文〕。
出典 尊号銘文　親3和文-118　真2-601　西聖773　西註672　東聖531
解説『尊号真像銘文』に引かれる「正信偈」の文。

のうりょうがりゃくへんじょうこん【能令瓦礫変成金】
能令瓦礫変成金といふは、能はよくといふ。令はせしむといふ。瓦はかわらといふ。礫はつぶてといふ。変成金は、変成はかへなすといふ。金はこがねといふ。かわら・つぶてをこがねにかえなさしめむがごしとたとへたまへるなり。りょうし・あき人、さまざまのものは、みないし・かわら・つぶてのごとくなるわれらなり。如来の御ちかひを、ふたごゝろなく信楽すれば、摂取のひかりのなかにおさめとられまいらせて、かならず大涅槃のさとりをひらかしめたまふは、すなわち、れうし・あき人などは、いし・かわら・つぶてなむどを、よくこがねとなさしむがごしとたとへたまへるなり。摂取のひかりともふすは、阿弥陀仏の御こゝろにおさめとりたまふゆへなり〔本文〕。
出典 唯信文意　親3和文-168　真2-629　西聖802　西註708　東聖553
解説『唯信鈔文意』に引かれる法照の『五会法事讃』の文。われら凡夫が如来の本願力と摂取不捨の御心で仏に成るとの意。

のうりょうそくまんぞく【能令速満足】
能はよくといふ。令はせしむといふ、よしといふ。速はすみやかにといふ、ときことゝいうなり。満はみつという。

足はたりぬといふ〔本文〕。

出典 一多文意　親3和文-147　真2-
617　西聖790　西註691　東聖544

能令速満足　功徳大宝海 = 能令速満
足　功徳大宝海といふは、能はよしと
いふ、令はせしむといふ、速はすみや
かにとしといふ、よく本願力を信楽す
る人はすみやかにとく功徳の大宝海を
信ずる人のそのみに満足せしむる也。
如来の功徳のきわなくひろくおほきに、
へだてなきことを、大海のみづのへだ
てなくみちてるがごとしと、たとへた
てまつるなり〔本文〕。

出典 尊号銘文　親3和文-89　真2-
585　西聖758　西註653　東聖519

解説『尊号真像銘文』に引かれる『浄
土論』の文（東聖137）。本願力に遇え
ば空（むな）しく過ぎることなく、速
やかに功徳の海に入るとの意。

は

はいえ【敗壊】

やふれ、やふる〔左訓〕。

出典 教行信証・真　親1-237　真2-
126　西聖436

はいけん【拝見】

❶みた（て）まつるなり〔左訓〕。《見
奉るなり》。「如来を拝見うたがはず」

出典 浄土和讃　親2和讃-70

❷うやまひみたてまつる〔左訓〕。《敬
い見奉る》。「拝見せしめたまひけり」

出典 高僧和讃　親2和讃-130

はいしょうきじゃ【背正帰邪】

❶たゞしきことにはそむき、ひかこと
にはよりたのむこゝろなり〔左訓〕。
《正しきことには背き、僻事には依り
頼む心なり》。「背正帰邪まさるゆへ」

出典 正像末和讃・草　親2和讃-150

❷たゞしきことをそむき、ひかことを
たのむこゝろなり〔左訓〕。《正しきこ
とを背き、僻事を頼む心なり》。「背正
帰邪をこのむゆへ」

出典 正像末和讃　親2和讃-163

❸（文明本に、）たゞしきことをそむ
きひかことをこのむなり〔左訓〕。「背
正帰邪まさるゆへ」

出典 正像末和讃　親2和讃-163　真2-
517　西聖723

はえ【破壊】

❶やふり、やふる〔左訓〕。《破り、壊
る》。「方便破壊せむものは」

出典 聖徳奉讃　親2和讃-245

❷やふり、やふらむ〔左訓〕。「頓教破
壊せむものは」

出典 聖徳奉讃　親2和讃-247　真2-
540

はえしんどく【破壊瞋毒】

❶やふりほろほしいかりをなすへしと

の

は

なり〔左訓〕。《破り滅ぼし怒りを為すべしとなり》。「破壊瞋毒さかりなり」
出典 正像末和讃　親2和讃-162
❷（文明本に、）やぶりいかりはらたつなり〔左訓〕。《破り怒り腹立つなり》。
出典 正像末和讃　親2和讃-162　真2-517　西聖723

はかい【破戒】
破戒はかみにあらわすところのよろづの道俗の戒品をうけて、やぶりすてたるものこれらをきらはずとなり〔本文〕。
出典 唯信文意　親3和文-166　真2-627　西聖800　西註706　東聖552

ばかば【婆伽婆】
❶てんちくには仏をばかはといふなり〔左訓〕。《天竺には仏を婆伽婆というなり》。「婆伽婆を帰命せよ」
出典 浄土和讃　親2和讃-23
❷（文明本に、）ほとけのみななり〔左訓〕。《仏のみ名なり》。
出典 浄土和讃　親2和讃-23　真2-489　西聖695
解説 梵語 bhagavat の音訳。仏の敬称の一つ。世尊、有徳などと訳す。

はくさい【百済】
くにのな、なり〔左訓〕。《国の名なり》。「百済・高麗・任那・新羅」
出典 聖徳奉讃　親2和讃-239　真2-536
百済国＝百済国といふは、聖徳太子さきの世にむまれさせたまひたりけるくにの名なり〔本文〕。
出典 尊号銘文　親3和文-99　真2-591　西聖764　西註660　東聖524
解説 朝鮮半島の古代三国の一つ（4世紀前半〜663）。「くだら」ともいう。日本とは交流を盛んにし、仏教などの大陸文化を伝える。660年、新羅・唐連合軍に滅ぼされた。

はくりく【博陸】
（文明本に、）くわんはくなり〔左訓〕。《関白なり》。「禅定博陸まのあたり」
→けんじつはくりく【兼実博陸】
出典 高僧和讃　親2和讃-130　真2-513　西聖719

ばしょうほうまつ【芭蕉泡沫】
（芭蕉に、）くさのななり、（泡沫に、）みづのあわ〔左訓〕。《草の名なり、水の泡》。
出典 唯信鈔　親6-写(2)-49　真2-744　西聖1287

はぞく【破賊】
やぶりあたなり〔左訓〕。《破り仇なり》。「弓削の守屋は破賊にて」
出典 聖徳奉讃　親2和讃-245　真2-539

ばそばんずぼさつ【婆藪般豆菩薩】
婆藪般豆は天竺のことばなり。晨旦には天親菩薩とまふす、またいまはいはく、世親菩薩とまふす、旧訳には天親、新訳には世親菩薩とまふす〔本文〕。
出典 尊号銘文　親3和文-86　真2-584　西聖757　西註651　東聖517
解説 世親、天親ともいう。仏滅後900年（4世紀ごろ）にプルシャブラ（現在のパキスタン・ペシャーワル）で生まれた。『浄土論』（一巻）を著す。唯識思想の大成者。兄は無著（アサンガ）。真宗の七高僧の第二祖。→せしんぼさつ【世親菩薩】

はちじおうじ【八耳皇子】
八人して一どに奏することを一度にきこしめすゆへに八耳皇子とまうすなり〔左訓〕。《八人して一度に奏することを一度に聞し召すゆえに八耳皇子と申すなり》。（奏するに、）まふすといふことはなり〔左訓〕。（奏するに、）《申すという言葉なり》。「八耳皇子とまうさしむ」

出典 聖徳奉讃　親2和讃-247　真2-540

はっけん【発遣】

❶しやかのす〻めつかはすとなり〔左訓〕。《釈迦の勧め遣わすとなり》。

出典 西方指南　親5輯(2)-343

❷やりやる〔左訓〕。

出典 観経疏加点・散　親9加(3)-185

はろう【波浪】

大なみ小なみ〔左訓〕。

出典 教行信証・信　親1-109　真2-55　西聖279

はんえい【範衛】

(範に、)のり、さかう〔左訓〕。(衛に、)えい、まもる〔左訓〕。

出典 教行信証・化　親1-314　真2-168　西聖528

はんずる【判ずる】

ことわるなり〔左訓〕。《断るなり》。

出典 西方指南　親5輯(2)-279

ばんせん【万川】

❶よろつのかはなり〔左訓〕。《万の川なり》。「衆悪の万川帰しぬれば」

出典 高僧和讃　親2和讃-96

❷(文明本に、)よろつのあくをよろつのかはにたとへたり〔左訓〕。《万の悪を万の川に譬えたり》。

出典 高僧和讃　親2和讃-96　真2-506　西聖712

はんどく【盤特】

ほとけのみでしなり。ぐちのひとなりき〔左訓〕。《仏の御弟子なり。愚痴の人なりき》。

出典 唯信鈔　親6写(2)-46　真2-743　西聖1286

はんばいしやく【敗賈市易】

(敗に、)わかつ。(賈に、)うる。(市に、)いち。(易に、)かうる〔左訓〕。

出典 教行信証・化　親1-322　真2-173　西聖537

ひ

ひ【婢】

おうなしうしや〔左訓〕。《女従者》。

出典 教行信証・化　親1-316　真2-169　西聖529 →ぬ【奴】

び【備】

そなはる。つふさに〔左訓〕。

出典 教行信証・行　親1-56　真2-26　西聖220

ひえつ【披閲】

ひらきみる〔左訓〕。

出典 教行信証・化　親1-314　真2-168　西聖527

ひえん【疲厭】

つかれ、いとふ〔左訓〕。

出典 教行信証・信　親1-127　真2-65　西聖302

ひき【悲喜】

❶(悲に、)かなしみ、(喜に、)よろこふ〔左訓〕。

出典 教行信証・化　親1-308　真2-165　西聖520

❷かなしみよろこぶ〔左訓〕。

出典 西方指南　親5輯(2)-310

ひきゅう【悲泣】

❶かなしみなくへしとなり〔左訓〕。《悲しみ泣くべしとなり》。「如来の遺弟悲泣せよ」

出典 正像末和讃　親2和讃-159

❷(文明本に、)かなしみなくへし〔左訓〕。

出典 正像末和讃　親2和讃-159　真2-516　西聖722

ひきゅうおうのう【悲泣懊悩】

かなしみなきなやみたまふとなり〔左訓〕。《悲しみ泣き悩み給うとなり》。「悲泣懊悩したまひて」

出典 聖徳奉讃　親2和讃-246　真2-

539

ひきょう【比校】

ならぶると〔左訓〕。《並ぶると》。

出典 西方指南　親 5 輯(2)-329

ひぎょうひぜん【非行非善】

❶弥陀の本願は行にあらず、善にあらず、たゞ仏名をたもつなり。名号はこれ、善なり、行なり。行といふは、善をするについていふことばなり。本願はもとより仏の御約束とこゝろえぬるには、善にあらず、行にあらざるなり。かるがゆへに、他力とまふすなり〔本文〕。

出典 末灯鈔　親 3 書簡-121　真 2 -693
西聖883　西註807　東聖609

❷念仏は行者のために非行非善なり。わがはからひにて行ずるにあらざれば、非行といふ。わがはからひにてつくる善にもあらざれば、非善といふ。ひとへに他力にして、自力をはなれたるゆへに、行者のためには非行非善なりと云々〔本文〕。

出典 歎異抄　親 4 言行-11　真 2 -777
西聖908　西註836　東聖629

ひげ【卑下】

わがみをいやしふおもふ〔左訓〕。《わが身を卑しく思う》。

出典 唯信鈔　親 6 写 2 -58　真 2 -749
西聖1292

ひごんひじつ【非権非実】

❶中道実相のおしえなり〔左訓〕。

出典 唯信鈔文意　親 3 和文-180　西聖808

❷非権非実といふは、法華宗のおしえなり。浄土真宗のこゝろにあらず。聖道家のこゝろなり〔本文〕。

出典 唯信文意　親 3 和文-180　真 2 -636　西聖808　西註716　東聖558

ひしたい【彼此対】

彼とは浄邦なり、此とは穢国なり〔本文〕。

出典 愚禿鈔　親 2 漢-48　真 2 -477
西聖674　西註539　東聖457

ひしつ【卑湿】

いやしくうるおふ〔左訓〕。

出典 教行信証・証　親 1 -208　真 2 -110　西聖403

ひせん【鄙賤】

❶いやしく、いやし〔左訓〕。「豪貴鄙賤もへだてなし」

出典 高僧和讃　親 2 和讃-133

❷（文明本に、）いやしきもの〔左訓〕。

出典 高僧和讃　親 2 和讃-133　真 2 -514　西聖720

ひせん【卑賤】

いやしきものとなり〔左訓〕。「長者卑賤のみとなりて」

出典 聖徳奉讃　親 2 和讃-242　真 2 -538

ひちゃく【被着】

きる、きる〔左訓〕。

出典 教行信証・化　親 1 -323　真 2 -173　西聖538

ひつ【必】

❶必はかならずといふ。かならずといふはさだまりぬといふこゝろなり。また自然といふこゝろなり〔本文〕。

出典 尊号銘文　親 3 和文-77　真 2 -579　西聖753　西註645　東聖514

❷必はかならずといふ。（中略）かならずといふは、自然に往生をえしむと也。自然といふは、はじめてはからはざるこゝろなり〔本文〕。

出典 尊号銘文　親 3 和文-93　真 2 -588　西聖761　西註656　東聖521

❸必の言は、審［あきらか也］・［つまびらか也］也、然［しからしむる］也、分極也、金剛心成就の貌［かをはせ］也〔本文〕。（西本願寺本に、）分極［わかち、きわむる］也〔本文〕。

出典 教行信証・行　親1-49　真2-22
西聖212　西註170　東聖178

ひっきょう【畢竟】

❶おはり、きわまる〔左訓〕。《畢（お
わ）わる、竟（きわ）まる》。

出典 教行信証・証　親1-195　真2-
103　西聖387

❷（畢に、）きわめ反。おわり反。（竟
に、）きわむ反。おわる反〔左訓〕。
「畢竟成仏の道路にて」

出典 高僧和讃　親2和讃-97

畢竟依＝（畢に、）おはり反、ついに
反。（竟に、）おわる反、きわむ反。
（畢竟に、）ほふしんのさとりのこると
ころなく、きわまりたまひたりといふ
こゝろなり〔左訓〕。《法身の覚り残る
ところなく、きわまり給いたりという
心なり》。「畢竟依を帰命せよ」

出典 浄土和讃　親2和讃-10

ひっしめつどがんじょうじゅ【必至滅度願成就】

証大涅槃とまふすは、必至滅度の願成
就のゆえに、かならず大般涅槃をさと
るとしるべし。滅度とまふすは、大涅
槃也〔本文〕。

出典 尊号銘文　親3和文-116　真2-
600　西聖773　西註671　東聖531

解説『尊号真像銘文』に引かれる「正
信偈」の文。

ひっとくおうじょう【必得往生】

❶必得往生と言うは、不退の位に至る
ことを獲ることを彰すなり〔本文〕。

出典 教行信証・行　親1-48　真2-22
西聖211　西註170　東聖178

❷必得往生といふは、必はかならずと
いふ。得はうるといふ。うるといふは
往生をうるとなり〔本文〕。

出典 唯信文意　親3和文-177　真2-
634　西聖806　西註713　東聖556

❸必はかならずといふ、得はえしむと

いふ。往生といふは浄土にむまるとい
ふ也。かならずといふは自然に往生を
えしむと也、自然といふははじめては
からはざるこゝろなり〔本文〕。

出典 尊号銘文　親3和文-93　真2-
588　西聖761　西註656　東聖521

❹かならずおうじやうをうるとなり
〔左訓〕。《必ず往生を得となり》。

出典 西方指南　親5輯(1)-6

解説『往生礼讃』の文。

ひっとくちょうぜつこ おうじょうあんにょうこく【必得超絶去 往生安養国】

必得超絶去 往生安養国といふは、必
はかならずといふ。かならずといふは
さだまりぬといふこゝろ也。また自然
といふこゝろなり。得はえたりといふ。
超はこえてといふ。絶はたちすてはな
るといふ。去はすつといふ、ゆくとい
ふ、さるといふ也。娑婆世界をたちす
てゝ、流転生死をこえはなれてゆきさ
るといふ也。安養浄土に往生をうべし
と也。安養といふは弥陀をほめたてま
つるみこととみえたり。すなわち安楽
浄土也〔本文〕。

出典 尊号銘文　親3和文-77　真2-
579　西聖753　西註645　東聖514

解説『尊号真像銘文』に引かれる『大
経』の文。他力の念仏者は必ず自然に
安楽浄土に往生するという意。

ひとし【斉し】

なる、ふたゝひ〔左訓〕。

出典 教行信証・行　親1-42　真2-19
西聖204

ひとしくしゅじょうにえこうせむ【ひとしく衆生に回向せむ】

みやうかうのくとくせんこんをよろづ
のしゅしやうにあたうへしとなり〔左
訓〕。《名号の功徳善根を万の衆生に与
うべしとなり》。

出典 正像末和讃・草　親2和讃-143

ひにょにちぐわちふくうんむ　うんむしげみょうむあむ【譬如日月覆雲霧　雲霧之下明無闇】

譬如日月覆雲霧　雲霧之下明無闇といふは、日月のくも・きりにおほはるれども、やみはれて、くも・きりのしたあきらかなるがごとく、貪愛瞋憎のくも・きりに信心はおほはるれども、往生にさわりあるべからずとしるべしと也〔本文〕。

[出典] 尊号銘文　親3和文-119　真2-602　西聖774　西註673　東聖532

[解説]『尊号真像銘文』所引の「正信偈」の文。『教行信証』とは表現が異なる。

ひにんでん【非人天】

てんにあらす、にんにあらす〔左訓〕。《天に非ず、人に非ず》。（文明本も同様）。「精微妙軀非人天」

[出典] 浄土和讃　親2和讃-18　真2-488　西聖694

ひふう【披諷】

ひらく、みる〔左訓〕。

[出典] 教行信証・化　親1-318　真2-170　西聖532

ひふく【被服】

きる、きる〔左訓〕。（西本願寺本は、被に、）きる〔左訓〕。

[出典] 教行信証・化　親1-324　真2-174　西聖539

ひぶついんちゅうりゅうぐぜい【彼仏因中立弘誓】

このこゝろは、彼はかのといふ、仏は阿弥陀なり。因中は法蔵菩薩とまふしゝときなり。立弘誓は、立はたつといふ、なるといふ。弘はひろしといふ、ひろまるといふ。誓はちかひといふなり。法蔵比丘超世無上のちかひをおこして、ひろくひろめたまふとまふすなり〔本文〕。

[出典] 唯信文意　親3和文-163　真2-

626　西聖799　西註704　東聖550

ひぶつきょうがねんぶつざんまい【彼仏教我念仏三昧】

彼仏教我念仏三昧とまふすは、かの最後の超日月光仏の念仏三昧を勢至にはおしえたまふとなり〔本文〕。

[出典] 尊号銘文　親3和文-82　真2-582　西聖755　西註649　東聖516

[解説]『尊号真像銘文』に引かれる『首楞厳経』の文。日月の光を超えた仏の光の徳を示す。

ひぶつしんこう【彼仏心光】

彼仏心光とまふすは、彼はかれとまふす。仏心光とまふすは、無碍光仏の御こゝろとまふすなり〔本文〕。

[出典] 一多文意　親3和文-133　真2-609　西聖783　西註683　東聖537

[解説]『尊号真像銘文』に引かれる善導の『観念法門』の文。無碍光仏の摂取不捨の心を示す。

ひぼう【誹謗】

そしり、そしる〔左訓〕。

[出典] 三経往生　親3和文-22　真2-551　西聖741

びゃく【白】

❶白は、すなわちこれ選択摂取の白業、往相回向の浄業なり〔本文〕。

[出典] 教行信証・信　親1-130　真2-67　西聖306　西註244　東聖234

❷白はすなわちこれ六度万行、定散なり。これすなわち自力小善の路なり。

[出典] 愚禿鈔　親2漢-45　真2-476　西聖672　西註537　東聖454

[解説] 親鸞は、「白」について『教行信証』「信巻」では「白は、すなわちこれ選択摂取の白業、往相回向の浄業なり」と「横超」の意に解し、『愚禿鈔』では、「白はすなわちこれ六度万行、定散なり。これすなわち自力小善の路なり」と「横出」の意に解している。

ひゃくじゅうせんじゅう【百重千重】

（百に、）あまた反。（重に、）かさなる反〔左訓〕。「百重千重囲繞して」

出典 浄土和讃　親2和讃-66

びゃくどう【白道】

❶白道とは、白の言は黒に対するなり。白は、すなわちこれ選択摂取の白業、往相回向の浄業なり。黒は、すなわちこれ無明煩悩の黒業、二乗・人天の雑善なり。道の言は、路に対せるなり。道は、すなわちこれ本願一実の直道、大般涅槃無上の大道なり。路は、すなわちこれ二乗・三乗・万善諸行の小路なり〔本文〕。

出典 教行信証・信　親1-130　真2-67　西聖306　西註244　東聖234

❷白道四五寸と言うは、白道とは、白の言は黒に対す、道の言は路に対す、白はすなわちこれ六度万行、定散なり。これすなわち自力小善の路なり。黒はすなわちこれ六趣・四生・二十五有・十二類生の黒悪道なり〔本文〕。

出典 愚禿鈔　親2漢-45　真2-476　西聖672　西註537　東聖454

解説 善導の『観経疏』「散善義」の二河譬喩（親9加点(3)-185）に出てくる旅人（願生者）の歩む道。

びゃくほうおんたい【白法隠滞】

❶せんこんなり。かくれとゝまるなり。よろつのせんはりうくへかくれいりたまふなり〔左訓〕。《善根なり。隠れ滞まるなり。万の善は竜宮へ隠れ入り給うなり》。「白法隠滞したまへり」

出典 正像末和讃・草　親2和讃-146

❷よろつのせんこんかくれとゝまりたまふ。りうくへいりたまふ也〔左訓〕。《万の善根隠れ滞まり給う。竜宮へ入り給う也》。「白法隠滞したまへり」→おんたい【隠滞】

出典 正像末和讃　親2和讃-160

ひゃっく【百苦】

よろづのくるしみ〔左訓〕。《万の苦しみ》。

出典 唯信鈔　親6写(2)-62　真2-751　西聖1294

ひゃっぽ【百歩】

❶（西本願寺本に、）もゝ、あゆむ〔左訓〕。

出典 教行信証・信　親2-55　西聖279

❷百歩とは、人寿百歳に譬うるなり〔本文〕。

出典 愚禿鈔　親2漢-44　真2-475　西聖670　西註536　東聖453

解説 善導の『観経疏』「散善義」の二河譬喩（親9加点(3)-185）に出てくる「白道」の長さ。

ひゃっぽうみょうもん【百法明門】

よろずのほふという〔左訓〕。《万の法という》。

出典 唯信鈔　親6写(2)-49　真2-744　西聖1287

ひゆ【譬喩】

❶（譬に、）たとひ。（喩に、）さとるとよむ。「貪瞋二河の譬喩をとき」

出典 高僧和讃　親2和讃-111

❷（文明本に、）たとへなり〔左訓〕。

出典 高僧和讃　親2和讃-111　真2-509　西聖715

ひょうが【兵戈】

つわもの、ほこ〔左訓〕。

出典 教行信証・化　親1-374　真2-198　西聖591

ひょうしょう【平章】

のりはからふとも〔左訓〕。

出典 教行信証・信　親1-104　真2-53　西聖273

ひょうす【表す】

あらわすなり〔左訓〕。「かたちを表すとのたまへり」

出典 聖徳奉讃　親2和讃-236

ひ

びょうどう【平等】

ひやうとうはすへてものにおいてへたてなきこゝろなり〔左訓〕。《平等はすべての者において隔て無き心なり》。「畢竟平等なることは」
出典 高僧和讃　親2和讃-98

びょうどうかく【平等覚】

あみたはほふしんにてまします間、平等覚というなり》。「平等覚に帰命せよ」
出典 浄土和讃　親2和讃-9

びょうどうしんをうるとき【平等心をうるとき】

ほふしんの心をうるときとなり〔左訓〕。《法身の心を得るときとなり》。「平等心をうるときを」
出典 浄土和讃　親2和讃-56

ひょうり【表裏】

おもてうら〔左訓〕。
出典 教行信証・教　親1-11　真2-3　西聖168

ひょうる【漂流】

たゞよいなかれ〔左訓〕。
出典 観経疏加点・定　親9加(3)-135

ひろい【闊】

くわち〔左訓〕。ひろさ〔右訓〕。
出典 教行信証・信　親1-109　真2-55　西聖279

びんぐ【貧窮】

貧窮はまずしく、たしなきものなり〔本文〕。
出典 唯信文意　親3和文-165　真2-627　西聖800　西註705　東聖551

ひんばつ【擯罰】

おいゝたす、うつ〔左訓〕。《追い出す、討つ》。
出典 教行信証・化　親1-356　真2-190　西聖573

ふ

ふい【怖畏】

❶おそれ、おそる〔左訓〕。
出典 教行信証・行・真・化　親1-62・234・319　真2-30・124　西聖227・432
❷（西本願寺本に、）おそれ、おそる〔左訓〕。
出典 教行信証・化　真2-171　西聖533

ふうき【富貴】

富貴はとめるひと、よきひとといふ。これらをまさにもてえらばず、きらはず、浄土へゐてゆくとなり〔本文〕。
出典 唯信文意　親3和文-165　真2-627　西聖800　西註705　東聖551

ふえこう【不回向】

❶きやうしやのゑかうにあらすとしるへしとなり。わうしやうえうしふにみえたり〔左訓〕。《行者の回向に非ずと知るべしとなり。『往生要集』にみえたり》。「不回向となづけてぞ」
出典 正像末和讃・草　親2和讃-152
❷きやうしやのゑかうにあらす。かるがゆへにふゑかうといふ。わうしやうえうしふにあかせり〔左訓〕。《行者の回向に非ず。故に不回向といふ。『往生要集』に明かせり》。「不回向となづけてぞ」
出典 正像末和讃　親2和讃-177
❸明らかに知んぬ、これ凡聖自力の行にあらず。かるがゆえに不回向の行と名づくるなり〔本文〕。
出典 教行信証・行　親1-67　真2-33　西聖233　西註186　東聖189
❹誠にこれ、大小・凡聖・定散・自力の回向にあらず。かるがゆえに不回向と名づくるなり〔本文〕。

出典 教行信証・信　親1-127　真2-
65　西聖303　西註241　東聖232

❺聖言・論説、特にもって知んぬ。凡
夫回向の行にあらず、これ大悲回向の
行なるがゆえに、不回向と名づく〔本
文〕。

出典 文類聚鈔　親2漢-134　真2-444
西聖608　西註479　東聖404

解説 他力回向であるが、行者の側から
いえば不回向になる。→えこう【回
向】

ふかけい【不可計】

❶（計に、）かすう〔左訓〕。《数う》。
「無量無数不可計」

出典 浄土和讃　親2和讃-21

❷（文明本に、）かそふへからすとな
り〔左訓〕。《計ぞうべからずとなり》。

出典 浄土和讃　親2和讃-21　真2-
489　西聖695

解説 数えることができないとの意。

ふかしぎ【不可思議】

不可思議とまふすは、仏の御ちかひ、
大慈大悲のふかきことをこゝろのおよ
ばずとまふすことばなり。こゝろおよ
ばずといふことは、凡夫のこゝろおよ
ばずとまふすことにはあらず、弥勒菩
薩のおむこゝろおよばずとなり。仏、
仏とのみみぞしろしめすべきなり、それ
をふかしぎとはまふすなり〔本文〕。

出典 善導和尚言　親3和文-238

ふかしぎそん【不可思議尊】

こゝろもことはもおよばれす〔左訓〕。
《心も言葉も及ばれず》。「不可思議尊
に帰命せよ」

出典 浄土和讃　親2和讃-25

ふかしょう【不可称】

❶ことばもおよばずとなり〔左訓〕。
《言葉も及ばずとなり》。

出典 一多文意　親3和文-131　真2-
608　西聖782

❷不可称とまふすことは、ことばにあ
らはしがたきことなり〔本文〕。

出典 善導和尚言　親3和文-238

ふかしょうち【不可称智】

いひあらはしがたし〔左訓〕。《言い表
し難し》。

出典 三経往生・略　親3和文-15

ふかすいしゃ【不果遂者】

❶はたしとけむとちかひたまへるなり
〔左訓〕。《果し遂げんと誓いたまえる
なり》。「不果遂者と願じける」

出典 浄土和讃　親2和讃-40

❷（文明本に、）つみにはたしとけん
となり〔左訓〕。《遂に果たし遂げとけ
んとなり》。

出典 浄土和讃　親2和讃-40　真2-
493　西聖699

❸はたしとげずばといふなり〔左訓〕。
《果たし遂げずばというなり》。

出典 三経往生　親3和文-33　真2-
557　西聖746

❹はたしとげずばといふはついにはた
さむとなり〔左訓〕。《果たし遂げずば
というは遂に果たさんとなり》。

出典 三経往生　親3和文-35　真2-
558　西聖746

解説 第二十願の願文の中の語。「果た
し遂げずんば正覚を取らじ」とあるこ
とから、第二十願を「果遂の願」とい
う。

ふかせつ【不可説】

❶ときつくすべからずとなり〔左訓〕。
《説き尽くすべからずとなり》。

出典 一多文意　親3和文-131　真2-
608　西聖782

❷不可説とまふすは、弥陀の功徳をと
きあらはしがたしとまふすことばなり
〔本文〕。

出典 善導和尚言　親3和文-238

ふかん【普勧】

普勧はあまねくすゝむと也〔本文〕。
出典 尊号銘文　親3和文-104　真2-594　西聖767　西註663　東聖525

ふぎじゅうし【不宜住此】

❶よろしくこゝにぢゆすへからす〔左訓〕。《宜しくここに住すべからず》。「不宜住此と奏してぞ」
出典 浄土和讃　親2和讃-47

❷（文明本に、）こゝにとゞまるへからすとまふしけるなり〔左訓〕。《ここに留まるべからずと申しけるなり》。
出典 浄土和讃　親2和讃-47　真2-495　西聖701

ふきゅうやく【不朽薬】

くちさるくすりなり〔左訓〕。《朽ちざる薬なり》。
出典 教行信証・証　親1-197　真2-104　西聖390

ぶぎょう【奉行】

うけたまはる〔左訓〕。（西本願寺本には、）うけたまる〔右訓〕。
出典 教行信証・信　親1-105　真2-53　西聖273

ふく【伏】

したがふるなり〔左訓〕。
出典 唯信鈔　親6写(2)-52　真2-746　西聖1289

ふく【怖懼】

（西本願寺本に、）おそる、おそる〔左訓〕。
出典 教行信証・信　真2-86　西聖348

ふくえ【福恵】

さいわい、めぐむ〔左訓〕。
出典 教行信証・化　親1-285　真2-152　西聖492

ふくきょう【服膺】

→ふくよう【服膺】

ふくご【覆護】

おゝふ、まもる〔左訓〕。

出典 観経疏加点・序　親9加(3)-93

ぶくじょう【伏承】

したかい、うけたまはる〔左訓〕。
出典 教行信証・真　親1-256　真2-136　西聖459

ふくよう【服膺】

したがい、もちゐる〔左訓〕。（「ふくきょう」とも読む）。
出典 教行信証・行　親1-34　真2-14　西聖193

ふけん【不簡】

不簡はえらばず、きらはずという〔本文〕。
出典 唯信文意　親3和文-165　真2-626　西聖800　西註705　東聖551

ふげん【普賢】

❶われらしゆしやうこくらくにまいりなはたいしたいひをおこして十方にいたりてしゆしやうをりやくするなり。仏のしこくのしひをふけんとまうすなり〔左訓〕。《我ら衆生、極楽参りなば大慈大悲を起こして十方に至りて衆生を利益するなり。仏の至極の慈悲を普賢と申すなり》。「普賢の徳に帰してこそ」
出典 浄土和讃　親2和讃-15

❷（文明本に、）たいしたいひをまふすなり〔左訓〕。《大慈大悲を申すなり》。
出典 浄土和讃　親2和讃-15　真2-488　西聖694

❸ふけんといふはほとけのしひのきはまりなり〔左訓〕。《普賢というは仏の慈悲の極まりなり》。「普賢の徳を衆するなり」
出典 高僧和讃　親2和讃-94
解説 梵語 Samantabhadra の訳。普賢菩薩のこと。あまねく一切処に現れて賢者の功徳を示し、他を教化することからこの名がある。

ふけんはかいざいこんじん【不簡破戒罪根深】

かいをやぶりたるひとつみふかきひとみなむまるといふ〔左訓〕。《戒を破りたる人、罪深き人みな生まるという》。
出典 唯信鈔　親6写(2)-58　真2-749　西聖1292

ぶじ【奉持】

❶うけたまはる〔左訓〕。
出典 教行信証・行　親1-84　真2-42　西聖252

❷うけたまはる（り）〔左訓〕。
出典 教行信証・証・真　親1-223・266　真2-119・142　西聖422・471

❸つかへたてまつるなり〔左訓〕。《仕え奉るなり》。
出典 唯信鈔　親6写(2)-41　真2-740　西聖1284

ふしぎち【不思議智】

こゝろもことばもおよばず〔左訓〕。《心も言葉も及ばず》。
出典 三経往生・略　親3和文-15

ふしゃ【不捨】

不捨といふは、信心のひとを、智慧光仏の御こゝろにおさめまもりて、心光のうちにときとしてすてたまはずと、しらしめむとまふす御のりなり〔本文〕。→せっしゅ【摂取】、→しょうごふしゃ【摂護不捨】
出典 一多文意　親3和文-135　真2-609　真註683　東聖538

ふしゅしょうがく【不取正覚】

不取正覚は、仏にならじとちかひたまへるみのり也。このこゝろはすなはち、至心信楽をえたるひと、わが浄土にもしむまれずは、仏にならじとちかひたまへる御のり也〔本文〕。
出典 尊号銘文　親3和文-75　真2-578　西聖752　西註644　東聖513
解説 『尊号真像銘文』に引かれる『大経』第十八願文の中の語。仏になる誓いの言葉。→にゃくふしょうしゃ【若不生者】

ふじゅん【不淳】

あつからさるなり〔左訓〕。《淳（あ）つからざるなり》。「信心不淳とのべたまふ」→しんじんふじゅん【信心不淳】
出典 高僧和讃　親2和讃-102

ふしょ【補処】

（処に、）ところ反。ことはり反。（補処に、）こくらくにまいりなはみたの一のおむてしとなるこゝろなり〔左訓〕。《極楽に参りなば弥陀の一の御弟子となる心なり》。「一生補処にいたるなり」
出典 浄土和讃　親2和讃-15

ふじょうじゅ【不定聚】

❶じりきのねむぶちしやなり〔左訓〕。《自力の念仏者なり》。
出典 三経往生　親3和文-24　真2-552　西聖742

❷じりきのねむぶちしやなり〔左訓〕。
出典 一多文意　親3和文-129　真2-606　西聖781

❸不定聚は自力の念仏、疑惑の念仏の人は、報土になしといふなり〔本文〕。
出典 一多文意　親3和文-138　真2-611　西聖785　西註686　東聖540
解説 第二十願の機。第十八願の正定聚、第十九願の邪定聚に対す。

ふせ【布施】

❶ひとにものをとらするをいふ〔左訓〕。《人にものを取らするをいう》。
出典 唯信鈔　親6写(2)-41　真2-740　西聖1284

❷ひとにものをとらせ〔左訓〕。《人にものを取らせ》。
出典 唯信鈔　親6写(2)-44　真2-742　西聖1285

ふぜん【不染】

ものにそまらずとなり〔左訓〕。《物に染まらずとなり》。

出典 西方指南　親5輯(1)-217

ふたい【不退】

しりぞきすてざれとなり〔左訓〕。《退き捨てざれとなり》。

出典 西方指南　親5輯(2)-270

ふたいてん【不退転】

ほとけになるまでといふ〔左訓〕。《仏になるまでという》。

出典 一多文意　親3和文-129　真2-606　西聖781

解説 菩薩が初地（歓喜地）の位に達し、退かないこと。

ふだらく【補陀落】

くわんおむのじやうどなり〔左訓〕。《観音の浄土なり》。

出典 唯信鈔　親6写(2)-40　真2-739　西聖1283

ふだんこう【不断光】

不断光と申すは、この光のときとしてたえずやまず照らし（以下脱落）〔本文〕。（断に、）ときとしててらさずといふなり〔左訓〕。《ときとして照らさずというなり》。

出典 弥陀名号徳　親3和文-229　真2-735　西聖821

解説 阿弥陀の徳を示す十二光の一つ。阿弥陀の絶えず照らし続けるという徳を表す。

ふだんこうぶつ【不断光仏】

かの仏心につねにひまなくまもりたまへば、弥陀仏おば不断光仏とまふすなり〔本文〕。

出典 一多文意　親3和文-134　真2-609　西聖783　西註683　東聖538

ふだんぼんのうとくねはん【不断煩悩得涅槃】

不断煩悩得涅槃といふは、不断煩悩は、煩悩をたちすてずしてといふ。得涅槃ともふすは、無上大涅槃をさとるをうるとしるべし〔本文〕。

出典 尊号銘文　親3和文-118　真2-601　西聖773　西註672　東聖531

解説 『尊号真像銘文』に引かれる「正信偈」の文。

ぶっくぞうじく【仏工造寺工】

ふちし、たくみ、はんしやう、たくみ〔左訓〕。《仏師、工、番匠（木造建築に関わった建築工）、工》。「呪師仏工造寺工」

出典 聖徳奉讃　親2和讃-237

ぶっこうえんちょう【仏光円頂】

仏光円頂といふは、仏心をしてあきらかに信心の人のいただきをつねにてらしたまふとほめたまひたる也。これは摂取したまふゆへなりとしるべし〔本文〕。

出典 尊号銘文　親3和文-106　真2-595　西聖768　西註664　東聖526

解説 『尊号真像銘文』に引かれる劉官（隆寛）の讃の文。

ぶっしょう【仏性】

❶安楽仏国に到れば、すなわち必ず仏性を顕す、本願力の回向に由るがゆへに。また、経（『涅槃経』）には「衆生、未来に清浄の身を具足荘厳して、仏性を見ること得」と言へり〔本文〕。

出典 教行信証・真　親1-264　真2-140　西聖469　西註371　東聖322

❷仏性すなわち如来なり。この如来微塵世界にみち～たまへり、すなわち一切群生海の心なり、この心に誓願を信楽するがゆへに、この信心すなわち仏性なり、仏性すなわち法性なり、法性すなわち法身なり〔本文〕。

出典 唯信文意　親3和文-171　西聖803　西註709　東聖554

❸仏性すなはち如来なり。この如来微

塵世界にみち〳〵てまします、すなは
ち一切群生海の心にみちたまへるなり。
草木国土ことごとくみな成仏すととけ
り。この一切有情の心に方便法身の誓
願を信楽するがゆへに、この信心すな
はち仏性なり、この仏性すなはち法性
なり、法性すなはち法身なり（本文・
『真宗法要』所収本）。

[出典] 唯信文意　真2-630

❹この信楽は衆生をして無上涅槃にい
たらしむる心なり。この心すなわち大
菩提心なり。大慈大悲心なり。この信
心すなわち仏性なり、すなわち如来な
り〔本文〕。

[出典] 唯信文意　親3和文-175　西聖
805　西註712　東聖555

❺この信楽は衆生をして無上大涅槃に
いたらしめたまふ心なり。この信心す
なはち大慈大悲の心なり。この信心す
なわは仏性なり、仏性すなはち如来な
り（本文・『真宗法要』所収本）。

[出典] 唯信文意　真2-633

[解説] 親鸞は如来回向の信心を仏性と理
解する。それを「信心仏性」という。

ぶっしんこう【仏心光】

❶仏心光は無碍光仏の御こゝろとまふ
す也。（中略）仏心光は、すなわち阿
弥陀仏の御こゝろにおさめたまふとし
るべし〔本文〕。

[出典] 尊号銘文　親3和文-97　真2-
590　西聖763　西註659　東聖523

❷仏心光とまふすは無碍光仏の御こゝ
ろとまふすなり〔本文〕。

[出典] 一多文意　親3和文-133　真2-
609　西聖783　西註683　東聖537

[解説] 無碍光仏の摂取不捨の心を光に譬
える。

ぶつぞうぞうち【仏像造置】

おほきなるほとけをつくりおかむと
〔左訓〕。《大きなる仏を造り置かんと》。

「数大の仏像造置せむ」

[出典] 聖徳奉讃　親2和讃-242　真2-
538

ぶっそく【仏足】

ほとけのみあし〔左訓〕。「仏足を頂礼
せしめつゝ」

[出典] 浄土和讃　親2和讃-68

ぶっちむへん【仏智無辺】

ほとけのちゑきわなくひろくまします
としるべしとなり〔左訓〕。《仏の智慧
際なく、広くましますと知るべしとな
り》。「仏智無辺にましませば」

[出典] 正像末和讃・草　親2和讃-149

ぶってくどく【仏慧功徳】

たいしたいひとくとくとを〔左訓〕。
《大慈大悲と功徳とを》。「仏慧功徳を
ほめまめて」

[出典] 浄土和讃　親2和讃-31

ぶつりきむきゅう【仏力無窮】

ほとけのおむちからきわまりなしとな
り〔左訓〕。《仏の御力極まりなしとな
り》。「仏力無窮にましませば」

[出典] 正像末和讃・草　親2和讃-149

ふてんとう【不顛倒】

たふれたふるゝことなしとなり〔左
訓〕。《顛れ倒れることなしとなり》。

[出典] 西方指南　親5輯(2)-348

ふどう【不動】

（動に、）おこく反。はたらく反〔左
訓〕。「天人不動の聖衆は」

[出典] 高僧和讃　親2和讃-83

ふとくげげん けんぜんしょうじんしそ
う【不得外現 賢善精進之相】

不得外現 賢善精進之相といふは、あ
らはにかしこきすがた、善人のかたち
をあらはすことなかれ、精進なるすが
たをしめすことなかれとなり。そのゆ
へは、内懐虚仮なればなり。内はうち
といふ。こゝろのうちに煩悩を具せる
ゆへに、虚なり、仮なり。虚はむなし

くして実ならぬなり。仮はかりにして
真ならぬなり。このこゝろはかみにあ
らわせり。この信心はまことの浄土の
たねとなりみとなるべしと、いつわら
ず、へつらわず、実報土のたねとなる
信心なり。しかればわれらは善人にも
あらず、賢人にもあらず。賢人といふ
は、かしこくよきひとなり。精進なる
こゝろもなし。懈怠のこゝろのみにし
てうちは、むなしく、いつわり、かざ
り、へつらうこゝろのみつねにして、
まことなるこゝろなきみなりとしるべ
しとなり〔本文〕。

出典 唯信文意 親3和文-178 真2-
635 西聖807 西註714 東聖557

解説 『観経疏』「散善義」の文。一般に
「外に賢善精進の相を現じて、内に虚
仮を懐くことを得ざれ」と読まれるが、
親鸞は「外に賢善精進の相を現ずるこ
とを得ざれ。(そのゆえは)内に虚仮
を懐けばなり」と読む。つまり、前者
は「内外とも賢くあれ」との意である
が、親鸞は、「外に賢こぶるな。その
ゆえは、内に虚仮を懐いているではな
いか」との意に読んでいる。

ふにょじつしゅぎょう【不如実修行】

❶しちのことくしゆきやうせすと〔左
訓〕。《実の如く修行せずと》。「不如実
修行といえること」

出典 高僧和讃 親2和讃-100

❷ (文明本に、) おしへのことくなら
すといふこゝろなり〔左訓〕。《教えの
如くならずという心なり》。→にょじ
つしゅぎょうそうおう【如実修行相
応】

出典 高僧和讃 親2和讃-100 真2-
506 西聖712

ふふく【釜錫】

かま、かなえ〔左訓〕。(「こくちゃう」
〔右訓〕とも読む)。

出典 教行信証・化 親1-322 真2-
173 西聖537

ふぶっぽうのげどう【不仏法の外道】

ふぶちほふといふはぶちほふにつきた
るぐえだうなり〔左訓〕。《不仏法とい
うは仏法につきたるの外道なり》。

出典 西方指南 親5輯(2)-272

ぶんごく【分極】

(西本願寺本に、) わかち、きわむる
〔左訓〕。

出典 教行信証・行 真2-22 西聖212

ふんしゅう【汾州】

❶くにのなゝなり。ねむふちのはんしや
うしたりけるところなり〔左訓〕。《国
の名なり。念仏の繁盛したりける所な
り》。「汾州にうつりたまひにき」

出典 高僧和讃 親2和讃-89

❷くにのなゝり。「汾州汾西秦陵の」

出典 高僧和讃 親2和讃-91

❸ (文明本に、) くにのなゝなり〔左訓〕。
《国の名なり》。

出典 高僧和讃 親2和讃-91 真2-
504 西聖710

解説 中国の南北朝時代にあった州。現
在の山西省付近。

ふんせい【汾西】

❶こほりのなゝり〔左訓〕。《郡の名な
り》。「汾州汾西秦陵の」

出典 高僧和讃 親2和讃-91

❷ (文明本に、) こほりのなゝなり〔左
訓〕。

出典 高僧和讃 親2和讃-91 真2-
504 西聖710

ふんだりけ【分陀利華】

❶分陀利華を念仏のひとにたとへたま
へるなり。このはなは、「人中の上上
華なり、好華なり、妙好華なり、希有
華なり、最勝華なり」(「散善義」意)
とほめたまへり。光明寺の和尚の御釈
(「散善義」)には「念仏の人おば、上

上人・好人・妙好人・希有人・最勝
人」とほめたまへり〔本文〕。
出典 一多文意　親3和文-132　真2-
608　西聖783　西註682　東聖537
❷信心をえたるひとおば、分陀利華と
のたまへり〔本文〕。
出典 唯信文意　親3和文-175　真2-
633　西聖805　西註712　東聖556
解説 梵語puṇḍarīkaの音訳。白蓮華。
蓮は泥田に生えて泥に染まらず清浄な
華を咲かすことから、濁悪の世界にあ
って煩悩に染まらないことから真実信
心を獲た人を蓮に譬える。→みょうこ
うけ【妙好華】、→おでいけ【淤泥華】

へ

へい【閉】
❶とづといふ〔左訓〕。
出典 尊号銘文　親3和文-78　真2-
580　西聖754
❷閉はとづといふ也〔本文〕。
出典 尊号銘文　親3和文-78　真2-
580　西聖754　西註646　東聖514

へい【蔽】
❶（西本願寺本に、）ほむなうなり
〔左訓〕。《煩悩なり》。
出典 教行信証・行　真2-8　西聖179
❷おほふ〔左訓〕。
出典 教行信証・化　親1-296　真2-
159　西聖505

へいかにそうもん【陛下に奏聞】
こくわうへまうしあけたまひき〔左
訓〕。《国王へ申し上げ給いき》。「陛下
に奏聞せしめつつ」
出典 聖徳奉讃　親2和讃-246　真2-
539

へいしゅう【幷州】
くにのななり〔左訓〕。《国の名なり》。
「魏の主勅して幷州の」
出典 高僧和讃・西方指南　親2和讃-
89・親5輯(2)-306
解説 山西省太原を中心とした地域。

へいしゅうのさんけん【幷州の三縣】
くにのな〻なり。しんやうたいぐゑん
みところなり〔左訓〕。《国の名なり。
晋陽・太原、三所なり》。
出典 西方指南　親5輯(2)-306
解説 晋陽・太原と道綽のいた汶水との
三箇所。

へきいん【僻韻】
ひがゐんの〻〻ろなり〔左訓〕。
出典 西方指南　親5輯(1)-13
解説 偏り、僻（ひが）んだ心の意。

へきれい【辟荔】

ちうしやうなり〔左訓〕。

出典 教行信証・真　親1-232　真2-123　西聖430

解説 餓鬼のこと。

べついん【別因】

べつのたね〔左訓〕。

出典 唯信鈔　親6写(2)-44・45　真2-742　西聖1285

べつげ【別解】

別解は、念仏をしながら、他力をたのまぬなり。別といふは、ひとつなることを、ふたつにわかちなすことばなり、解はさとるといふ、とくといふことばなり、念仏をしながら自力にさとりなすなり。かるがゆへに、別解といふなり〔本文〕。

出典 一多文意　親3和文-142　真2-613　西聖787　西註688　東聖541

べつげべつぎょう【別解別行】

ねむぶちをしながらじりきのこゝろなるものなり。〔左訓〕。《念仏をしながら自力の心なるものなり》。

出典 一多文意　親3和文-134　真2-609　西聖784

べつじょすべからず【蔑如すべからず】

あなづることなかれとなり〔左訓〕。《蔑（あな）ずることなかれとなり》。

出典 西方指南　親5輯(1)-121

べん【便】

便は、すなわちといふ、たよりといふ。信心の方便によりて、すなわち正定聚のくらゐに住せしめたまふがゆへにとなり〔本文〕。

出典 一多文意　親3和文-132　真2-608　西聖782　西註681　東聖537

べんおうじょう【便往生】

❶便往生とは、すなわちこれ胎生辺地・双樹林下の往生なり〔本文〕。

出典 教行信証・化　親1-288　真2-

154　西聖495　西註393　東聖339

❷便往生とは、すなわちこれ諸機各別の業因果成の土なり、胎宮・辺地・懈慢界・双樹林下往生なり、また難思往生なりと、知るべしと〔本文〕。

出典 愚禿鈔　親2漢-51　真2-478　西聖676　西註541　東聖459

解説 親鸞は『観経』上品上生の「即便往生」の言を、即往生と便往生に分け、前者を第十八願の難思議往生、後者を第十九願成就文の「便於七宝華中」と見、双樹林下往生を指すと解釈した。

→そくおうじょう【即往生】

へんさい【辺際】

（文明本に、）ほとり、きはなしとなり〔左訓〕。「広大にして辺際なし」

出典 高僧和讃　親2和讃-81　真2-502　西聖708

べんざい【弁才】

わきまへしる〔左訓〕。

出典 教行信証・教　親1-13　真2-3　西聖170

へんしゅう【片州】

かたかたのくにといふ〔左訓〕。《片々の国といふ》。「片州濁世のともがらは」→ぞくさんへんしゅう【粟散片州】

出典 高僧和讃　親2和讃-128

へんじょうなんしのがん【変成男子の願】

（文明本に、）三十五の願のこゝろなり〔左訓〕。（初句の冠頭にあり）。「変成男子の願をたて」

出典 浄土和讃　親2和讃-38　真2-493　西聖699

へんす【貶す】

❶をとしむ〔左訓〕。

出典 教行信証・行・信　親1-60・95　真2-29・47　西聖225・261

❷おとしむ〔左訓〕。

出典 教行信証・行　親 1-89　真 2-45
西聖258

へんち【辺地】

はくさい、かうらいとうをへんぢとい
ふ〔左訓〕。《百済、高麗等を辺地とい
う》。

出典 西方指南　親 5 輯(1)-27

べんち【弁知】

わきまへしる〔左訓〕。

出典 観経疏加点・定　親 9 加(3)-125

へんちけまん【辺地懈慢】

きわくたいしやうをへんちといふ。こ
れ五百歳をへてほうとにはまいるなり。
しよきやうわうしやうのひとはけまん
におつ。これらはおくせんまんのとき
まれに一人ほうとへはすゝむなり〔左
訓〕。《疑惑胎生辺地という。これ五百
歳を経て報土にはまいるなり。諸行往
生の人は懈慢に堕つ。これらは億千万
の時、希に一人報土へは進むなり》。
「辺地懈慢にとまるなり」

出典 浄土和讃　親 2 和讃-42

解説 『菩薩処胎経』に説く。阿弥陀仏
の浄土の辺地にあり、他力の信心を獲
られない者が生まれる世界。しかし、
やがて五百歳を経て他力に目覚め、真
の浄土（報土）に往生する。

べんちょう【鞭打】

むちうつ〔左訓〕。

出典 教行信証・化　親 1-378　真 2-
200　西聖596

べんどうみろく【便同弥勒】

❶弥勒大士、等覚金剛心を窮むるがゆ
えに、竜華三会の暁、当に無上覚位を
極むべし。念仏衆生は、横超の金剛心
を窮むるがゆえに、臨終一念の夕、大
般涅槃を超証す。かるがゆえに便同と
曰うなり。しかのみならず、金剛心を
獲る者は、すなわち韋提と等しく、す
なわち喜・悟・信の忍を獲得すべし。

これすなわち往相回向の真心徹到する
がゆえに、不可思議の本誓に籍（よ）
るがゆえなり〔本文〕。

出典 教行信証・信　親 1-151　真 2-
79　西聖332　西註264　東聖250

❷便は、すなわちといふ、たよりとい
ふ。信心の方便によりて、すなわち正
定聚のくらゐに住せしめたまふがゆへ
にとなり。同は、おなじきなりといふ。
念仏の人は無上涅槃にいたること、弥
勒におなじきひととまふすなり〔本
文〕。

出典 一多文意　親 3 和文-132　真 2-
608　西聖782　西註681　東聖537

解説 「信巻」に王日休の『龍舒の浄土
文』を引く中（西聖331・西註263・東
聖249）で、「『法華経』に謂わく」と
して「便同弥勒」と記される。親鸞は
真仏弟子の証文として引用する。

へんやく【変易】

❶かはる、かはる〔左訓〕。

出典 教行信証・信　親 1-183　真 2-
97　西聖373

❷かはり、かはる〔左訓〕。かへかわ
る〔左訓〕。

出典 教行信証・真　親 1-237・246
真 2-126・131　西聖436・447

ほ

ほう【法】
法は名号なり〔本文〕。
出典 唯信文意 親3和文-173 真2-
632 西聖804 西註711 東聖555

ほう・おう・け【報・応・化】
弥陀如来は如より来生して、報・応・
化種種の身を示し現わしたまうなり
〔本文〕。
出典 教行信証・証 親1-195 真2-
103 西聖387 西註307 東聖280
解説 法身（ほっしん）・報身（ほうじ
ん）・応化身（おうけしん）の三身。
仏が人々を教化救済するために、人に
応じてこの世に姿を現した仏身。→ほ
っしん【法身】、→ほうじん【報身】、
→おうけしん【応化身】

ほういつ【放逸】
ほしきまゝにふるまうといふなり。お
もふさまなり〔左訓〕。《欲しきままに
振る舞うというなり。思う様なり》。
ほしきまゝ〔左訓〕。
出典 唯信鈔 親6写(2)-55・59 真2-
747・750 西聖1290・1292

ぼうう【朋友】
ともとなるとなり〔左訓〕。《友となる
となり》。
出典 西方指南 親5輯(1)-54

ほうかい【宝海】
宝海とまふすは、よろずの衆生をきら
はず、さわりなく、へだてず、みちび
きたまふを、大海のみづのへだてなき
にたとへたまえるなり〔本文〕。
出典 一多文意 親3和文-145 真2-
616 西聖789 西註690 東聖543

ほうき【法喜】
❶（喜に、）よろこひ反。（法喜に、）
くわんきくわうふちをほふきといふ。

これはとむよくしんいくちのやみをけ
さむれうなり〔左訓〕。《歓喜光仏を法
喜という。これは貪欲、瞋恚、愚痴の
闇を消さんがためのものなり》。「法喜
をうとぞのべたまふ」
出典 浄土和讃 親2和讃-11
❷（文明本に、）みのりをよろこふな
り〔左訓〕。《み法を喜ぶなり》。
出典 浄土和讃 親2和讃-11 真2-
487 西聖693

ほうぎょ【崩御】
うせさせたまふをほうきよとまうすな
り〔左訓〕。《失（亡）せさせ給ふを崩
御と申すなり》。「太子崩御のそのゝち
に」
出典 聖徳奉讃 親2和讃-238 真2-
536

ほうけにど【報化二土】
ほうしんほうとくゑしんくゑとなり
〔左訓〕。《報身報土と化身化土なり》。
「報化二土ををしえてぞ」
出典 高僧和讃 親2和讃-122

ほうけん【奉献】
わたしたてまつるとなり〔左訓〕。《献
（わた）し奉るとなり》。「奉献せしむ
ときこえたり」
出典 聖徳奉讃 親2和讃-241 真2-
537

ほうざい【法財】
のりのたから〔左訓〕。
出典 西方指南 親5輯(2)-342

ほうさん【奉讃】
ほめたてまつるへしとなり〔左訓〕。
《讃め奉るべしとなり》。「奉讃たえず
おもふべし」
出典 正像末和讃・草、和讃拾遺 親2
和讃-152・284

**ほうさんのいちじいっくも【奉讃の一字
一句も】**
ほめたてまつることゝ、みなたいしの

みことなりとしるへし〔左訓〕。《讃め奉る言葉は皆太子のみ言なりと知るべし》。

出典 聖徳奉讃　親2和讃-243　真2-538

ほうさんふたいならしめよ【奉讃不退ならしめよ】

❶ほめたてまつることおこたらされとなり〔左訓〕。《讃め奉ること怠らざれとなり》。

出典 聖徳奉讃　親2和讃-229　真2-532

❷ほめたてまつることしりそかされとなり〔左訓〕。《讃め奉ること退かざれとなり》。

出典 太子奉讃　親2和讃-251

ほうじゅう【放縦】

ほしいまゝにして〔左訓〕。

出典 法具讃加点　親9加(4)-37

ほうしょう【奉請】

しやうしたてまつれり〔左訓〕。《請し奉れり》。「十方諸仏を奉請す」

出典 聖徳奉讃　親2和讃-240

ほうしょうのしん【報償の心】

むくひつぐのふこゝろ〔左訓〕。《報い償う心》。

出典 大経讃延書　親8加(1)-109

ほうじん【報身】

この一如よりかたちをあらわして、方便法身とまふす御すがたをしめして、法蔵比丘となのりたまひて、不可思議の大誓願をおこして、あらわれたまふ御かたちをば、世親菩薩は尽十方無碍光如来となづけたてまつりたまへり。この如来を報身とまふす。誓願の業因にむくひたまへるゆへに、報身如来とまふすなり。報とまふすは、たねにむくひたるなり〔本文〕。→ほうじんにょらい【報身如来】、→ほっしん【法身】、おうけしん【応化身】、→ほうべ

んほっしん【方便法身】

出典 唯信文意　親3和文-171　真2-630　西聖803　西註710　東聖554

ほうじん【報尽】

むくひつきてと〔左訓〕。《報い尽きてと》。

出典 西方指南　親5輯(2)-353

ほうじんにょらい【報身如来】

この一如宝海よりかたちをあらわして、法蔵菩薩となのりたまひて、無碍のちかひをおこしたまふをたねとして、阿弥陀仏となりたまうがゆへに、報身如来とまふすなり。これを尽十方無碍光仏となづけたてまつれるなり。この如来を南無不可思議光仏ともまふすなり。この如来を方便法身とはまふすなり〔本文〕。

出典 一多文意　親3和文-145　真2-616　西聖789　西註690　東聖543

解説 梵語 sambhoga-kāya の訳語。仏の三身（法身・報身・応化身）の一つ。菩薩であったとき願を立て、修行の成就によって、その報いとして得た仏身をいう。たとえば阿弥陀仏。

ほうそく【法則】

❶ことのさだまりたるありさまといふこゝろなり〔左訓〕。《事の定まりたる有様という心なり》。

出典 一多文意　親3和文-138　真2-611　西聖785

❷法則といふは、はじめて行者のはからいにあらず。もとより不可思議の利益にあずかること、自然のありさまとまふすことをしらしむるを、法則とはいふなり。一念信心をうるひとのありさまの自然なることをあらわすを、法則とはまふすなり〔本文〕。

出典 一多文意　親3和文-137　真2-611　西聖785　西註685　東聖539

解説 法則とは、自然の有様ということ

を解らせることとの意に解し、信心を得る人のありさまの自然なることを、この言葉を用いて示す。

ほうたい【胞胎】
えな、はらむ、はらみ〔左訓〕。《胞衣、妊む、孕み》。
出典 観経疏加点・定 親9加(3)-159

ほうど【報土】
こくらくをほうとゝまふすなり〔左訓〕。《極楽を報土と申すなり》。「真実報土のならひにて」
出典 正像末和讃・草 親2和讃-148

ぼうふうしう【暴風駛雨】
あらきかぜ。ときあめのことしとなり〔左訓〕。《荒き風。時雨のごとしとなり》。「暴風駛雨にことならず」
出典 高僧和讃 親2和讃-106

ほうぶく【法服】
そうのころもなり〔左訓〕。《僧の衣なり》。「法服比丘尼をこの朝に」
出典 聖徳奉讃 親2和讃-236 真2-535

ほうふつほんがん【望仏本願】
ほとけのほんぐわんをのぞむといふ〔左訓〕。《仏の本願を望むという》。
出典 西方指南 親5輯(1)-71
解説 「もうふつほんがん」とも読む。

ほうべん【方便】
❶（方に、）のり反。（便に、）たより反。かたとる反。すなわちと反〔左訓〕。「十方衆生を方便し」
出典 浄土和讃 親2和讃-39
❷方便とまふすは、かたちをあらわし、御なをしめして衆生にしらしめたまふをまふすなり。すなわち阿弥陀仏なり〔本文〕。
出典 一多文意 親3和文-146 真2-616 西聖789 西註691 東聖543
解説 色や形のない真如法性が、形を現し、名を示して衆生に知らしめる手だ

てをいう。「方便」とは、真実から出て真実にあらざる者を真実に導く手だてをいう。→ほうべんほっしん【方便法身】

ほうべんけしんけど【方便化身化土】
良に仮の仏土の業因千差なれば、土もまた千差なるべし。これを方便化身・化土と名づく。真仮を知らざるに由って、如来広大の恩徳を迷失す〔本文〕。
出典 教行信証・真 親1-266 真2-141 西聖471 西註372 東聖324

ほうべんけしんのじょうど【方便化身の浄土】
（文明本に、）へんちけまんこくなり。きはくたいしやうのしやうとなり〔左訓〕。《辺地懈慢国なり。疑惑胎生の浄土なり》。「方便化身の浄土なり」→へんちけまん【辺地懈慢】
出典 浄土和讃 親2和讃-24 真2-490 西聖696

ほうべんほっしん【方便法身】
❶この一如よりかたちをあらわして、方便法身とまふす御すがたをしめして、法蔵比丘となのりたまひて、不可思議の大誓願をおこして、あらわれたまふ御かたちをば、世親菩薩は尽十方無碍光如来となづけたてまつりたまへり。この如来を報身とまふす。誓願の業因にむくひたまへるゆゑに、報身如来とまふすなり。報とまふすは、たねにむくひたるなり。この報身より応化等の無量無数の身をあらはして、微塵世界に無碍の智慧光をはなたしめたまふゆへに、尽十方無碍光仏とまふすひかりにて、かたちもましまさず、いろもましまさず。無明のやみをはらひ、悪業にさえられず。このゆへに、無碍光とまふすなり。無碍は、さわりなしとまふす。しかれば、阿弥陀仏は、光明なり。光明は、智慧のかたちなりとしる

べし〔本文〕。

出典 唯信文意　親3和文-171　真2-630　西聖803　西註710　東聖554

❷この一如宝海よりかたちをあらわして、法蔵菩薩となのりたまひて、無碍のちかひをおこしたまふをたねとして、阿弥陀仏となりたまうがゆゑに、報身如来とまふすなり。これを尽十方無碍光仏となづけたてまつれるなり。この如来を南無不可思議光仏ともまふすなり。この如来を方便法身とはまふすなり〔本文〕。

出典 一多文意　親3和文-145　真2-616　西聖789　西註690　東聖543

解説「方便法身」とは、衆生を救済するために具体的なかたちあるものとしてあらわれた仏身のことをいう。三身では、報身・応化身が方便法身になる。したがって、報身仏である阿弥陀如来は方便法身になる。→ほうべん【方便】、→ほっしょうほっしん【法性法身】

ほうよう【包容】

かね。いるゝ〔左訓〕。《兼ぬ、入れる》。

出典 教行信証・行　親1-69　真2-34　西聖235

ほうりんほうじゅみみょうおん【宝林宝樹微妙音】

きのしげきによりてはやしといふ〔左訓〕。《木の繁きによりて林という》。きのえた、いけのみつはたらきうこくものみなのりのこゑならぬものなし〔左訓〕。《樹の枝、池の水はたらき動く物、皆、法の声ならぬ物なし》。（微に、）こまかなり反。（妙に、）よしとたへたり〔左訓〕。《好（よ）しと妙たり》。（音に、）おと〔左訓〕。

出典 浄土和讃　親2和讃-26

ぼくぜい（せん）さいし【卜筮（占）祭祀】

❶（卜に、）うら、（祭に、）まつり。（祀に、）はらへ。「卜筮祭祀をつとめとす」

出典 正像末和讃　親2和讃-211

❷（文明本に、）（祭祀に、）はらへまつり〔左訓〕。《祓え、祀り》。「卜占祭祀つとめとす」

出典 正像末和讃　親2和讃-211　真2-528　西聖734

ぼさつのおうごん【菩薩の往観】

❶わうしやうしてほとけをみたてまつるなり。十方よりほちのこくらくへまいりてみたをみたてまつるこゝろなり〔左訓〕。《往生して仏を見たてまつるなり。十方より菩薩の極楽へ参りて弥陀を見たてまつる心なり》。「菩薩の往観またおなじ」

出典 浄土和讃　親2和讃-23

❷（文明本に、）わうしやうし、ほとけをみたてまつる〔左訓〕。《往生し、仏を見奉る》。「菩薩の往観みなおなじ」

出典 浄土和讃　親2和讃-23　真2-489　西聖695

ぼしょをてんじおわり【墓所を点じおわり】

→むしょをてんじおわり【墓所を点じおわり】

ぼだいにしゅっとう【菩提に出到】

ほとけになりてそうしやうたすくへき〔左訓〕。《仏になりてぞ有情、助くべき》。「菩提に出到してのみぞ」

出典 正像末和讃　親2和讃-164

菩提に出到してのみぞ＝ほとけになるをいていたるといふなり〔左訓〕。《仏になるを出で到るというなり》。「菩提に出到してのみぞ」

出典 正像末和讃・草　親2和讃-150

解説「ぞ」は語意を強める係助詞。

ほつがんえこう【発願回向】
発願回向と言うは、如来すでに発願して、衆生の行を回施したまうの心なり〔本文〕。
出典 教行信証・行　親1-48　真2-22　西聖211　西註170　東聖177
解説 一般的には衆生が発願して回向るとの意に解するが、親鸞は法蔵菩薩が発願した本願が衆生に回向されると他力の意に解釈する。

ほっき【発起】
❶ひらきおこす。たておこす。むかしよりありしことをおこすをほちといふ。いまはしめておこすをきといふ〔左訓〕。《開き発（お）こす。建て発こす。昔よりありしことをおこすを発といふ。今初めておこすを起という》。「発起せしめたまひけり」
出典 高僧和讃　親2和讃-114
❷（文明本に、）ひらきおこしたまふなり〔左訓〕。《開き発こし給うなり》。
出典 高僧和讃　親2和讃-114　真2-510　西聖716
❸おこしたまひきとなり〔左訓〕。《起こし給ひきとなり》。「軍兵発起したまひき」
出典 聖徳奉讃　親2和讃-246　真2-539

ほっしょうぜんじ【法照禅師】
この文は後善導法照禅師とまふす聖人の御釈なり。この和尚おば法道和尚と慈覚大師はのたまへり〔本文〕。
出典 唯信文意　親3和文-162　真2-625　西聖799　西註704　東聖550
解説 中国・唐代の浄土教の僧。生没年不詳。南岳承遠の高弟で、8世紀後半の代宗・徳宗の治世に、五台山・太原・長安などで、音曲的な五会念仏を広めた。善導の念仏理解を継承したの

で「後善導」と呼ばれた。『五会法事讃』（一巻）を著す。

ほっしょうほっしん【法性法身】
❶法性すなわち法身なり。法身はいろもなし、かたちもましまさず。しかれば、こゝろもおよばれず。ことばもたへたり〔本文〕。
出典 唯信文意　親3和文-171　西聖803　西註709　東聖554
❷この信心すなはち仏性なり、この仏性すなはち法性なり、法性すなはち法身なり。しかれば仏について二種の法身まします。ひとつには法性法身とまうす、ふたつには方便法身とまうす。法性法身とまうすは、いろもなし、かたちもましまさず。しかればこゝろもおよばず、ことばもたえたり〔本文・『真宗法要』所収本〕。
出典 唯信文意　真2-630
解説「法性法身」とは、色も形もない真如法性のさとりそのもの。人間の認識を超えた法そのものの絶対的な真理をいう。→ほうべんほっしん【方便法身】

ほっしん【法身】
法身はいろもなし、かたちもましまさず。しかれば、こゝろもおよばれず。ことばもたへたり〔本文〕。
出典 唯信文意　親3和文-171　西聖803　西註709　東聖554
解説 梵語（dharma-kāya）の訳語。永遠不滅の真理そのもの。仏の三身（法身・報身・応化身）の一つ。→ほうじん【報身】、→おうけしん【応化身】

ほっしんのこうりん【法身の光輪】
❶（光に、）ひかり。（輪に、）めくる。（法身の光輪に、）ほうしんはすててこゝろもことはもおよはぬなり。こくにみちたまへり〔左訓〕。《法身はすべ

て心も言葉も及ばぬなり。虚空に満ち
たまえり》。「法身の光輪きわもなく」
出典 浄土和讃　親 2 和讃-54
❷（文明本に、）ひかりなり〔左訓〕。
「法身の光輪きはもなく」
出典 浄土和讃　親 2 和讃-54　真 2-
496　西聖702

ぼつでき【没溺】
しずみ、おぼる〔左訓〕。
出典 教行信証・信　親 1-114　真 2-
58　西聖286

ほつろ【発露】
ひらき、あらはす〔左訓〕。
出典 観経疏加点・定　親 9 加(3)-138

ほんいかいじ【品位階次】
（西本願寺本に、品に、）しなわい（位
に、）くらゐ、（階に、）しな〔左訓〕。
出典 教行信証・信　真 2-73　西聖319

ほんいぼんぶ けにいしょうにん【本為凡夫 兼為聖人】
もとはぼむぶのためなり、かねてはし
やうにんのためなりと〔左訓〕。
出典 西方指南　親 5 輯(1)-19

ほんがい【本懐】
もと、おもひなり〔左訓〕。
出典 一多文意　親 3 和文-144　真 2-
615　西聖788

ほんがんいちじょう【本願一乗】
本願一乗は、頓極・頓速・円融・円満
の教なれば、絶対不二の教、一実真如
の道なりと、知るべし〔本文〕。
出典 愚禿鈔　親 2 漢-10　真 2-458
西聖639　西註507　東聖428
本願一乗海＝本願一乗海は、頓極・
頓速・円融・円満の教なり〔本文〕。
出典 愚禿鈔　親 2 漢-11　真 2-459
西聖640　西註508　東聖429

ほんがんみょうごうしょうじょうごう【本願名号正定業】
本願名号正定業といふは、選択本願の

行といふ也〔本文〕。
出典 尊号銘文　親 3 和文-116　真 2-
600西聖772　西註671　東聖531
解説『尊号真像銘文』に引かれる「正
信偈」の文。

ぼんぐ【凡愚】
おほよそ、たゝうと〔左訓〕。《凡そ、
ただ人》。「凡愚底下のつみびとを」
出典 浄土和讃　親 2 和讃-49

ほんごう【本業】
もとせしことをいうなり〔左訓〕。《本
せしことをいうなり》。
出典 唯信鈔　親 6 写(2)-49　真 2-744
西聖1288

ぼんじ【凡地】
ほむふのゐところ〔左訓〕。《凡夫の居
所》。「凡地にしてはさとられず」
出典 浄土和讃　親 2 和讃-57

ぼんしゃくしおう【梵釈四王】
ほむてんたいしやく〔左訓〕。《梵天帝
釈》。「梵釈四王竜神等」
出典 聖徳奉讃　親 2 和讃-240　真 2-
537
解説「梵釈」は梵天、帝釈天。「四王」
は持国天、増長天、広目天、多聞天。

ぼんしょうぎゃくほうさいえにゅう にょしゅしにゅうかいいちみ【凡聖逆謗斉回入 如衆水入海一味】
凡聖逆謗斉回入といふは、小聖・凡
夫・五逆・謗法・無戒・闡提みな回心
して、真実信心海に帰入しぬれば、衆
水の海にいりて、ひとつあぢわいとな
るがごとくとたとえたるなり。これを
如衆水入海一味といふなり〔本文〕。
出典 尊号銘文　親 3 和文-118　真 2-
601　西聖773　西註672　東聖532
解説『尊号真像銘文』に引かれる「正
信偈」の文。

ほ

ほんそくさんざんのほん【本則三三の品】

❶もとはこゝのしなのしゆしやうなり〔左訓〕。《本は九の品の衆生なり》。「本則三三の品なれど」

出典 高僧和讃　親2和讃-99

❷（文明本に、）もとはこゝのしなのしゆしやうのほうとにむまれぬれはひとりもかはることなしとなり〔左訓〕。《本は九の品の衆生の報土に生まれぬれば一人もかわることなしとなり》。

出典 高僧和讃　親2和讃-99　真2-506　西聖712

ぼんのう【煩悩】

煩は、みをわずらわす。悩は、こゝろをなやますという〔本文〕。

出典 唯信文意　親3和文-168　真2-629　西聖801　西註708　東聖552

ぼんのうしょうげん【煩悩障眼】

煩悩障眼といふは、われら煩悩にまなこさえらるとなり〔本文〕。

出典 尊号銘文　親3和文-102　真2-593　西聖766　西註662　東聖525

ほんのうぼだいいちみなり【煩悩菩提一味なり】

❶われらこゝろとほとけのおむこゝろとひとつになるとしるへし〔左訓〕。《我ら、心と仏の御心と一つになるとしるべし》。

出典 正像末和讃・草　親2和讃-148

❷あんらくしやうとにむまれぬれは、あくもせんもひとつあちわいとなるなり〔左訓〕。《安楽浄土に生れぬれば、悪も善も一つ味わいとなるなり》。

出典 正像末和讃　親2和讃-169

❸（文明本に、）ほむなうとくとくとひとつになるなり〔左訓〕。《煩悩と功徳と一つになるなり》。

出典 正像末和讃　親2和讃-169　真2-519　西聖725

ぼんのうぼだいたいむに【煩悩菩提体無二】

ほんなうほたいもひとつみつとなり。ふたつなしとなり〔左訓〕。《煩悩、菩提も一つ水となり。二つなしとなり》。

出典 高僧和讃　親2和讃-92

ぼんぶ【凡夫】

❶凡夫は、すなわちわれらなり。本願力を信楽するをむねとすべしとなり〔本文〕。

出典 一多文意　親3和文-148　真2-617　西聖790　西註692　東聖544

❷凡夫といふは、無明煩悩われらがみにみち〳〵て、欲もおほく、いかり、はらたち、そねみ、ねたむこゝろおおくひまなくして臨終の一念にいたるまでとどまらず、きえず、たえずと、水火二河のたとえにあらわれたり〔本文〕。

出典 一多文意　親3和文-149　真2-618　西聖791　西註693　東聖545

ぼんぶぜんあくのしんしい【凡夫善悪の心水】

❶せんあくのこゝろをみつにたとへたるなり〔左訓〕。《善悪の心を水に譬えたるなり》。「凡夫善悪の心水も」

出典 正像末和讃　親2和讃-178

❷（文明本に、）ほむふのせんのこゝろ、あくの心をみつにたとへたるなり〔左訓〕。《凡夫の善の心、悪の心を水に譬えたるなり》。

出典 正像末和讃　親2和讃-178　真2-520　西聖726

ま

まいじひったんつくしがたし【毎事筆端つくしがたし】

ことごとにふでにあらわしがたしとなり〔左訓〕。《事ごとに筆にあらわし難しとなり》。

出典 西方指南　親5輯(2)-272

まこと【霰】

あきら〔左訓〕。まことに〔右訓〕。

出典 教行信証・行　親1-73　真2-36　西聖239

まっせにわがほうはすべし【末世にわが法破すべし】

しゃくそんのみのりをやぶるへしとみことにあらわせり〔左訓〕。《釈尊のみ法を破るべしとみことに表せり》。

出典 正像末和讃　親2和讃-178

まっぽうごじょくのうじょう【末法五濁の有情】

いまこのよはわるくなりたりとしるへし〔左訓〕。《今この世は悪くなりたりと知るべし》。

出典 正像末和讃　親2和讃-159

まっぽうだいごのごひゃくねん【末法第五の五百年】

このころはまちほうのはしめとしるへし〔左訓〕。《このころは末法の始めと知るべし》。

出典 正像末和讃　親2和讃-163

解説 『大集月蔵経』によれば、仏滅後第五の500年、つまり2001～2500年後には、弟子たちが互いに争い、議論や反目が甚しくなり、諸善万行の教法も消えてしまう末法の世と記されている。この和讃の意は、まさにこのごろがその末法の始めと知るべきであるという意である。

まとうが じくほうらん【摩騰迦 竺法蘭】

てんちくのひしりふたりなり〔左訓〕。《天竺の聖、二人なり》。「天竺の摩騰迦竺法蘭」

出典 聖徳奉讃　親2和讃-241　真2-537

解説 摩騰迦、竺法蘭、いずれも生没年不詳。インドからの渡来僧で、後漢時代に中国に初めて仏教をもたらした。永平11（68）年明帝の時に洛陽の白馬寺に住し、『四十二章経』などを漢訳したと伝える。

まんご【漫語】

みだれかはしき〔左訓〕。

出典 観経疏加点・序　親9加(3)-61

まんこく【万国】

はんこく〔左訓〕。「万国たすけの棟梁なり」

出典 聖徳奉讃　親2和讃-247　真2-540

まんしん【慢心】

けうまんのこゝろ〔左訓〕。《憍慢の心》。

出典 西方指南　親5輯(2)-281

まんぞく【満足】

みちたる〔左訓〕。「すみやかにとく満足す」

出典 高僧和讃　親2和讃-82

まんぷいっしょう【万不一生】

（文明本に、）まんにひとりもほふとにむまれすとなり〔左訓〕。《万人に一人も報土に生まれずとなり》。「万不一生とのべたまふ」

出典 高僧和讃　親2和讃-123　真2-512　西聖718

み

みけん【眉間】

おむまゆのあひたよりのひかりなり〔左訓〕。《御眉の間よりの光なり》。「太子そのとき眉間の」「儲君そのとき眉間より」

出典 太子奉讃　親2和讃-254・261

みこじょうなんがく【獼猴情難学】

獼猴情難学といふは、この世の人のこゝろをさるのこゝろにたとえたるなり。さるのこゝろのごとくさだまらずとなり。このゆへに真言・法華の行は修しがたく行じがたしと也〔本文〕。

出典 尊号銘文　親3和文-112　真2-598　西聖771　西註668　東聖529

解説 『尊号真像銘文』に引かれる聖覚法印の銘文。「獼猴情」とは、猿のように移り気が多く定まらないこと。

みしょう【微咲】

すこしきえむ〔左訓〕。《少しき笑む》。

出典 教行信証・化　親1-276　真2-147　西聖481

みしょうなり【身小なり】

ひとのみ、ちいさくなり〔左訓〕。《人の身、小さくなり》。「有情やうやく身小なり」

出典 正像末和讃　親2和讃-161

みじん【微塵】

こまかなるちり〔左訓〕。《細かなる塵》。「十方微塵世界の」

出典 浄土和讃　親2和讃-51

みじんこう【微塵劫】

こまかなるちり。ともうちん、うさきのけ、やうもうちん、ひつしのけ。うさきのけのまんさきにゐ、ひつしのけのまんさきにもゐるちりをみちんといふ。うさきひつしのけよりはそきものなし〔左訓〕。《細かなる塵。兎毛塵、兎の毛、羊毛塵、羊の毛。兎の毛のまっ先にいる塵、羊毛のまっ先にもいる塵を微塵という。兎毛、羊毛より細きものなし》。「大地微塵劫をへて」

出典 高僧和讃　親2和讃-119

みぞうけん【未曽見】

❶いまた、むかしも、かゝるおむかほはせみたてまつらす〔左訓〕。《未だ、昔も、かかる御顔は見奉らず》。「未曽見とぞあやしみし」

出典 浄土和讃　親2和讃-34

❷（文明本に、）いまたむかしみたてまつらす〔左訓〕。《未だ、昔、見奉らず》。

出典 浄土和讃　親2和讃-34　真2-492　西聖698

みだきょうおうじょう【弥陀経往生】

弥陀経往生といふは、植諸徳本の誓願によりて不果遂者の真門にいり、善本・徳本の名号をえらびて、万善諸行の少善をさしおく。しかりといゑども、定散自力の行人は、不可思議の仏智を疑惑して信受せず、如来の尊号をおのれが善根として、みずから浄土に回向して、果遂のちかひをたのむ。不可思議の名号を称念しながら、不可称不可説不可思議の大悲の誓願をうたがふ。そのつみ、ふかくおもくして、七宝の牢獄にいましめられて、いのち五百歳のあいだ、自在なることあたわず、三宝をみたてまつらず、つかへたてまつることなしと、如来はときたまへり。しかれども、如来の尊号を称念するゆへに、胎宮にとゞまる。徳号によるがゆへに、難思往生とまふすなり。不可思議の誓願、疑惑するつみによりて難思議往生とはまふさずとしるべきなり〔本文〕。

出典 三経往生　親3和文-33　真2-557　西聖746　西註635　東聖473

[解説] 第二十願に願われた難思往生。

みだしょえのしょうじゅ【弥陀初会の聖衆】

❶ （初に、）はじめ反。（会に、）あつまりたまふ。おむしといふ反。（弥陀初会の聖衆に、）あみたふちのほとけになりたまひしときのみてしのおほくおはしますことなり〔左訓〕。《阿弥陀仏の仏になりたまいしときの御弟子の多くおはしますことなり》。「弥陀初会の聖衆は」

[出典] 浄土和讃　親2和讃-14

❷ （文明本に、）みたのふちになりたまひしときあつまりたまひししやうしゆのおほきことなり〔左訓〕。《弥陀の仏になりたまいしとき、集りたまいし聖衆の多きことなり》。

[出典] 浄土和讃　親2和讃-14　真2-487　西聖693

[解説] 法蔵菩薩の本願が成就して阿弥陀仏になったときの初めての会座に集った多くの仏・菩薩の意。

みだのだいひふかかければ【弥陀の大悲ふかかければ】

（文明本に、）三十五の願のこ丶ろなり（初句の冠頭にあり）。

[出典] 浄土和讃　親2和讃-38　真2-493　西聖699

みだのちがんかいすいに【弥陀の智願海水に】

❶ みたのほんくわんをちゑといふなり。このほんくわんをたいかいにたとへたるなり〔左訓〕。《弥陀の本願を智慧というなり。この本願を大海に譬えたるなり》。

[出典] 正像末和讃・草　親2和讃-148

❷ ほんくわんをたいかいのみつにたとへまふす也〔左訓〕。《本願を大海の水にたとへ申す也》。

[出典] 正像末和讃　親2和讃-169

❸ （文明本に、）みたのほんくわんをうみにたとへまふすなり〔左訓〕。《弥陀の本願を海に譬え申すなり》。

[出典] 正像末和讃　親2和讃-169　真2-519　西聖725

みまな【任那】

くにのな丶なり〔左訓〕。《国の名なり》。「百済・高麗・任那・新羅」

[出典] 聖徳奉讃　親2和讃-239　真2-536

[解説] 4～6世紀頃、朝鮮半島南部に日本（倭）が領有していた属領的諸国の総称。「にんな」ともいう。

みみょうごんじょう【微妙厳浄】

よくよきかざりきよしとなり〔左訓〕。

[出典] 唯信鈔　親6写(2)-44　真2-741　西聖1285

みょう【名】

❶名は御名とまふすなり。如来のちかひの名号なり〔本文〕。

[出典] 唯信文意　親3和文-164　真2-626　西聖799　西註705　東聖551

❷名はいまだ仏になりたまわぬときの御なをまふすなり〔本文〕。

[出典] 唯信鈔文意　親3和文-156　真2-621　西聖795　西註700　東聖541

みょうがく【妙覚】

まことのほとけなり〔左訓〕。《真の仏なり》。

[出典] 一多文意　親3和文-131　真2-607　西聖782

みょうかなんそう【名華軟草】

くさのな丶り〔左訓〕。《草の名なり》。

[出典] 西方指南　親5輯(1)-54

みょうごう【名号】

❶ （文明本に、）名の字は因位のときのなを名といふ。号の字は果位のときのなを号といふ〔本文〕。

[出典] 正像末和讃　親2和讃-220　真2-530　西聖736　西註621　東聖510

❷号は仏になりたまふてのちの御なを
まふす。名はいまだ仏になりたまはぬ
ときの御なをまふすなり〔本文〕。
出典 唯信文意　親3和文-156　真2-
621　西聖795　西註700　東聖547

❸名字は因位のときのなを名といふ。
号字は果位のときのなを号といふ〔本
文〕。
出典 古写書簡　親3書-54　東聖602

みょうこうけ【妙好華】

めでたくよきすぐれたるはななりと
〔左訓〕。《めでたく好き勝れたる華な
りと》。
出典 一多文意　親3和文-133　真2-
608　西聖783

解説 分陀利華、つまり白蓮華のこと。
人になぞらえて妙好人という。→ふん
だりけ【分陀利華】、→おでいけ【淤
泥華】

みょうごん【冥権】

（冥に、）かそかなり〔左訓〕。
出典 教行信証・証　親1-209　真2-
111　西聖404

解説 「かそか」とは「かすか（幽か）」
で「ほのか、ぼんやり、ひつそりとも
のさびしい、幽玄なようす」の意。

みょうじ【名字】

なといふなり。〔左訓〕。《名というな
り》。
出典 一多文意　親3和文-131　真2-
607　西聖782

みょうじゅ【命終】

いのちおはるとなり〔左訓〕。
出典 西方指南　親5輯(1)-8

みょうじょくちゅうようせつな【命濁中天刹那】

❶ひとのいのちみしかくもろし〔左
訓〕。《人の命短く脆し》。「命濁中夭刹
那にて」
出典 正像末和讃　親2和讃-163

❷（文明本に、）ひとのいのちみしか
くもろしとなり〔左訓〕。《人の命短く
脆しとなり》。
出典 正像末和讃　親2和讃-163　真2-
517　西聖723

命濁中夭刹那にて＝いのちもろくし
てほとなきなり〔左訓〕。《命脆くして
程なきなり》。
出典 正像末和讃・草　親2和讃-150

みょうふ【冥符】

かない、かなふ〔左訓〕。
出典 教行信証・化　親1-301　真2-
161　西聖512

みょうよくじゅじ【命欲終時】

命欲終時といふは、いのちおはらむと
せむときといふ〔本文〕。
出典 尊号銘文　親3和文-95　真2-
589　西聖762　西註657　東聖522

みょうりょう【明了】

（明に、）あきらかなり反。（了に、）さ
とるといふ反〔左訓〕。「明了堅固究竟
願」
出典 浄土和讃　親2和讃-25

みょうじゅしご【命終之後】

いのちをはりてのち〔左訓〕。《命終わ
りて後》。
出典 観経延書　親8加(1)-151

む

むあいむぎ【無愛無疑】

❶よくもなくうたかひもなきことあらわるとなり〔左訓〕。《欲もなく、疑いもなきこと顕わるとなり》。「無愛無疑とあらはるゝ」

出典 浄土和讃　親2和讃-56

❷（文明本に、）よくのこゝろなしうたかふこゝろなしとなり〔左訓〕。《欲の心なし、疑う心なしとなり》。

出典 浄土和讃　親2和讃-56　真2-496　西聖702

むかしなん【無過此難】

（文明本に、）これにすきてかたきことなしとなり〔左訓〕。《此れに過ぎて難きことなしとなり》。「無過此難とのべたまふ」

出典 浄土和讃　親2和讃-43　真2-494　西聖700

むげ【無碍】

❶さはりなき〔左訓〕。「無碍の仏智をうたがへば」

出典 浄土和讃　親2和讃-58

❷無碍とまふすは、煩悩悪業にさえられず、やぶられぬをいふなり〔本文〕。

出典 一多文意　親3和文-145　真2-615　西聖789　西註690　東聖543

むげこう【無碍光】

❶無碍光といふは、この日月のひかりは、ものをへだてつれば、そのひかりかよはず。この弥陀の御ひかりは、ものにさえられずしてよろづの有情を照らしたまふゆへに、無碍光仏とまふすなり。有情の煩悩悪業のこゝろにさえられずましますによりて、無碍光仏とまふすなり。無碍の徳ましまさざらましかば、いかゞし候はまし。かの極楽世界とこの娑婆世界とのあひだに、

十万億の三千大千世界をへだてたりととけり。その一一の三千大千世界におの〳〵四重の鉄囲山あり、たかさ須弥山とひとし。次に少千界をめぐれる鉄囲山あり。たかさ第六天にいたる。次に中千界をめぐれる鉄囲山あり、たかさ色界の初禅にいたる。次に大千界をめぐれる鉄囲山あり。たかさ第二禅にいたれり。しかればすなわち、もし無碍光仏にてましまさずは一世界をすらとほるべからず、いかにいはんや十万億の世界おや。かの無碍光仏の光明、かゝる不可思議のやまを徹照してこの念仏衆生を摂取したまふに、さわることましまさぬゆへに無碍光とまふすなり〔本文〕。

出典 弥陀名号徳　親3和文-226　真2-733　西聖819

❷この報身より、応化等の無量無数の身をあらはして、微塵世界に無碍の智慧光をはなたしめたまふゆへに、尽十方無碍光仏とまふすひかりにて、かたちもましまさず、いろもましまさず、無明のやみをはらい、悪業にさえられず。このゆへに、無碍光とまふすなり。無碍は、さわりなしとまふす〔本文〕。

出典 唯信文意　親3和文-171　真2-631　西聖803　西註710　東聖554

解説 阿弥陀の徳を示す十二光の一つ。有情の煩悩悪業の心に碍（さ）えられない徳を表す。

むげこうぶつ【無碍光仏】

❶さはることなきひかりのにのによらいなり。あくこふほむなうにさえられぬによりてむげとまうすなり〔左訓〕。《碍（さ）わること無き光の如来なり。悪業煩悩に碍（さ）えられぬによりて無碍と申すなり》。「無碍光仏のひかりには」

出典 浄土和讃　親2和讃-37

❷阿弥陀仏は智慧のひかりにておはしますなり。このひかりを無碍光仏とまふすなり。無碍光とまふすゆへは、十方一切有情の悪業煩悩のこゝろにさえられずへだてなきゆへに、無碍とはまふすなり〔本文〕。

出典 弥陀名号徳　親3和文-230　真2-736　西聖821

解説 阿弥陀の徳を示す十二光仏の一つ。

むげにん【無碍人】
あみたのほうしんのたいなり〔左訓〕。《阿弥陀の法身の体なり》。「ほむるは無碍人をほむるなり」

出典 浄土和讃　親2和讃-30

むけん【無間】
ひまなく〔左訓〕。《暇なく》。

出典 西方指南　親5輯(2)-295

むげん【夢幻】
ゆめまぼろし〔左訓〕。

出典 教行信証・行　親1-57　真2-27　西聖222

むげんにん【無眼人】
❶まなこなきひと、なつく。もくれんしよもんきやうのもんなり。くわんねむほふもんにひかれたり〔左訓〕。《眼なき人と名づく。『目連所問経』の文なり。『観念法門』に引かれたり》。「無眼人とぞなづけたる」

出典 浄土和讃　親2和讃-55

解説 道綽の『安楽集』に引く『目連所問経』には「易往」「無眼人」「無耳人」の語があるが（大正蔵47-14、真1-412）、宋法天訳の『仏説目連所問経』（大正蔵24-911）、善導の『観念法門』には、この語は見当たらない。

❷（文明本に、）まなこなきひと、いふ〔左訓〕。《眼無き人といふ》。

出典 浄土和讃　親2和讃-55　真2-496　西聖702

解説 現代においては、この比喩的用語は眼に障害のある人に対してその尊厳を傷つけるので、使用に注意すべきである。

むざん【無慚】
はぢなし〔左訓〕。

出典 唯信鈔　親6写(2)-55　真2-747　西聖1290

むじゃくこう【無著光】
（西本願寺本に、著に、）つく、くるうとも〔左訓〕。

出典 教行信証・真　親1-229　真2-121　西聖427

むじょう【無上】
無上と言うは、有上に対せるの言なり。信に知りぬ。大利無上は一乗真実の利益なり。小利有上はすなわちこれ八万四千の仮門なり〔本文〕。

出典 教行信証・行　親1-69　真2-34　西聖235　西註188　東聖192

むじょうがく【無上覚】
たいはちねちはんをまふすなり〔左訓〕。《大般涅槃を申すなり》。「無上覚を証すべし」

出典 正像末和讃・草　親2和讃-143

むしょうこう【無称光】
無称光とまふすは、これもこの不可思議光仏の功徳は、ときつくしがたしと釈尊のたまへり。ことばもおよばずとなり。このゆへに無称光とまふすとのたまへり〔本文〕。

出典 弥陀名号徳　親3和文-231　真2-737　西聖822

解説 阿弥陀の徳を示す十二光の一つ。説き尽くし難く、はかれない徳を表す。

むしょうこうぶつ【無称光仏】
すへてことはおよはぬによりてむしようくわうふちとまふすなり〔左訓〕。《すべて言葉及ばぬによりて無称光仏と申すなり》。「無称光仏となづけたり」

[出典] 浄土和讃　親2和讃-13
[解説] 阿弥陀の徳を示す十二光仏の一つ。

むじょうじょうはしんげだつ【無上上は真解脱】

❶ほふしんをむしやうしやうともいひしんけたちともいふ〔左訓〕。《法身を無上上ともいい、真解脱ともいふ》。「無上上は真解脱」

[出典] 浄土和讃　親2和讃-56

❷（文明本に、真解脱に、）まことにさとり、ひらくなり〔左訓〕。《真解脱に真に覚り、開くなり》。

[出典] 浄土和讃　親2和讃-56　真2-496　西聖702

むじょうだいねはん【無上大涅槃】

まことのほとけなり〔左訓〕。《真の仏なり》。

[出典] 一多文意　親3和文-129　真2-606　西聖781

むしょうにん【無生忍】

❶ふたいのくらゐとまうすなり。かならすほとけになるべきみとなるなり〔左訓〕。《不退の位と申すなり。必ず仏となるべき身となるなり》。「無生忍にはいりしかば」

[出典] 浄土和讃　親2和讃-71

❷ふたいのくらゐなり〔左訓〕。《不退の位なり》。

[出典] 尊号銘文　親3和文-83　真2-583　西聖756

[解説] 菩薩が階位を昇り、そこから退かない位。四十一位の歓喜地。正定聚の位。→しょうじょうじゅ【正定聚】、→にん【忍】、→むしょうのしょう【無生の生】

むじょうねはん【無上涅槃】

無上涅槃はすなわちこれ無為法身なり。無為法身はすなわちこれ実相なり。実相はすなわちこれ法性なり。法性はすなわちこれ真如なり。真如はすなわち

これ一如なり。しかれば弥陀如来は如より来生して、報・応・化、種種の身を示し現わしたまうなり〔本文〕。

[出典] 教行信証・証　親1-195　真2-103　西聖387　西註307　東聖280

むしょうのしょう【無生の生】

ろくたうのしやうをはなれたるしやうなり。ろくたうししやうにむまるゝこと、しんしちしんしむのひとはなきゆへにむしやうといふ〔左訓〕。《六道の生を離れたる生なり。六道四生に生れること、真実信心の人は無きゆえに無生という》。「無生の生なりければ」

[出典] 高僧和讃　親2和讃-99

むしょうぶつ【無称仏】

ことはにてはいひつくしかたきによりてむしようふちとまふすなり〔左訓〕。《言葉にては言い尽くし難きによりて無称仏と申すなり》。「無称仏に帰命せよ」

[出典] 浄土和讃　親2和讃-20

むじょうほうしゅ【無上宝珠】

によいのほうしゆのたまなり。このほうしゆはにこれるみつにいるれは、みつはすめともみさひゐす。すいしやうはにこりみつにいるれはみさひゐる。かるかゆへにすいしやうおはまんきやうまんせんにたとへほうしゆをはみやうかうにたとふ〔左訓〕。《如意宝珠の珠なり。この宝珠は濁れる水に入れば、水は澄めどもみさび（水錆）いず。水晶は濁り水に入れば、みさび（水錆）いる。かるが故に、水晶をば万行万善に譬え、宝珠をば名号に譬う》。「無上宝珠名号と」

[出典] 高僧和讃　親2和讃-98

[解説] みさび（水錆）とは、水面に浮かぶ錆のような水垢（みずあか）。

むじょうぼだい【無上菩提】

うえなきほとけになることなり〔左

訓〕。《上無き仏になることなり》。

出典 弥陀名号徳　親3和文-228　真2-735　西聖820

むしょをてんじおわり【墓所を点じおわり】

たいしのみさゝきをさためおかせたまひたりとなり〔左訓〕。《太子の御陵を定めおかせ給いたりとなり》。「墓所を点じをはりにき」

出典 聖徳奉讃　親2和讃-244　真2-539

むしん【無瞋】

❶いかりはらたつこゝろなきなり〔左訓〕。《瞋り腹立つ心なきなり》。

出典 弥陀名号徳　親3和文-228　真2-734

❷無瞋といふは、おもてにいかりはらだつかたちもなく、心のうちにそねみねたむこゝろもなきを無瞋といふ也〔本文〕。

出典 弥陀名号徳　親3和文-228　真2-734　西聖820　西註729

むそうのがくしょう【無双の学生】

（無双に、）ならびなしとなり〔左訓〕。

出典 西方指南　親5輯(1)-78

むたいこう【無対光】

❶たくらふることなきなり〔左訓〕。《比べることなきなり》。

出典 弥陀名号徳　親3和文-229　真2-735　西聖821

❷無対光といふは、弥陀のひかりにひとしきひかりましまさぬゆへに、無対とまふすなり〔本文〕。

出典 弥陀名号徳　親3和文-229　真2-735　西聖821

解説 阿弥陀の徳を示す十二光の一つ。「たくらふる」の「た」は接頭語。

むち【無痴】

ぐちのこゝろなきなり〔左訓〕。《愚痴の心なきなり》。

出典 弥陀名号徳　親3和文-228　真2-735　西聖820

むとう【無等】

ひとしきものなし〔左訓〕。《等しきものなし》。

出典 三経往生・略　親3和文-15

むとうどう【無等等】

ひとしくひとしき人なし〔左訓〕。《等しく等しき人なし》。「無等等に帰命せよ」

出典 浄土和讃　親2和讃-14

解説 仏の十号の一つ。最も尊く、等しく並ぶものがない。

むにくつう【無而欻有】

かたちもなくしていづるをいふ〔左訓〕。《形も無くして出るをいう》。

出典 西方指南　親5輯(1)-6

むににん【無耳人】

（文明本に、）みゝなきひとゝいふ〔左訓〕。《耳無き人という》。「無耳人とぞのべたまふ」

出典 浄土和讃　親2和讃-55　真2-496　西聖702

解説 現代においては、この比喩的用語は耳に障害のある人に対してその尊厳を傷付けるので使用に注意すべきである。

むねん【無念】

無念といふは、形をこゝろにかけず、いろをこゝろにおもはずして、念もなきをいふなり。これみな聖道のをしへなり〔本文〕。

出典 末灯鈔　親3書簡-61　真2-657　西聖828　西註736　東聖601

むへんこう【無辺光】

❶ひかりのきわほとりなきなり〔左訓〕。《光の際辺無きなり》。

出典 弥陀名号徳　親3和文-226　真2-733　西聖819

❷無辺光といふは、かくのごとく無量

のひかり十方をてらすこと、きわほと
りなきによりて、無辺光とまふすなり
〔本文〕。

出典 弥陀名号徳　親3和文-226　真2-
733　西聖819

解説 阿弥陀の徳を示す十二光の一つ。

むまやどのおうじ【厩屋門の皇子】
→うまやどのおうじ【厩屋門の皇子】

むみょう【無明】
ほむなうのわうをむみやうといふなり
〔左訓〕。《煩悩の王を無明というなり》。
「無明の大夜をあわれみて」

出典 浄土和讃　親2和讃-54

むみょうじょうやのとうこ【無明長夜の灯炬】
❶ほむなうをなかきよにたとふ。(灯
に、)つねのともしひ。(炬に、)おほ
きなるともしひ。(無明長夜の灯炬
に、)みたのおむちかひをともしひに
たとへまふす也。〔左訓〕。《煩悩を長
き夜に譬う。常の灯。大きなる灯。弥
陀の御誓を灯に譬え申す也》。「無明長
夜の灯炬なり」

出典 正像末和讃　親2和讃-176
❷(文明本に、)つねのともしひをみ
たのほんくわんにたとへまふすなり。
つねのともしひをとうといふ。おほき
なるともしひをこといふ〔左訓〕。《常
のともしびを弥陀の本願に譬え申すな
り。常のともしびを灯(とう)という。
大きなるともしびを炬(こ)という》。

出典 正像末和讃　親2和讃-176　真2-
520　西聖726
❸弥陀の誓願は無明長夜のおほきなる
ともしひなり。なむそ智慧のなまこく
らしとかなしむやとおもへと也〔本
文〕。

出典 尊号銘文　親3和文-114　真2-
599　西聖772　西註670　東聖530

むもんじせつ【無問自説】
この経をときたまひしに、如来にとひ
たてまつる人もなし。これすなわち、
釈尊出世の本懐をあらわさむとおぼし
めすゆへに、無問自説とまふすなり
〔本文〕。

出典 一多文意　親3和文-139　真2-
612　西聖786　西註686　東聖540

解説 問われることなく釈尊自らが説い
た経。釈尊出世の本懐を表す。代表的
なものが『仏説阿弥陀経』。

むりょう【無量】
はかりなし〔左訓〕。「無量無数不可計
なり」

出典 浄土和讃　親2和讃-21

むりょうこう【無量光】
無量光といふは、『経』(『観経』)にの
たまはく、「無量寿仏に八万四千の相
まします。一一の相におの〳〵八万四
千の随形好まします。一一の好にまた
八万四千の光明まします。一一の光明
徧く十方世界を照らしたまふ。念仏の
衆生をば摂取して捨てたまはず」とい
へり。恵心院の僧都、このひかりを勘
えてのたまはく、「一一の相におの
〳〵七百五倶胝六百万の光明あり、熾
然赫奕たり」(『往生要集』・意)とい
へり。一相よりいづるところの光明か
くのごとし、いはんや八万四千の相よ
りいでむひかりのおほきことをおしは
かりたまふべし。この光明の数のおほ
きによりて、無量光とまふすなり〔本
文〕。

出典 弥陀名号徳　親3和文-225　真2-
733　西聖819

解説 阿弥陀の徳を示す十二光の一つ。
→しねんかくやく【熾然赫奕】

むりょうこうみょうど【無量光明土】
ほちしんのほうとをいふなり〔左訓〕。
《法身の報土をいうなり》。

む

出典 弥陀名号徳　西聖822

むりん【無倫】
ひとしきともがなし〔左訓〕。
出典 三経往生・略　親3和文-15

むろのえか【無漏の依果】
（無漏に、）ほむのうのなきをいふ〔左訓〕。《煩悩の無きをいう》。（依果に、）こくらくのしやうこむなり〔左訓〕。《極楽の荘厳なり》。（顕智本に、）ゑほうのくわほうをうるなり〔左訓〕。《依報の果報を得るなり》。「無漏の依果不思議なり」
出典 浄土和讃　親2和讃-29

め

めいご【迷悟】
まどふさとる〔左訓〕。
出典 西方指南　親5輯(1)-54

めいしゅう【迷執】
まどふこゝろなり〔左訓〕。《迷う心なり》。
出典 唯信鈔　親6写(2)-70　真2-756　西聖1298

めいてい【明帝】
みやうたい〔左訓〕。「漢の明帝の時代にぞ」
出典 聖徳奉讃　親2和讃-241　真2-537

めいとう【迷倒】
まどふたふるゝとなり〔左訓〕。
出典 西方指南　親5輯(2)-343

めいよ【名誉】
ほめらるゝなり〔左訓〕。
出典 唯信鈔　親6写(2)-45　真2-742　西聖1286

めつど【滅度】
❶（文明本に、）ねちはんのさとりをひらくなり〔左訓〕。《涅槃の覚りを開くなり》。「かならず滅度にいたらしむ」
出典 浄土和讃　親2和讃-38　真2-493　西聖699
❷たいはちねちはんなり〔左訓〕。《大般涅槃なり》。「かならず滅度をさとるなり」
出典 正像末和讃　親2和讃-179
❸滅度とまふすは大涅槃也〔本文〕。
出典 尊号銘文　親3和文-116　真2-600　西聖773　西註671　東聖531

めっぱ【滅破】
ほろほし、やふる〔左訓〕。「寺塔仏法を滅破し」

出典 聖徳奉讃　親2和讃-246

めつぼう【滅亡】
ほろぼし、うしなふ。ひとのいのちも もてるものもほろびうすべしとなり〔左訓〕。《滅ぼし、失う。人の命も持てる者も滅び失すべしとなり》。「依正二報滅亡す」

出典 正像末和讃　親2和讃-163

めつぼうこうぜし【滅亡興ぜし】
うしなひほろぼさむとするなり〔左訓〕。《失い滅ぼさんとするなり》。「仏経を滅亡興ぜしか」

出典 聖徳奉讃　親2和讃-245　西聖539

めにく【罵辱】
のり、はぢしむ〔左訓〕。

出典 教行信証・化　真2-190　西聖572

も

もうけん【妄見】
みだりのおもひなり〔左訓〕。《妄りの想いなり》。

出典 唯信鈔　親6写(2)-65　西聖753　西聖1295

もうみょう【盲冥】
❶めしゐのくらきとなり〔左訓〕。《盲人の暗きとなり》。「世の盲冥（もうみょう）てらすなり」

出典 浄土和讃　親2和讃-8
❷（文明本に、）めしゐのくらきもの〔左訓〕。《盲人、暗きもの》。

出典 浄土和讃　親2和讃-8　真2-486　西聖692

解説 この比喩的用語は、目に障害のある人に対してその尊厳を傷付けるので使用に注意すべきである。

もうりょう【朦朧】
くらし、こもる〔左訓〕。《暗し、籠る》。

出典 教行信証・行　親1-51　真2-24　西聖214

もたい【母胎】
は丶のはらに〔左訓〕。《母の胎（はら）に》。

出典 大経延書　親8加(1)-5

ものうきことなし【ものうきことなし】
ものうきこと丶いふは、おこたりすつる丶ろなしとなり〔左訓〕。《ものう（倦）きことというは、怠り、捨つる心なしとなり》。「大悲ものうきことなくて」

出典 高僧和讃　親2和讃-125

もん【聞】
❶聞といふは、如来のちかいの御なを信ずとまふす也〔本文〕。

出典 尊号銘文　親3和文-76　真2-578　西聖752　西註645　東聖513

❷聞はきくといふ。信心をあらわす御のりなり〔本文〕。

出典 唯信文意　親3和文-164　真2-626　西聖799　西註705　東聖551

❸聞と言うは、衆生、仏願の生起・本末を聞きて疑心あることなし。これを聞と曰うなり〔本文〕。

出典 教行信証・信　親1-138　真2-72　西聖315　西註251　東聖240

❹きくといふは、本願をき〻てうたがふこゝろなきを聞といふなり〔本文〕。

出典 一多文意　親3和文-126　真2-604　西聖779　西註678　東聖534

❺もんといふはきくといふ。きくといふはこのほふをき〻てしんしてつねにたえぬこゝろなり〔左訓〕。《聞というは聞くという。聞くというはこの法を聞きて信じて常に絶えぬ心なり》。「聞光力のゆへなれば」→きく【聞く】

出典 浄土和讃　親2和讃-12

もんこうりき【聞光力】

❶もんといふはきくといふ。きくといふはこのほふをき〻てしんしてつねにたえぬこゝろなり〔左訓〕。《聞というは聞くという。聞くというはこの法を聞きて信じて常に絶えぬ心なり》。「聞光力のゆへなれば」

出典 浄土和讃　親2和讃-12

❷（文明本に、）みたのおんちかひをしんしまひらするなり〔左訓〕。《弥陀の御誓を信じまいらするなり》。

出典 浄土和讃　親2和讃-12　真2-487　西聖693

もんごみょうごう【聞其名号】

❶（聞に、）きくといふ〔左訓〕。

出典 一多文意　親3和文-126　真2-605　西聖780

❷聞其名号といふは、本願の名号をきくとのたまへるなり。きくといふは、本願をき〻てうたがふこゝろなきを聞

といふなり。また、きくといふは信心をあらわす御のりなり〔本文〕。

出典 一多文意　親3和文-126　真2-604　西聖779　西註678　東聖534

解説 第十八願成就文の中の文（西聖52・西註41・東聖44）。

もんと【門徒】

（徒に、）ともから〔左訓〕。「門徒につねにみせしめき」

出典 高僧和讃　親2和讃-133

もんみょうよくおうじょう【聞名欲往生】

聞名欲往生といふは、聞といふは、如来のちかひの御なを信ずとまふす也。欲往生といふは、安楽浄刹にうまれむとおもへとなり〔本文〕。

出典 尊号銘文　親3和文-76　真2-578　西聖752　西註645　東聖513

解説 『尊号真像銘文』に引かれる『大経』の文（西聖58・西註46・東聖49）。

もんよ【門余】

門余と言うは、門はすなわち八万四千の仮門なり、余はすなわち本願一乗海なり。

出典 教行信証・化　親1-289　真2-154　西聖497　西註394　東聖341

や

やく【益】
たすく、ますとも〔左訓〕。ます、たすくとも〔左訓〕。
出典 教行信証・信　親1-101・201　真2-51・106　西聖269

やく【訳】
❶（西本願寺本に、）やく、つたへたまふとなり〔左訓〕。《訳、伝え給うとなり》。
出典 教行信証・行　真2-8　西聖180
❷（西本願寺本に、）つくりつたふ〔左訓〕。
出典 教行信証・行　真2-36　西聖238

やくす【約す】
よる〔左訓〕。つく〔左訓〕。
出典 教行信証・行　親1-59　真2-28　西聖224

やくぜほつがんえこうしぎ【亦是発願回向之義】
亦是発願回向之義といふは、二尊のめしにしたがふて安楽浄土にむまれむとねがふこゝろなりとのたまへる也〔本文〕。
出典 尊号銘文　親3和文-93　真2-588　西聖761　西註656　東聖521

やくたい【約対】
よそへ、むかへ〔左訓〕。
出典 観経疏加点・散　親9加(3)-169

やくをうくる【厄をうくる】
❶もろくあやうきなり〔左訓〕。《脆く、危うきなり》。「もろもろの厄をうくるなり」
出典 正像末和讃　親2和讃-195
❷（文明本に、）もろくあやうきなり〔左訓〕。
出典 正像末和讃　親2和讃-195　真2-524　西聖730

ゆ

ゆい【唯】
唯は、たゞこのことひとつといふ。ふたつならぶことをきらふことばなり。また唯は、ひとりといふこゝろなり〔本文〕。
出典 唯信文意　親3和文-155　真2-621　西聖795　西註699　東聖547

ゆいきょう【遺教】
❶ほとけののこりのみのりなり〔左訓〕。《仏の遺（のこ）りのみ法なり》。「如来の遺教疑誹し」
出典 聖徳奉讃　親2和讃-245
❷のこりのみのり〔左訓〕。「釈迦の遺教かくれしむ」→ゆいほう【遺法】
出典 和讃拾遺　親2和讃-278

ゆいきょうこうめつ【遺教興滅】
しやくそんのみのりひろまりかくれたまはむことを〔左訓〕。《釈尊のみ法広まり隠れ給わんことを》。「わが朝遺教興滅の」
出典 聖徳奉讃　親2和讃-236　真2-535

ゆいじょごぎゃく ひぼうしょうぼう【唯除五逆 誹謗正法】
唯除五逆 誹謗正法といふは、唯除といふは、たゞのぞくといふことば也。五逆のつみびとをきらい、誹謗のおもきとがをしらせむと也。このふたつのつみのおもきことをしめして、十方一切の衆生みなもれず往生すべしとしらせむとなり〔本文〕。
出典 尊号銘文　親3和文-75　真2-578　西聖752　西註644　東聖513
解説 第十八願の願文・成就文ともに付されている語。「唯除の文」といわれる。救いから五逆罪を犯したものと、正法を誹謗したものを除くとの意であ

や
ゆ

る。このことについて、善導は『観経疏』「散善義」で未造業に対して、方便してとどめて抑止の心で述べたものであるとして抑止門とする。親鸞は、「信巻」末でこのことを課題とし、善導の意に添いつつ、釈尊のみ心は、五逆、誹謗正法を犯させず、すべてを救おうとする摂取門であるとする。

ゆいしん・ゆいしんしょう【唯信・唯信鈔】

❶この本願のやうは『唯信鈔』によくみえたり。唯信とまふすは、すなわちこの真実信楽を、ひとすぢにとるこゝろをまふす也〔本文〕。

　出典 尊号銘文　親3和文-75　真2-578　西聖752　西註644　東聖513

❷『唯信抄』といふは、唯は、たゞこのことひとつといふ。ふたつならぶことをきらふことばなり。また唯は、ひとりというこゝろなり。信はうたがひなきこゝろなり。すなわちこれ真実の信心なり。虚仮（こけ）はなれたるこゝろなり。虚はむなしといふ。仮はかりなるといふことなり。虚は実ならぬをいふ。仮は真ならぬをいふなり。本願他力をたのみて自力をはなれたる、これを唯信といふ。鈔はすぐれたることをぬきいだし、あつむることばなり。このゆへに『唯信鈔』といふなり。また唯信はこれ、この他力の信心のほかに余のことならはずとなり。すなわち本弘誓願なるがゆへなればなり〔本文〕。

　出典 唯信文意　親3和文-155　真2-621　西聖795　西註699　東聖547

❸如来の弘誓をおこしたまへるやうは、この『唯信鈔』にくわしくあらわれたり〔本文〕。

　出典 唯信文意　親3和文-163　真2-626　西聖799　西註704　東聖550

　解説 『唯信鈔』は安居院の聖覚（1167〜1235）の著。法然の『選択集』の概要を記す。その中の要文について釈したものが、親鸞の『唯信鈔文意』である。

ゆいせみだほんがんかい【唯説弥陀本願海】

唯説弥陀本願海とまふすは、諸仏の世にいでたまふ本懐は、ひとへに弥陀の願海一乗のみのりをとかむとなり。しかれば、『大経』には、「如来所以　興出於世　欲拯群萌　恵以真実之利」ときたまへり。如来所以興出於世は、如来とまふすは、諸仏とまふす也。所以といふは、ゆへといふみこと也。興出於世といふは、世に仏いでたまふとまふすみこと也。欲拯群萌は、欲といふは、おぼしめすとなり。拯はすくはむとなり。群萌は、よろずの衆生をすくはむとおぼしめすと也。仏の世にいでたまふゆへは、弥陀の御ちかひをときてよろづの衆生をたすけすくはむとおぼしめすとしるべし〔本文〕。

　出典 尊号銘文　親3和文-117　真2-600　西聖773　西註671　東聖531

　解説 『尊号真像銘文』に引かれる「正信偈」の文。

ゆいてい【遺弟】

みてしなり〔左訓〕。《御弟子なり》。「如来の遺弟悲泣せよ」

　出典 正像末和讃　親2和讃-159

遺弟悲泣せよ＝しゃくそんのみてしかなしみなくへしとなり〔左訓〕。《釈尊の御弟子、悲しみ泣くべしとなり》。「如来の遺弟悲泣せよ」

　出典 正像末和讃・草　親2和讃-146

ゆいぶついちどうきよくます【唯仏一道きよくます】

ふちたうのみひとりきよくめてたくましますとしるへし〔左訓〕。《仏道のみ一人清くめでたくましますと知るべ

し》。
　出典 正像末和讃・草　親2和讃-150

ゆいほう【遺法】

❶のこりのみのりなり〔左訓〕。《遺
(のこ)りのみ法なり》。「釈迦の遺法
ことごとく」
　出典 正像末和讃・草　親2和讃-144
❷のこりのみのりをゆいはふとまふす
なり〔左訓〕。《遺(のこ)りのみ法を
遺法と申すなり》。「釈迦の遺法ことご
とく」
　出典 正像末和讃　親2和讃-159
❸のこりのみのり〔左訓〕。《遺(の
こ)りのみ法》。「釈迦の遺法ことごと
く」
　出典 和讃拾遺　親2和讃-278
　解説 釈尊の遺した教え。経典。→ゆい
きょう【遺教】

ゆいよ【遺余】

のこりあまる〔左訓〕。
　出典 教行信証・化　親1-325　真2-
174　西聖540

ゆういん【誘引】

こしらへ〔左訓〕。(西本願寺本に、)
こしらふ〔左訓〕。
　出典 教行信証・化　親1-269　真2-
143　西聖473

ゆうご【祐護】

たすく、まもる〔左訓〕。
　出典 教行信証・真　親1-233　真2-
123　西聖431

ゆうしょうどう【勇将幢】

(勇に、)たけし、(幢に、)はたほこ
〔左訓〕。(西本願寺本に、勇に、)たけ
し、いさむ、(幢に、)はたほこ〔左
訓〕。
　出典 教行信証・行　親1-82　真2-42
西聖250

ゆうせん【涌泉】

わく、いつみ〔左訓〕。

　出典 教行信証・行　親1-83　真2-42
西聖251

ゆうみょう【幽冥】

かすかにくらし〔左訓〕。
　出典 教行信証・真　親1-231　真2-
122　西聖430

ゆうみょう【勇猛】

いさみ、たけし〔左訓〕。(西本願寺本
に、)いさむ、たけきなり〔左訓〕。
　出典 教行信証・信　親1-118　真2-
61・78　西聖291・329
　勇猛精進＝いさむ、たけし、もはら
〔左訓〕。
　出典 教行信証・信　親1-117　真2-
60　西聖290

ゆげ【遊戯】

あそびたわぶる〔左訓〕。
　出典 西方指南　親5輯(1)-118

ゆにょにちりんぢゅごにんぜん【猶如日輪住其人前】

ひのごとくしてそのひとのまへにあら
わるとなり〔左訓〕。《日の如くして其
の人の前に現るとなり》。
　出典 西方指南　親5輯(1)-8

ゆやく【踊躍】

(踊に、)おどる〔左訓〕。(躍に、)お
どる〔左訓〕。踊は天におどるといふ、
躍は地におどるといふ、よろこぶここ
ろのきわまりなきかたちなり。慶楽す
るありさまをあらわすなり〔本文〕。
《踊は天に踊るという、躍は地に躍る
という。歓ぶ心の極まり無きかたちな
り。慶楽する有様をあらわすなり》。
　出典 一多文意　親3和文-136　真2-
610　西聖784　西註684　東聖539

ゆ

よ

よう【要】

要はもはらといふ、もとむといふ、ち
ぎるといふなり〔本文〕。《要は専らと
いう、求むという。契るというなり》。

出典 唯信文意　親3和文-173　真2-
632　西聖804　西註711　東聖555

ようげき【妖孽】

ほろふ、ほろふ〔左訓〕。

出典 教行信証・化　親1-357　真2-
191　西聖576

ようげん【影現】

（文明本に、）あらはれたまふ〔左訓〕。
「安養界に影現する」

出典 浄土和讃　親2和讃-54　真2-
496　西聖702

ようしきみみょう【容色微妙】

かをはせこまかなり〔左訓〕。《容色
（顔）細かなり》。

出典 教行信証・証　親1-196　真2-
104　西聖389

ようもん【要門】

おおよそ八万四千の法門は、みなこれ
浄土の方便の善なり。これを要門とい
ふ。これを仮門となづけたり。この要
門・仮門といふは、すなわち『無量寿
仏観経』一部にときたまへる定善・散
善これなり。「定善」は十三観なり。
散善は三福九品の諸善なり。これみな
浄土方便の要門なり。これを仮門とも
いふ〔本文〕。

出典 一多文意　親3和文-144　真2-
615　西聖788　西註690　東聖542

解説 第十九願の法門。定散二善・三
福・三輩・九品の自力の往生。親鸞は
それらすべてが第十八願・弘願（ぐが
ん）への浄土方便の要門と見る。

**よくかくしんかくがいかく【欲覚瞋覚害
覚】**

とむよくなり、いかりなり、ものをこ
ろす、これをさんどくというなり〔左
訓〕。《貪欲なり、瞋りなり、物を殺す、
これを三毒というなり》。

出典 文類聚鈔　親2漢-147

よくじょう【欲拯】

欲はおぼしめすとまふすなり。拯は、
すくうといふ〔本文〕。

出典 一多文意　親3和文-144　真2-
615　西聖788　西註689　東聖542

よくしょう【欲生】

❶欲生と言うは、欲はすなわちこれ願
なり、楽なり、覚なり、知なり。生は
すなわちこれ成なり、作なり、為なり、
興なり〔本文〕。

出典 教行信証・信　親1-115　真2-
59　西聖287　西註230　東聖223

❷欲生はすなわちこれ願楽覚知の心な
り、成作為興の心なり、大悲回向の心
なるがゆえに、疑蓋雑わることなきな
り〔本文〕。

出典 教行信証・信　親1-116　真2-
59　西288　西註230　東聖224

❸つぎに、欲生と言うは、すなわちこ
れ如来、諸有の群生を招喚したまうの
勅命なり。すなわち真実の信楽をもっ
て欲生の体とするなり〔本文〕。

出典 教行信証・信　親1-127　真2-
65　西聖302　西註241　東聖232

❹欲生はすなわちこれ回向心なり。こ
れすなわち大悲心なるがゆえに、疑蓋
雑わることなし〔本文〕。

出典 教行信証・信　親1-127　真2-
66　西聖303　西註241　東聖233

❺三つには欲生。欲というは、願なり、
楽なり、覚なり、知なり。生というは、
成なり、興なり。（中略）欲生はすな
わちこれ願楽の心なり、覚知成興の心

なり。かるがゆえに三心みな共に真実
にして疑心なし〔本文〕。
出典 文類聚鈔　親2漢-146　真2-450
西聖621　西註490　東聖414

❻三つには欲生、すなわち清浄真実の
信心をもって欲生の体とす。しかるに、
流転輪廻の凡夫、曠劫多生の群生、清
浄の回向心なし、また真実の回向心な
し。これをもって、如来因中に菩薩の
行を行じたまう時、三業の所修、乃至
一念一利那も、回向を首として、大悲
心を成就することを得たまうにあらざ
ることあることなし。かるがゆえに、
如来、清浄真実の欲生心をもって、諸
有の衆生に回向したまえり〔本文〕。
出典 文類聚鈔　親2漢-148　真2-452
西聖624　西註492　東聖417
解説『大経』の本願三心の一つ。回向
心。大悲心。

よくしょうがこく【欲生我国】
欲生我国といふは、他力の至心信楽の
こゝろをもって、安楽浄土にうまれむ
とおもへと也〔本文〕。
出典 尊号銘文　親3和文-74　真2-
577　西聖751　西註643　東聖512
解説『尊号真像銘文』に引かれる『大
経』第十八願文の中の文。他力の信に
よって浄土往生を欲（おも）えという
意。

よくじょうぐんもう【欲拯群萌】
欲拯群萌は欲といふはおぼしめすとな
り、拯はすくはむとなり、群萌はよろ
づの衆生をすくはむとおぼしめすと也
〔本文〕。
出典 尊号銘文　親3和文-117　真2-
601　西聖773　西註671　東聖531

よさん【預参】
❶かねてまいる〔左訓〕。《予て参る》。
「道俗男女預参し」
出典 高僧和讃　親2和讃-136

❷（文明本に、）かねてあつまる〔左
訓〕。《予て集まる》。
出典 高僧和讃　親2和讃-136　真2-
514　西聖720

よねんけんこ【余念間故】
❶（余に、）よの。（間に、）ましわる
と〔左訓〕。《余の念（おもい）、間じ
わると》。「余念間故とのべたまふ」
出典 高僧和讃　親2和讃-100
❷（文明本に、）ましへるかゆへにし
むなしといふなり〔左訓〕。《間じえる
がゆえに信なしというなり》。
出典 高僧和讃　親2和讃-100　真2-
507　西聖713

よぶつきょうそうおう【与仏教相応】
与仏教相応といふは、この『浄土論』
のこゝろは、釈尊の教勅、弥陀の誓願
にあひかなへりとなり〔本文〕。
出典 尊号銘文　親3和文-88　真2-
585　西聖758　西註652　東聖518

よほう【余方】
よのじゃうどには人天ありといふにみ
だのじゃうどに人天なし（と）くなら
ばごくらくにむまれむとするものあ
りがたきゆへにはうべんしてにんでん
ありといふなり〔左訓〕。《余の浄土に
は人天ありというに弥陀の浄土に人天
なしと説くならば極楽に生まれんとす
るもの有り難きゆえに方便して人天あ
りというなり》。
出典 文類聚鈔　親2漢-136

ら

らい【来】

❶来はかえるといふ、きたらしむといふ。法性のみやこへ、むかへゆてきたらしめ、かへらしむといふ。法性のみやこより、衆生利益のために、この娑婆界にきたるゆへに、来をきたるといふなり。法性のさとりをひらくゆへに来をかへるといふなり〔本文〕。

出典 唯信文意　親3和文-164　真2-626　西聖800　西註705　東聖551

❷来の言は、去に対し往に対するなり。また報土に還来せしめんと欲してなり〔本文〕。

出典 愚禿鈔　親2漢-47　真2-477　西聖673　西註539　東聖456

らいけ【来化】

（文明本に、）きたりてあはれみたまふ〔左訓〕。《来たりて憐れむみ給う》。「阿弥陀如来来化して」

出典 浄土和讃　親2和讃-59　真2-497　西聖703

らいけん【来見】

きたりみへたまふ〔左訓〕。

出典 西方指南　親5輯(1)-186

らいごう【来迎】

❶来迎といふは、来は浄土へきたらしむといふ。これすなわち若不生者のちかひをあらわす御のりなり。穢土をすてゝ、真実報土にきたらしむとなり。すなわち他力をあはす御ことなり。また来は、かへるといふ。かへるといふは、願海にいりぬるによりりて、かならず大涅槃にいたるを、法性のみやこへかへるとまふすなり。法性のみやこといふは、法身とまふす如来のさとりを自然にひらくときを、みやこへかへるといふなり。これを、真如実相を証

すともまふす。無為法身ともいふ。滅度にいたるともいふ。法性の常楽を証すともまふすなり。このさとりをうれば、すなわち大慈大悲きわまりて、生死海にかへりいりて普賢の徳に帰せしむとまふす。この利益におもむくを来といふ。これを法性のみやこへかへるとまふすなり。迎といふは、むかえたまふといふ、まつといふこゝろなり。選択不思議（せんじゃくふしぎ）の本願、無上智慧の尊号をきゝて、一念もうたがふこゝろなきを真実信心といふなり。金剛心ともなづく。この信楽をうるとき、かならず摂取してすてたまはざれば、すなわち正定聚のくらゐにさだまるなり。このゆへに信心やぶれず、かたぶかず、みだれぬこと、金剛のごとくなるがゆへに、金剛の信心とはまふすなり。これを迎といふなり〔本文〕。

出典 唯信文意　親3和文-159　真2-624　西聖797　西註702　東聖549

❷きたりむかふ（と）〔左訓〕。

出典 西方指南　親5輯(2)-244・264

解説 来迎とは本来、第十九願による自力の臨終来迎往生を指す。しかし、親鸞は、「来」を「浄土へきたらしむ」と、阿弥陀の「若不生者」の誓いと解釈する、また「迎」を阿弥陀が浄土に「迎えたもう」の意に解する。ここでは、来迎を他力に解釈し、摂取不捨と同義語としている。

らいしょう【来生】

きたり、うまる。

出典 三経往生　親3和文-27　真2-554　西聖743

らけい【螺髻】

（螺に、）もとゝり、（髻に、）もとゝり〔左訓〕。《髻（もとどり）》。

出典 教行信証・化　親1-358　真2-

192　西聖576
解説 束ねた髪。ちょんまげ。

らだ【懶惰】
みたれかわし〔左訓〕。
出典 教行信証・行　真2-9　西聖182

らふ【羅覆】
こめおほほり〔左訓〕。
出典 三経往生　親3和文-32　真2-
556　西聖745

らんしつ【乱失】
（文明本に、）みたれうしなふこゝろな
り〔左訓〕。《乱れ失う心なり》。「信心
乱失するをこそ」
出典 高僧和讃　親2和讃-117　真2-
510　西聖716

り

りくろ【陸路】
くがみち〔左訓〕。
出典 唯信鈔　親6写(2)-47　真2-743
西聖1287

りこ【利鋸】
（鋸に、）のこぎり〔左訓〕。
出典 教行信証・行　親1-82　真2-42
西聖250
解説 鋭い鋸（のこぎり）のこと。

りた【利他】
りたはしゆじやうをりやくするこゝ
なり〔左訓〕。《利他は衆生を利益する
心なり》。
出典 文類聚鈔　親2漢-155

りたのしんじん【利他の信心】
（文明本に、）ほんくわんしんしちのし
んしむなり〔左訓〕。《本願真実の信心
なり》。「如来利他の信心に」
出典 浄土和讃　親2和讃-50　真2-
495　西聖701

りどん【利鈍】
❶とし。にぶし〔左訓〕。
出典 教行信証・行　親1-82　真2-41
西聖249
❷利といふは、こゝろのとき人なり。
鈍といふは、こころのにぶき人なり
〔本文〕。
出典 尊号銘文　親3和文-111　真2-
597　西聖770　西註667　東聖528

りふ【利斧】
（斧に、）おの〔左訓〕。（西本願寺本に
は、利に、）とき。（斧に、）おの〔左訓〕。
出典 教行信証・行　親1-82　真2-42
西聖250
解説 鋭く研ぎ澄まされた斧。

りふかく【理ふかく】
ほふもんはふかしといふことなり〔左

訓〕。《法門は深しということなり》。
出典 唯信鈔　親6写(2)-41　真2-740
西聖1284

りゅうぐう【竜宮】
❶りうわうのみやこへいりたまふなり
〔左訓〕。《竜王の都へ入り給うなり》。
「竜宮にすでにいりたまふ」
出典 正像末和讃・草　親2和讃-144
❷はちたいりうわうのみやこなり〔左
訓〕。《八大竜王の都なり》。「竜宮にい
りたまひにき」
出典 正像末和讃　親2和讃-159
解説 八大竜王とは難陀（なんだ）・跋
難陀（ばつなんだ）・沙伽羅（しゃが
ら）・和修吉（わしゅきつ）・徳叉迦
（とくしゃか）・阿那婆達多（あなばだ
った）・摩那斯（まなし）・優鉢羅（う
はつら）。『摩訶摩耶経』には末法には、
善法が竜宮に入ると説かれている。最
澄の『末法灯明記』にこの経の大要が
記されており、親鸞はそれを「化巻」
に引用している。

りゅうじゅぼさつ【龍樹菩薩】
りゅうしゅはきのもとにむまれてまし
ましけるをりうわうとりてやしなひた
りけり。のちになむてんちくの王のこ
になりたまひけり。きのもとにむまれ
りうわうやしなひたまひけるによりて
りうしゅとなつけたてまつるなり〔左
訓〕。《龍樹は木の下に生まれてましま
しけるを龍王とりて養いたりけり。後
に南天竺の王の子に成り給いけり。木
の下に生まれ、龍王養い給いけるによ
って龍樹と名づけたてまつるなり》。
「本師龍樹菩薩は」
出典 高僧和讃　親2和讃-75
解説 ナーガルジュナ（Nāgārjuna）。
2世紀ごろのインドの僧。漢訳名、龍
樹。八宗の祖師と称される。真宗の七
高僧の第一祖。→なんてんじくにびく

あらむ【南天竺に比丘あらむ】
りょう【梁】
よのな、り〔左訓〕。《世の名なり》。
「梁の天子蕭王は」
出典 高僧和讃　親2和讃-103
解説 梁（502-557年）は、中国の南北
朝時代に江南に存在した王朝。蕭梁と
も呼ばれる。

りょうい【良医】
よきくすし〔左訓〕。
出典 教行信証・化　真2-164

りょうごん【楞厳】
いつくし、いつくし〔左訓〕。
出典 教行信証・行　親1-59　真2-28
西聖223

りょうじ【令旨】
❶たいしのおほせことなり〔左訓〕。
《太子の仰せごとなり》。「おたぎのそ
まやまにいりたまふそのとき令旨にあ
らわせり」
出典 聖徳奉讃　親2和讃-229　真2-
532
❷たいしのおほせことなり〔左訓〕。
「令旨を信ぜんひとはみな」
出典 聖徳奉讃　親2和讃-235　真2-
534
❸太子のおほせことなり〔左訓〕。「太
子かさねて令旨あり」
出典 太子奉讃　親2和讃-257

りょうぜん【霊山】
りやうじゅせんはしやかのましますと
ころなり〔左訓〕。《霊鷲山は釈迦のま
します所なり》。
出典 唯信鈔　親6写(2)-40　真2-739
西聖1283

りんじゅげんぜん【臨終現前】
（臨に、）のそむ反。（終に、）おはりに
反。（現前に、）あらわれむ〔左訓〕。
「臨終現前の願により」
出典 浄土和讃　親2和讃-39

解説 命の終わりに臨んで聖衆が現れること。

りんね【輪廻】

❶りんゑしやうし〔左訓〕。《輪廻生死》。「流転輪廻もきわもなし」
出典 正像末和讃　親2和讃-181
❷めぐりめぐる〔左訓〕。
出典 唯信鈔　親6写(2)-40　真2-740
西聖1283

る

るいしょう【類生】
→じゅうにるいしょう【十二類生】

るいれつ【羸劣】
おとろへ、おとろふ〔左訓〕。おとり〔左訓〕。
出典 教行信証・真・化　親1-234・277　真2-124・148　西聖433・482

るてん【流転】

❶さそらふ反。うつりうつる〔左訓〕。《さすらう。うつりうつる》。「諸有に流転のみとぞなる」
出典 浄土和讃　親2和讃-44
❷ろくたうししやうにまとへりとなり〔左訓〕。《六道四生に迷えりとなり》。「自力かなはで流転せり」
出典 正像末和讃　親2和讃-166
❸るてんしやうし〔左訓〕。《流転生死》。「流転輪廻もきわもなし」
出典 正像末和讃　親2和讃-181
❹ながれうつり〔左訓〕。
出典 唯信鈔　親6写(2)-40　真2-739
西聖1283
❺ろくだうにまどふをいふ〔左訓〕。
出典 唯信鈔　親6写(2)-57　真2-748
西聖1291

流転生死は須臾なり＝ろくたうししやうにまとふことはとなかるへしとなり〔左訓〕。《六道四生に迷うことほど（程）無なかるべしとなり》。
出典 正像末和讃・草　親2和讃-150
解説 流転輪廻のこと。迷いの生死を繰り返すこと。

るてんりんね【流転輪廻】
（流に、）さそらう反。なかれ反。（転に、）うつる反。（輪に、）めくる反。（廻に、）めくる反。かへる反〔左訓〕。《流離う、流れ。移る。巡る。廻る。

帰る》。「流転輪廻のわれらをば」
|出典|高僧和讃　親2和讃-77

れ

れいしい【麗水】

❶いさきよきみつといふ〔左訓〕。《潔
き（清らかな）水という》。「この地の
うちに麗水あり」
|出典|聖徳奉讃　親2和讃-234
❷いさきよきみつといふなり〔左訓〕。
「麗水ひむがしへながれいづ」
|出典|聖徳奉讃　親2和讃-235　真2-
534

れいずいけ【霊瑞華】

❶うとむしゆのはなをれいすいくゑと
いふ。れいすいくゑのときあてときに
いましいつるかことし。うとむしゆは
みはつねになれともはなのさくこと
きわめてまれなるによりてほとけのよに
いでてたまふこときわめてまれにましま
すあひたたとへにひかれたり〔左訓〕。
《優曇樹の華を霊瑞華という。霊瑞華
の時あって、時に乃（いま）し出るが
ごとし。優曇樹は実は常に生（な）れ
ども、花の咲くこと極めて希なるによ
りて、仏の世に出でたもうこと極めて
希にましますあいだ、譬えに引かれたり》。
「猶霊瑞華としめしける」
|出典|浄土和讃　親2和讃-35
❷（文明本に、）うとむくゑのさくこ
とのまれなるかことくとなり〔左訓〕。
《優曇華の咲くことの希なるがごとく
となり》。
|出典|浄土和讃　親2和讃-35　真2-
492　西聖698
|解説|優曇華（udumbara）の漢訳。瑞
応、霊瑞華と訳され。優曇鉢華、優曇
鉢羅華とも表記される。学術名 Ficus
Glomerata、属のクワ科イチジク属
の植物を指すとされる。仏典において
は、優曇樹に芽が出て千年、蕾ができ

て千年、開いて千年、併せて三千年に一度花が咲くといわれ、極めて希なことと信じられていたことから、希有なことの比喩として用いられる。

れいずいふしぎ【霊瑞不思議】
れいすいはやうやうのめてたきことのけんし。ほとけもみえなむとしたまふほとのことなり〔左訓〕。《霊瑞はようようめでたきことの言辞。仏も見えなんとし給うほどのことなり》。「そのとき霊瑞不思議にて」
出典 高僧和讃　親2和讃-90
解説 仏も見えないほどの不思議なことの意。

れいち【霊地】
すぐれてよきところという〔左訓〕。《勝れて好き所という》。
出典 唯信鈔　親6写(2)-40　真2-739　西聖1283

れんねん【憐念】
あわれみおほしめす〔左訓〕。「一子のごとく憐念す」
出典 浄土和讃　親2和讃-69

れんびん【憐愍】
あわれみ、あわれむ〔左訓〕。
出典 教行信証・行・信　親1-58・183　真2-28・97　西聖223・373

れんぼ【恋慕】
こひしたふとなり〔左訓〕。《恋慕うとなり》。
出典 西方指南　親5輯(1)-54

れんぼかつごう【恋慕渇仰】
こひしたひたてまつれりき〔左訓〕。《恋慕い奉れりき》。「恋慕渇仰せしめつ」
出典 聖徳奉讃　親2和讃-236

れんみん【憐愍】
❶（愍に、）あわれむ〔左訓〕。
出典 教行信証・行　親1-90　真2-46　西聖259

❷あはれみ、あはれむ〔左訓〕。
出典 教行信証・証・化　親1-216・322　真2-115・173　西聖413・537

ろ

ろ【路】

❶せはき〔左訓〕。

出典 教行信証・信　真2-67　西聖306

❷路は、すなわちこれ二乗・三乗・万善諸行の小路なり〔本文〕。→どう【道】、→どうろ【道路】

出典 教行信証・信　親1-130　真2-67　西聖306　西註244　東聖234

ろうげん【唹言】

（西本願寺本に、唹に、）あさける〔左訓〕。

出典 教行信証・信　真2-47　西聖261

ろうこ【牢固】

かたく、かたし〔左訓〕。

出典 教行信証・化　三経往生　親1-275・親3和文-12・33　真2-147・557　西聖480・746

ろうごく【牢獄】

かたし、いましむ〔左訓〕。

出典 教行信証・化　親1-273　真2-145　西聖477

牢獄にいるがごとく＝しりきのねむふちしやをわうのこのつみふかくして、こくにいましむるにたとふるなり〔左訓〕。《自力の念仏者を王の子の罪深くして、獄に戒めるに譬うるなり》。「牢獄にいるがごとくにて」

出典 正像末和讃　親2和讃-190

ろうし【老子】

（西本願寺本に、）かせふほさちなり〔左訓〕。《迦葉菩薩なり》。

出典 教行信証・化　真2-194　西聖583

解説 中国、春秋戦国時代の楚の思想家。姓は李、名は耳（じ）。字（あざな）は伯陽。諡号（しごう）は冊（たん）。道教の祖。無為自然の道を説いた。

ろうしょう【老少】

おいたる、おさなき〔左訓〕。

出典 唯信鈔　親6写(2)-46　真2-743　西聖1286

ろうじんびく【漏尽比丘】

ぼむなうをつくせるひとなり〔左訓〕。《煩悩を尽くせる人なり》。

出典 四十八大願　真2漢-170

ろっかくのつちだんつきたまふ【六角のつち壇つきたまふ】

たいしのみてにてつちたんをつきたまふなり。いまのろかくたうこれなり〔左訓〕。《太子の御手にて土壇を突き給うなり。今の六角堂これなり》。

出典 聖徳奉讃　親2和讃-230　真2-532

わ

わがしんこれならくのみ【わが身これならくのみ】

たいしのわかみなりとしるへしとおほせことなり〔左訓〕。《太子のわが身なりと知るべしと仰せごとなり》。

出典 聖徳奉讃　親2和讃-243　真2-538

わくしょうへんち【或生辺地】

❶あるいはへんちにむまるゝといふ〔左訓〕。《或いは辺地に生るるといふ》。「或生辺地ときらひつゝ」

出典 正像末和讃　親2和讃-193

❷（文明本に、）あるいはへんちにむまれ〔左訓〕。《或いは辺地に生まれ》。

出典 正像末和讃　親2和讃-193　真2-524　西聖730

解説 仏智疑惑の行者は、浄土の辺地に堕ちるとの意。

わくだくたい【或堕宮胎】

❶あるいはくたいにおつといふ〔左訓〕。《或いは宮胎（くたい）に堕ちるという》。「或堕宮胎とすてらるゝ」

出典 正像末和讃　親2和讃-193

❷（文明本に、）あるいはくたいにおつ〔左訓〕。

出典 正像末和讃　親2和讃-193　真2-524　西聖730

解説 仏智疑惑の行者は、浄土の辺地胎宮に堕ちるとの意。

わげんあいご【和顔愛語】

かおはせ、あはれ、みことは〔左訓〕。

出典 教行信証・信　親1-117　真2-60　西聖289

解説 『大経』に説かれる語（西聖33・西註26・東聖27）。

わこく【和国】

このくにをいふなり〔左訓〕。《この国を言うなり》。「和国の有情をあわれみて」

出典 太子和讃　親2和讃-284

わさん【和讃】

やわらけほめ〔左訓〕。「現世利益和讃」

出典 浄土和讃　親2和讃-58

解説 インドの梵讃（咖陀）、中国の漢讃（偈頌）に対し、日本語の讃文を和讃という。いずれも諷誦される。ここでは、親鸞はそれを「やわらげほめ」と読み、やさしくしたほめ言葉の意に解す。

わぜん【汚染】

（汚に、）け（か）す。（染に、）そむ〔左訓〕。

出典 教行信証・信　親1-117　真2-60　西聖289

われ【我】

我の言は、尽十方無碍光如来なり、不可思議光仏なり〔本文〕。

出典 愚禿鈔　親2漢-47　真2-477　西聖673　西註539　東聖456

われにゅうめつのそのゝちに【われ入滅のそのゝちに】

たいしのおむしるしふみをとゝめおかせたまひたりけるなり〔左訓〕。《太子の御記文を留めおかせ給いたりけるなり》。

出典 聖徳奉讃　親2和讃-244

ろ

わ

あとがき

　真宗の教えを学んできた筆者は、初学のころから、このような辞典があれば便利だと思いつつ、今日まで来た。ところが、思いもよらず、2020年3月から新型コロナウイルス感染症が蔓延し、「巣ごもり」状態を余儀なくされた。それゆえ、時間の余裕ができ、勤務先の大学で会議や授業の合間に、パソコンに向かって用語の収集を始めた。こつこつと作業をしたが、老いのせいか、何時間もパソコンに向かうと眼精疲労で文字が見えにくくなった。しかし、これだけは、後学のために何とか仕上げたいと励んだ。二年余でやっと完成し、願いが叶った。

　真宗学を学ぼうとする若い学徒、あるいは、各寺院などで親鸞聖人の教えを学ぼうと聖教に親しんでおられる篤い心の方たちが、座右にこの辞典を置いてくださることを期待して筆を擱くこととする。

　末尾ながら、出版を引き受けてくれた法藏館の西村明高社長、戸城三千代編集長、担当してくださった満田みすず氏に甚深の謝意を表す。とりわけ、満田みすず氏は、レイアウトや表記などについて工夫し、さまざまな提言をしてくださった。また、作業中も普段と同じくお世話をしてくださった仁愛大学学長補佐室のみなさんにも御礼を申し上げる。

　　　　　＊　　　　　　　＊　　　　　　　＊

　ところで、校正作業の最中、法藏館会長の西村七兵衛氏が西帰された。筆者は、大学院の学生の頃から、アルバイトで法藏館の編集の仕事をしていた。筆者の企画による書籍や雑誌も何点か刊行させていだいた。その後も、筆者自身の著作の内、約半数の二十冊余を法藏館から発行していただいている。その意味では氏は筆者を学者としてお育てくださった一人である。

　大学へ勤めてからも法蔵館との関わりは続き、西村会長には、とりわけ親しくしていただいた。京都市内で筆者の講演があると必ずと言っていいほど聴講に来てくださっていた。

　今、本辞典の刊行の報告ができないことは誠に残念である。改めて、故人に謝意と弔意を込めて本辞典を捧ぐ。

　　　　　　　　　　　　　　編者　田　代　俊　孝

田代俊孝（たしろ しゅんこう）

仁愛大学学長。同朋大学名誉教授。博士（文学）。

1952年生まれ。大谷大学大学院博士後期課程満期退学。カリフォルニア州立大学客員研究員、同朋大学教授、同大学院文学研究科長などを経て現職。ビハーラの提唱者の一人で、ビハーラ医療団代表。元名古屋大学医学部講師。1993年〜95年までブラジルのマリンガ大学、トレード大学、サンパウロ総合大学特別招聘講師。1995年にハワイ大学（マノア校）サマーセミナー講師。

主な著書 『広い世界を求めて——登校拒否の心を開いた歎異抄』（毎日新聞社）。『親鸞の生と死——デス・エデュケーションの立場から』（法藏館）、『仏教とビハーラ運動——死生学入門』（法藏館）、『市民のためのビハーラ』全六巻（同朋舎出版）、『唯信鈔文意講義』（法藏館）、『親鸞教学の課題と論究』（方丈堂出版）、『親鸞思想の再発見——現代人の仏教体験のために』（法藏館）、『御文に学ぶ——真宗入門』（法藏館）、『愚禿鈔講讃——教相判釈と真宗開顕』（東本願寺出版）
『BUDDHISM AND DEATH COUNSELING—Japanese Buddhist Vihara Movement—』（USA: Awakening Press）、『LIVING AND DYING IN BUDDHIST CULTURES』（USA University of Hawaii at Manoa）ほか多数。

しんらん　さくん　じくん　ごくんじてん
親鸞　左訓・字訓・語訓辞典

2022年5月20日　初版第1刷発行
2023年4月10日　初版第4刷発行

編　者　田代俊孝

発行者　西村明高

発行所　株式会社　法藏館
〒600-8153
京都市下京区正面通烏丸東入
電話　075(343)0030(編集)
　　　075(343)5656(営業)

装幀　山崎登
印刷・製本　中村印刷株式会社

©Shunko Tashiro 2022 *Printed in Japan*
ISBN 978-4-8318-7027-8 C3515
乱丁・落丁本の場合はお取替え致します